向 未 来，出 发!

ZJU·120

浙江大学建校一百二十周年

求是创新

任少波 郑强 胡旭阳 主编

ZHEJIANG UNIVERSITY PRESS
浙江大学出版社

图书在版编目（CIP）数据

求是创新：浙江大学建校一百二十周年 / 任少波，郑强，胡旭阳主编. -- 杭州：浙江大学出版社，2017.5
ISBN 978-7-308-16918-9

Ⅰ.①求… Ⅱ.①任…②郑…③胡… Ⅲ.①浙江大学－校史 Ⅳ.①G649.285.51

中国版本图书馆CIP数据核字(2017)第083100号

求是 创新

浙江大学建校一百二十周年

The 120th Anniversary of Zhejiang University

任少波 郑强 胡旭阳 主编

出 品 人 鲁东明
责任编辑 俞亚彤
责任校对 秦瑕 丁佳雯 张颖
装帧设计 徐堃 陈瀚林
出版发行 浙江大学出版社
（杭州天目山路148号 邮政编码：310007）
（网址：http://www.zjupress.com）
制　　作 杭州坤羽企业形象设计工作室
印　　刷 浙江海虹彩色印务有限公司
开　　本 889mm×1194mm 1/16
印　　张 20.25
插　　页 10
字　　数 231千
版 印 次 2017年5月第1版 2017年5月第1次印刷
书　　号 ISBN 978-7-308-16918-9
定　　价 198.00元

浙江大学出版社发行中心联系方式：(0571) 88925591；http://zjdxcbs.tmall.com

卷首语

—

1897 年创校至今，浙江大学走过了两个甲子的办学历程。启程于风雨飘摇，艰难生存于国难深重，浙江大学从诞生之初，便承载着中华民族复兴、国家强盛的梦想，寄托着中国知识精英的学术理想和社会责任。一代又一代求是学人，在这片深爱的土地上，怀着“为天地立心，为生民立命，为往圣继绝学，为万世开太平”的情怀，耕耘不止，奋斗不息。

—

一百二十年的历史，是中华民族不屈的历史，也是中国人在中国共产党的领导下，重新站起来的历史。新中国诞生后，特别是改革开放以来，随着国力日盛，浙江大学经历了一轮跨越式发展，综合实力、办学水平和声誉影响不断提升。扎根中国大地办好一流大学，主动服务社会主义现代化事业，是党和国家对高水平大学提出的根本要求，也是浙江大学坚定不移的办学目标和动力源泉。

—

面向未来，我们将紧紧围绕国家战略需求，把解决重大现实挑战问题与引领世界科学技术前沿结合、将传承发展中华文明与学习世界优秀文化遗产并行，加快建设中国特色世界一流的综合型、研究型、创新型大学，为经济社会发展提供有力支撑，为人类文明进步作出卓越贡献。这是新时期浙大人努力的方向。

—

同志们，朋友们，让我们满怀信心启航新的征程，在浙江大学进入第三个甲子的年轮中，在时代的大道上，留下砥砺前行的足迹，为中国，为世界，共同创造更加璀璨美好的明天！

党委书记 校长

求是精神

竺可桢题

The 120th Anniversary of Zhejiang University

CONTENTS 目录

1897 - 2017

ZJU·120
求是创新 2017

The 120th Anniversary of Zhejiang University

CONTENTS 目录

1897 - 2017

Embracing Diversity

—

强国使命 Building a Strong Nation

家国情怀 National Identity

求是经纬 The Qiushi Atlas

强国使命

求是书院的诞生与中国现代高等教育

浙江工专、农专与中国高等工业教育、高等农业教育的发端

浙江大学与文军长征

浙江大学、杭州大学、浙江农业大学、浙江医科大学的发展

向世界一流迈进

家国情怀

两弹一星元勋中的校友

国家最高科学技术奖获得者中的校友

为民族解放国家强盛献身的校友

新时代的楷模校友

求是经纬

国家重托 民族希望

大学城市地图

社会支持

求是書院
1897

BUILDING A STRONG NATION

强国使命

北洋大学堂、南洋公学、求是书院、京师大学堂，
中国人自己创办的大学的诞生，与国家民族命运休戚相关。
在先进思想的影响下，
这一时期培养的学生，为国家和民族的强盛作出了杰出贡献。

中国知识分子科技强国的使命和抱负、为中华强盛而奋起的激越和进取，
记录的是一个东方古国的现代化历程。

1894 甲午战争

1897 求是书院

1898 戊戌变法

1901 浙江求是大学堂

1902 浙江大学堂

1904 浙江高等学堂

1910 浙江中等工业学堂

1911 辛亥革命

1912 浙江中等农业学堂

1913 浙江高等学校

1927 浙江省立甲种工业学校

1928 国立第三中山大学

1937 七七事变·淞沪会战

七七事变之后，大学是日军侵华炮火摧毁的主目标之一。据档案记录，1937年8月28、29两日，同济大学、大夏大学、光华大学被炸；10月24日早晨复旦大学被占领。

1937 国立浙江大学

西迁办学

1949 中华人民共和国成立

1952 浙江大学

杭州大学

浙江农业大学

浙江医科大学

1954 第一届全国人民代表大会召开

1956 "向科学进军"

1956年，党中央发出"向科学进军"的伟大号召，并制订了第一个长期科技发展规划。

1961 "高校六十条"颁布

1978 第一次全国科学大会召开

1995 科教兴国纲领性文件《关于加速科学技术进步的决定》颁布

"211 工程"启动

1998 新浙江大学成立

1999 "985 工程"启动

1999年，国务院批转教育部《面向21世纪教育振兴行动计划》，"985 工程"正式启动建设。

2011 提出"跻身、稳居、前列"三步走建设中国特色世界一流大学的战略目标

2014 《浙江大学综合改革方案》制定完成

2015 规划部署一流大学建设项目

2016 "双一流"建设启动

內外院西學按年課程表

外院第一年課程表

格致課

中文讀本	參閱諸書
啟悟初津　卜舫濟本	體性圖說　傅蘭雅本
格致啟蒙　林樂知本	重學圖說　同上
	水學圖說　同上
	聲學圖說　同上
	光學圖說　同上

算學課

中文讀本	參閱諸書
心算初學　狄考文本	算學須知　傅蘭雅本
筆算數學　上卷又中卷至命分	數學啟蒙　偉烈亞力本

英文課

英文讀本	雜課
拍拉瑪	寫字
朗誦第一本	拼法
朗誦第二本	作句
語言文法書上半　散姆拍生本	習語

外院第

格致課

中文讀
化學啟蒙　林樂知本
天文啟蒙　同上
地理啟蒙　同上

算學課

中文讀
筆算數學　中卷小數起至下卷末

英文課

英文讀
朗誦第三本
語言文法書下半
文法初階

〉课程表是求是书院章程中的一部分

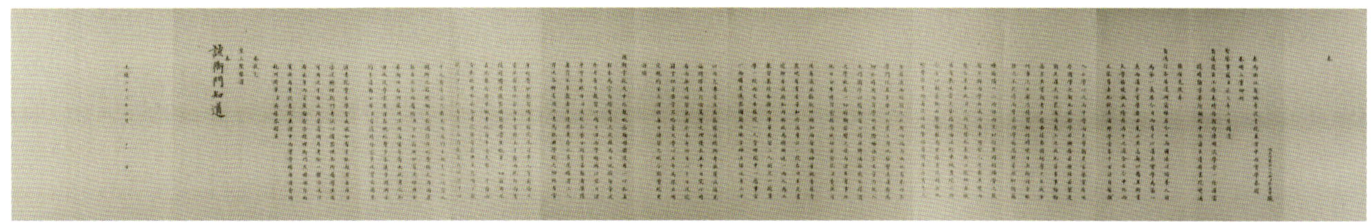

〉清代浙江巡抚廖寿丰关于创设“求是书院”的奏折和光绪帝的御批

ZJU·120

求是创新 2017

Birth of the Qiushi Academy and Modern Higher Education in China

求是书院的诞生与中国现代高等教育

求是书院是中国人自己创办的最早的新式高等学校之一。由杭州知府林启提出建议，经浙江省巡抚廖寿丰奏报清廷批准，于1897 年（清光绪二十三年）5 月21 日正式开学。校址在杭州蒲场巷（今大学路）普慈寺。正值国势飘摇，外侮日亟之际，求是书院创建之初，众多有志青年舍弃科举“利禄必由之途”，而“入学堂，学西学”。

书院当年招收“举贡生监”30 名，次年扩充学额，分设内、外两院，以原有30 名为内院生，另招外院生60 名，以有志于讲求新学者为合格。课程分必修课与选修课，必修课有国文、英文、算学、历史、地理、格致、化学及体操等课，选修有日文、外国史地、音乐等，肄业以5 年为限。

求是书院院内有藏书楼，指定学生必读书有黄宗羲的《明夷待访录》、严复翻译的赫胥黎《天演论》等。书院不仅在院培养学生，而且首创派学生赴日留学。1898 年至1902 年就资送何燏时、许寿裳、蒋百里、钱钧夫等32 人赴日留学。

天津大学前身	北洋大学堂	1895 年创立
交通大学前身	南洋公学	1896 年创立
北京大学前身	京师大学堂	1898 年创立

使幼者壮者名宿者各得所归，以为学厚矣；太守之泽，所以铸造浙才为十年百年之计耳。——摘自《林社二十五周年纪念册》

〉林启（1839—1900）

林启（1839—1900）字迪臣，福建侯官（今闽侯）人。清光绪丙子二年进士，1896 年调任杭州太守。为浙江近代教育之开拓者，浙江大学前身“求是学院”、浙江理工大学前身“浙江蚕学馆”、杭州高级中学前身“养正书塾”的创办人。

第一批留日学生：1898 年（清光绪二十四年），求是书院第一批4 位学生前往日本留学，因此求是书院被后世誉为“开了中国官费留日风气之先”。1900 年，八国联军攻陷北京，求是书院学生蒋百里等人组织了励志社，发表文章抨击时政，遭致清廷追捕。书院以派往日本留学的方式保护了这批学生。

Zhejiang College of Industry, Zhejiang College of Agriculture, Introducing Higher Education to Industry and Agriculture in China

浙江工专、农专与中国高等工业教育、高等农业教育的发端

1910年11月，浙江巡抚增韫上奏清廷获准筹办浙江中等工业学堂并于次年3月开学。这是浙江工业高等教育的发端。1915年升格为浙江工业专门学校，1920年升格为浙江公立工业专门学校。学校办学强调高水平、严要求，提出了“理想上完全工业人才”的标准。课业要求非常严格，课堂学习每周14学时，实习18个小时。浙江中等工业学堂的创立，对浙江省工业发展起到了积极的推动作用。生产制造杭州第一代提花机和各种机械配件的铁工厂，以及丝织物厂、制革和肥皂厂创办人都是浙江中等工业学堂毕业生。

1910年1月，浙江巡抚增韫上奏清廷获准筹办浙江高等农业学堂，因款项不足未成，农业教员讲习所先行成立。1912年，讲习所改浙江中等农业学堂，后改为甲种农业学校，相继设农业、森林、兽医科，办学过程曲折艰难而毕业生供不应求。

攀登科学高峰

〉1982 年4 月，常书鸿先生回访母校。10 月，与夫人李承仙合作绘制大型油画《攀登科学高峰》（540cm×340cm）捐赠母校。画作现存放于玉泉校区邵逸夫科学馆大厅。

著名军事学家蒋百里（1882—1938）

万语千言，只是告诉大家一句话，“中国是有办法的！”——摘自《国防论》

蒋百里，求是书院1899 级学生。留日期间，当选为中国留日学生会干事，并组织“浙江同乡会”，又于1903 年2 月创办大型综合性、知识性杂志《浙江潮》，得到鲁迅先生的积极支持。蒋百里为《浙江潮》所写的发刊词情文并茂，传诵一时。他以笔名发表长篇论文连载，宣扬民主革命，提倡民族精神。1906 年留学德国回国后，先后任保定陆军军官学校校长及代理陆军大学校长，为中国培养了大批军事人才。1937 年初，蒋百里军事论著集《国防论》出版，他也是第一位著书“中国必胜”的军事家。

民国时期革命先驱蒋尊簋（1882—1931）

蒋尊簋，被章炳麟誉为“浙江二蒋”之一。早年就读求是书院，求学期间与蒋百里结为好友，后同赴日本留学。在日期间加入光复会，继入同盟会。《浙江潮》的创办人之一。回国后设立弁目学堂，协助建立陆军小学堂和炮工学堂，为浙江发展陆军特种兵及辛亥革命在浙江的发动准备了军事和干部条件。辛亥革命后，出任广东省都督府军务部长。后被公推为浙江都督，兼民政长。1912 年2 月与章太炎、张謇等组织统一党。其间，对安定浙江、刷新内政多有建树。护国战争时，蒋尊簋配合蔡锷“护国运动”，在浙江起兵南下讨袁（世凯）。1917 年参加护法运动，任浙闽宣抚使、代参谋部长、军需总监、滇黔赣联军第一路司令暨大本营高级参谋主任。1928 年任蒋介石总司令部高等顾问、上海政治分会主席等职。

现代教育先驱邵裴子（1884—1968）

邵裴子是浙大师生所怀念的一位校长。——摘自《浙江大学校史》

邵裴子，求是书院1899 级学生。曾任浙江高等学堂校长、第三中山大学筹备委员会委员、文理学院院长。1928 年11 月任国立浙江大学副校长，主持校务。1930 年7 月至1931 年11 月任国立浙江大学校长。在任职期间，主张“民主办校”“学者办学”，吸引了社会各界名流受聘浙大，在浙江大学的办学历史上留下了一段佳话。邵裴子办学中非常重视教育质量，在学院、系、科设置上，若请不到或者没有能胜任的教授，宁可不办。正是因为他聘请了贝时璋、陈建功、苏步青等著名学者来校任教，浙大文理学院不久就成为国内有声望的理科人才培养基地。邵裴子也是浙江省文物保护事业的创始人和“开展群众性文物保护”的呼吁者。

新闻界先驱邵飘萍（1886—1926）

欲判断新闻纸的价值之有无、大小，即以是否适合乎社会公共机关之特质为第一必要条件。——摘自《邵飘萍新闻学论集》

邵飘萍，浙江高等学堂1906级学生，在求学过程中开始了他的报业生涯，后创办《京报》，是中国新闻理论的开拓者、奠基人，新闻摄影家，也是中国传播马列主义、介绍俄国十月革命的先驱者之一。1912年与辛亥革命时期著名报人杭辛斋在杭州合作创办《汉民日报》；1918年10月，邵飘萍促成北大成立了新闻研究会，蔡元培授聘他为新闻研究会导师，这是中国新闻教育的开端。虽时值《京报》创立，事务异常繁多，但他一直坚持每周两小时的授课。1926年，因发表文章揭露张作霖统治的种种黑幕而被张作霖杀害。

教育家蒋梦麟（1886—1964）

本来，浙江大学怀抱的一点希望，就是不尚虚华，不装门面，切切实实一步一步去做，替中国的大学教育多立下一个实在的基础。——摘自《国立浙江大学校刊》1930年2月22日第一期《创刊词》

蒋梦麟，浙江大学堂1902级学生。1917年留美回国后，曾创办《新教育》月刊，后两度辅佐蔡元培代行北大校长职。1927年江浙两省试行大学区制及恢复教育部期间，先后任国立第三中山大学校长、国立浙江大学校长、浙江省教育厅厅长、大学院院长、教育部长等职。1930年12月，正式出任北大校长。蒋梦麟特别强调个性教育的中心地位，他认为新教育就是要培养“活泼泼的个人”，需要养成独立不移之精神，养成健全之人格，养成精确明晰之思考力。

函数论研究开拓者陈建功（1893—1971）

长期被外国人污蔑为“劣等人种”的中华民族，竟然出了陈建功这样一个数学家，无怪乎当时举世赞叹与惊奇。——摘自苏步青《陈建功先生数学论文选集》序言

陈建功，中国科学院院士。1919年至1952年先后在浙江省立甲种工业学校、浙江工业专门学校任教，期间三度留日，1929年始任浙江大学数学系系主任，后力荐苏步青来校任教并请辞系主任，留下了一段浙江大学办学史上爱才让贤的佳话。1958年开始担任杭州大学副校长，主要从事实变函数论、复变函数论和微分方程等方面的研究与教学工作，是中国数学界公认的函数论方面的学科带头人和许多分支研究的开拓者，同时也是一位卓有成就的教育家。20世纪20年代独立解决了函数可以用绝对收敛的三角级数来表示等根本性数学问题，得到了关于无条件收敛的判别理论。

都锦生品牌创始人都锦生（1897—1943）

杭州的自然历史大抵就是西湖的历史，杭州的人文历史或许就是丝绸的历史。她的丝绸历史中不会缺少这个名词：都锦生。——摘自《今日早报》2008 年3 月24 日报道

都锦生，1919 年毕业于浙江省立甲种工业学校机织专业并留校任教。在教学实践中，亲手织出我国第一幅丝织风景画《九溪十八涧》。1922 年5 月15 日，在杭州茅家埠家中办起都锦生丝织厂。至1926 年，都锦生丝织厂已拥有手拉机近百台，轧花机五台，职工约一百三四十人，成为名副其实的工厂。产品在美国费城国际博览会展出，荣获金质奖章，一时蜚声中外。日寇侵占杭州后，都锦生坚决拒绝在伪杭州市政府任职，带领全家避居上海，并在上海建造厂房，扩大生产。1939 年，都锦生丝织厂在杭州艮山门外的主要厂房及所有新式机械，全部被日本侵略者烧毁。

当代茶圣吴觉农（1897—1989）

如果说陆羽是“茶神”，那么说吴觉农先生是当代中国的“茶圣”，我认为他是当之无愧的。——摘自陆定一《茶经述评》序

吴觉农，1916 年毕业于浙江中等农业学堂。原名荣堂，因立志要献身农业，故改名觉农。吴觉农被誉为“当代茶圣”，其所著《茶经述评》是当今研究陆羽《茶经》最权威的著作。他所著《茶树原产地考》和《中国茶业改革方准》两篇长文，是最早关于中国是茶树的原产地的研究成果论述。吴觉农主持创建了中国第一个高等院校的茶学专业和全国性茶叶总公司，为消除洋行买办、洋庄茶栈对茶叶市场的垄断，发展中国茶叶事业作出了卓越贡献。

革命文艺先驱夏衍（1900—1995）

在“甲工”读书期间，夏衍的思想和感情发生了根本性转变。早年参加过光复会的“最好的老师谢乃绩”让他终生难忘。——摘自2011 年10 月《浙江档案》“记革命文艺先驱夏衍”

夏衍，1916 年进入浙江省立甲种工业学校学习。五四运动爆发后，参加浙江学生运动，当选为学生会联合会代表，参与创办进步刊物《浙江新潮》等。1929 年参与筹建中国左翼作家联盟并与鲁迅、钱杏邨被推举为主席团执行委员，后发起、组织中国左翼戏剧家联盟。一生著作丰厚，话剧作品《秋瑾传》《上海屋檐下》，报告文学《包身工》，电影作品《狂流》《春蚕》《祝福》《林家铺子》等文艺作品在民众中产生了非常广泛的影响。1994 年，被国务院授予“国家有杰出贡献的电影艺术家”称号。

电机工程学家王国松（1902—1983）

三年级的时候，王先生教我们两门课程，直流电机和算子运算法，深感王先生勤奋博学，治学严谨。王先生对计算的正确性非常重视，谁若往前或往后错点了一个小数点，得的分数将大打折扣。——摘自张直中《缅怀王国松老师》

王国松，1920 年以第一名成绩进入浙江公立工业专门学校电机科，也是我国自己培养的最早的电机工程技术专业的大学生。

1933 年王国松学成归国后，受聘为浙江大学电机系副教授，此后在浙江大学工作60 余年，成果丰硕。在教学中首创了大学“电工数学”课程，应用数学论证和解释电磁现象。任电机系系主任15 年、工学院院长9 年。曾任副校长、代理校长。为国家培养了一大批爱国的栋梁之材。他发起成立了中国电机工程师学会，在电机工程行业具有很高的声望。

敦煌守护神常书鸿（1904—1994）

父亲身上有种老杭州人的气质，耿直、专注，不畏艰难险阻。他总是要舍了自己去保护敦煌，这是他在履行“舍身饲虎”的精神。——摘自《大公报》“常沙娜谈两代人的敦煌情”

常书鸿，1923 年毕业于浙江省立甲种工业学校染织科并留校任教，后赴法国求学十年，1936 年毕业于法国巴黎高等美术专科学校。1943 年任国立敦煌艺术研究所所长。1949 年后历任敦煌文物研究所所长、名誉所长。常书鸿为了敦煌艺术而回到中国，并一生致力于敦煌艺术的研究和保护。在十分艰难困苦的条件下，常书鸿舍弃一切留守敦煌莫高窟。在他辛勤工作的几十年中，组织修复壁画、搜集整理流散文物、撰写学术论文、临摹壁画精品，为保护和研究莫高窟作出了卓越的贡献。

求是科技奖创办人查济民（1914—2007）

我认为要改善人民的生活，使我们中国人能立足于地球之上，最重要的是倡导科学、技术。——摘自查济民在1994 年求是科技基金首次杰出科学家颁奖典礼上的讲话

查济民，1931 年毕业于国立浙江大学。1947 年在香港创办实业，从事纺织业。经过数十年的发展，产业集团业务扩展至房地产、科技投资和金融服务等，数家成员公司挂牌上市。1994 年创立“求是科技基金”。“求是”之名，是查济民根据浙江大学前身求是书院而取的。基金会主要目的是通过奖助在科技领域有成就的中国学者，推动中国的科技研究工作。1994 年至2016 年，共有295 位在数学、物理、化学及生物医学等科技领域有杰出成就的中国科学家获得该基金会奖励。

查济民1997 年捐资400 万元港币在浙江大学之江校区建造“求是堂”。1999 年，受聘浙江大学经济学院名誉院长。

1997 年荣获香港特别行政区政府颁发的“大紫荆勋章”。

夏公亭

〉夏公亭位于玉泉校区。1997 年为纪念校友——中国著名文学、电影、戏剧作家夏衍而建。亭前对联“愿听逆耳之言不作违心之论，是乃立身之道长为针砭之箴”，为赵朴初题写。

Zhejiang University and Its Westward Movement

浙江大学与文军长征

1928 年4 月1 日起，浙江大学定名为“国立浙江大学”，下设文理、工、农三个学院。1936 年4 月，气象地理学家、教育家竺可桢出任浙江大学校长。

1937年7月7日发生七七事变，日本开始了全面侵华战争。8月“淞沪战役”失利，民国政府西迁陪都重庆，日本帝国主义侵略战火弥漫中华半壁河山。浙江大学师生在竺可桢校长率领下，怀着“教育救国，科学兴邦”理想，踏上漫漫西迁路程，历时两年多，穿越南方六省，行程2600 公里，于1940 年抵达贵州遵义、青岩、湄潭、永兴，坚持办学七年，谱写了一部伟大的“文军长征”史。

在生活极其艰苦的岁月里，竺可桢校长倡导“求是精神”，汇聚和保护了一大批爱国知识精英。他们胸怀报国之志，不论是艰途跋涉还是陋室栖身、俭餐淡食果腹，创造了累累教学、科研和服务社会的成果。培养了一代如李政道、程开甲、叶笃正、谷超豪等蜚声中外的科学巨子，为中华人民共和国成立后科学的事业发展储备了重要的人才资源，使浙江大学崛起成为著名高等学府，并享有“东方剑桥”的美誉。

抗战中的大学

一个有知识的民族，才能屹立不倒。战争爆发之后，中国108 所大学有91 所受到日军毁灭性轰炸，有23 所被迫关停。日本法西斯妄图借此杀害中国未来发展希望的知识青年们。在国破家亡的民族生死关头，为了存留中国教育的精髓，让中国教育文脉得以延续；为了坚持民族教育，让失学的学生不至于当亡国奴，接受奴化教育，中国的数十所大学内迁中国的西南山区，为中国保存文化的种子、民族的血脉。

这段历史，被称为世界教育史上的一个奇迹，因为它体现了一个民族在国难当头之际，坚决保卫自己的民族精髓血脉、国家栋梁人才的深远的眼光。——摘自纪录片《东方主战场》第6 集民族血脉

这是一个双重目标的前进，于敌人行进的方面一步一步地后退，和向着新中国的民族理想一步一步的迈进。——摘自《ASIA》1939 年1 月号西迁随行德文教师Frank Michael《前进中的浙江大学》

〉浙江大学西迁路线示意图

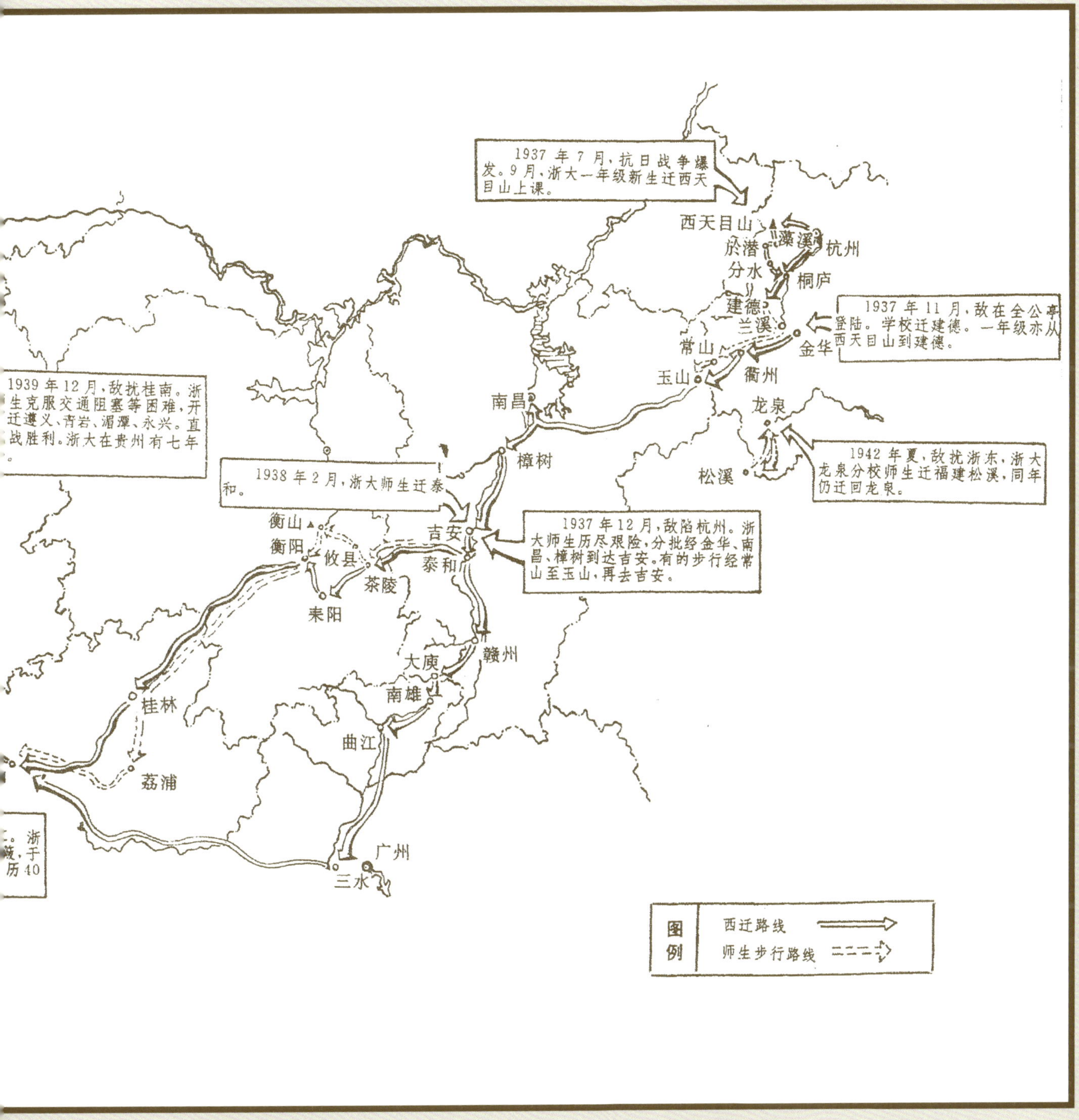

1937 年 7 月，抗日战争爆发。9 月，浙大一年级新生迁西天目山上课。

1937 年 11 月，敌在全公亭登陆。学校迁建德。一年级亦从西天目山到建德。

1937 年 12 月，敌陷杭州。浙大师生历尽艰险，分批经金华、南昌、樟树到达吉安。有的步行经常山至玉山，再去吉安。

1938 年 2 月，浙大师生迁泰和。

1939 年 12 月，敌扰桂南。浙
生克服交通阻塞等困难，开
迁遵义、青岩、湄潭、永兴。直
战胜利。浙大在贵州有七年
。

1942 年夏，敌扰浙东，浙大龙泉分校师生迁福建松溪，同年仍迁回龙泉。

西天目山 於潜 藻溪 杭州 分水 桐庐 建德 兰溪 金华 常山 衢州 玉山 龙泉 松溪 南昌 樟树 吉安 泰和 衡山 衡阳 攸县 茶陵 耒阳 赣州 大庾 南雄 曲江 桂林 荔浦 广州 三水

图例
西迁路线
师生步行路线

国立浙江大学研究院

-

1939 年，正在西迁办学途中的浙江大学获批设立文科研究所史地学部、理科研究所数学学部，始招研究生。理科研究所数学学部招收研究生5 名，由苏步青教授和陈建功教授分别担任导师；文科研究所史地学部招收研究生5 名，分别由涂长望教授、张其昀教授、向达教授和叶良辅教授担任导师。

1942 年，浙江大学研究院成立，在文科、理科、工科和农科设立了史地、数学、生物、化学工程和农业经济5 个学部，极大地推进了科学研究与研究生培养工作。

1〉经历了西迁的气压机实验台至今仍在运转
2〉西迁泰和时期学校举办儿童健康教育比赛
3〉竺可桢校长拍摄的教授合影

1〉遵义河滨工厂大门及工学院实验室远景
2〉1942 年，龙泉分校学生在做生物实验时合影

1939 年底，广西南宁失守，浙江大学师生再次被迫迁徙。四处考察之后，选择了以贵州遵义和湄潭为新的落脚点，并在此度过了近7 年时光。

遵义办学

-

遵义是1982 年国务院首批公布的24 个历史文化名城之一，享有“一座名城两个长征”的美誉。中国工农红军北上抗日的长征和浙江大学文军西迁办学的长征，都与遵义有着非常重要和紧密的联系。今日遵义市的沙盐路和飞天步行街是当年浙江大学在遵义时的教务处、训导处、学生宿舍和医务所所在地。浙江大学在遵义的校舍分布在遵义何家巷大院、老城子弹库、杨柳街民房、柿花园和石家堡、遵义师范、新城江公祠等地。校教务处、训导处、工学院办公室都在何家巷大院。

湄潭办学

-

湄潭浙江大学旧址位于贵州省湄潭县湄江镇和永兴镇，原有文庙、天主堂等25 处，现保存较好的主要有9 处。包括湄潭办公室、图书室旧址（文庙）、谈家桢等教授住处（天主堂）、研究生院旧址（义泉万寿宫）、湄江吟社旧址（西来庵）、理学院物理系旧址（双修寺）、农学院畜牧场实验楼旧址、永兴分校教授住处（骆家祠）、文艺活动旧址（欧阳曙宅）、学生住处（李氏住宅）。一年级新生则先在青岩镇的真武馆、赵公宗祠和彭宅等，后期搬至永兴。

2006 年5 月25 日，湄潭浙江大学旧址作为中国近现代重要史迹，被国务院以“湄潭浙江大学旧址”为名核定为全国重点文物保护单位。

龙泉分校

-

为了给江浙沪、皖闽赣等沦陷区青年提供受教育机会，浙江大学于1939 年10 月至1945 年8 月开设龙泉分校，专招一年级新生，并设置大学先修班，后设置二年级和师范学院初级班。校址选在龙泉坊下。郑晓沧教授是海宁人，曾任分校主任。海宁语音中“坊下”和“芳野”同音而改名“芳野”，并沿用至今。分校旧址芳野曾家大屋占地面积约3 亩。龙泉分校在此头尾办学7 年，招生七届，约1000 人。办学旧址现为市级重点文物保护单位，内设浙大校史馆和龙泉历代名人馆，为龙泉市爱国主义教育基地。

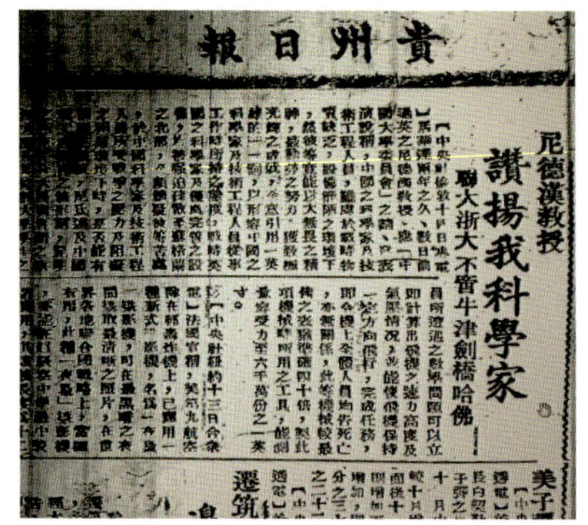
貴州日報

尼德漢教授

讚揚我科學家

聯大浙大不啻牛津劍橋哈佛

1944年12月16日《贵州日报》报道

〉1944年12月16日《贵州日报》刊中央社伦敦十四日专电：居华两年之久，数日前返英之尼德汉教授，应“中国大学委员会”之请，发表演说称，中国之科学家及技术工程人员虽处于战时物资缺乏，设备简陋之环境下，然彼等竟然以大无畏之精神，最勤劳之努力，获致极光辉之成就，今意引用“英雄的”一词，以形容中国之科学家及技术工程人员从事工作时所持之态度。李氏并引中国科学仪器制造所，已能自造显微镜为例，而结论称：“联大浙大不啻牛津剑桥哈佛！予甚愿是英中两国之科学家互相携手，密切合作，中国对于世界科学方面之贡献，前途光明，不可限量。”

校长竺可桢与求是精神

竺可桢（1890—1974）出任浙江大学校长不久，日本侵华战争全面爆发，国家到了最危急的时刻。在竺可桢就任浙大校长的13年中，尤其关注严酷的社会现实，充满了忧患意识和责任意识。在诸多演讲中反复强调：“求是精神”就是一种“排万难冒百死以求真知”的精神。严格的科学态度，一是不盲从，不附和，只问是非，不计利害；二是不武断，不蛮横；三是专心一致，实事求是。竺可桢校长将培养“公忠坚毅、能担大任、主持风会、转移国运”的领导人才确立为大学人才培养目标，1938年11月，在广西宜山，炮火和疾病时时威胁着师生，在西迁办学过程中最为艰难的时期，浙江大学将“求是”立为校训。

东方剑桥与科学大使李约瑟

抗日战争后期（1942—1946），李约瑟博士出任英国驻华使馆科学参赞和英国驻华科学考察团团长，行程5万多公里，访问了三百余个处于战争环境下的中国文化教育和科学研究机构。1943年至1945年，他发表了《中国西南的科学》《科学前哨》《贵州和广西的科学》等论文和书籍，并将中国科学家的学术成果送往英国的《自然》和美国的《科学》等高水平杂志发表。

1944年4月10日和10月22至29日，李约瑟先后两次到贵州的遵义和湄潭，访问西迁中的浙江大学，把抗战期间浙江大学在难以想象的艰苦条件下所取得的教育成就和科研成果介绍给国际的科学界，并将浙江大学比喻为“东方剑桥”。

1〉谈家桢与李约瑟及夫人在上海火车站

2〉竺可桢

备 忘 录

1990 年 11 月浙江大学副校长薛继良教授率浙江大学代表团一行 4 人访问了英、法、德、丹麦、瑞士五国，代表团团员有：黄振华（时任校外办主任）、胡上序（时任校计算中心主任）、潘云鹤（时任计算机系副主任）。

在英国访问期间，代表团专门访问了剑桥大学李约瑟博士（Dr. Joseph Needham）。20 世纪 40 年代，李约瑟博士曾以中英科学合作办事处（Sino-British Scientific Co-operation Office）负责人的身份考察了已迁徙至贵州遵义、湄潭办学的浙江大学，对浙大师生在艰苦条件下从事的高水平科研与教学十分赞赏，作出了极高的评价，称浙大为"东方剑桥"。

对李约瑟博士"东方剑桥"的称誉，由于未见诸当时学校的各类官方正式记载，故长期以来常有质疑。因此，薛继良副校长一行专访李约瑟博士的主要目的之一，即为希望就此事从李约瑟博士本人处得到确认或否认。

薛副校长一行于 11 月 23 日上午 10 时 20 分抵达李约瑟博士所在的 Peter House（剑桥大学历史最悠久的一所学院），受到了剑桥大学李约瑟研究所所长何丙郁博士（Dr. Ho Peng Yoke）的接待。11 时 45 分，李约瑟博士本人会见了薛副校长一行。因年事已高，李约瑟博士说话已不很连贯，但依然记忆清楚，思维清晰。以下是薛副校长在当天回旅馆后以英文对谈话作简要追记的有关部分内容及其译文：

Xue: We came from China, a delegation from Zhejiang University

（薛：我们是中国来的，是浙江大学的代表团。）

Needham: Welcome. Zhejiang, Hangzhou, West Lake.

（李：

Xue:

（薛：

Needham:

（李：

Xue:

（薛：

Needham:

（李：

薛副校长记

浙江大学代表团访英备忘录

〉1990 年 11 月浙江大学代表团一行 4 人访英期间，访问了剑桥大学并探望了李约瑟博士。图为访问团团长、时任浙江大学副校长薛继良笔记。

湄潭空屋調查（廿八年度）

胡刚复的尺

〉胡刚复（1892—1966），中国近代物理学事业奠基人之一。在浙江大学西迁办学过程中，胡刚复是筹划组负责人，负责调研新校址的办学条件勘察，以及安排交通运输、联络地方等各方面的事务。胡刚复度量了自己的两臂伸直时的精确总长度，依此快速测量可利用的房间的面积。在他组织领导下，学校的搬迁和书刊、设备的长途运输总能顺利完成，是保证学校正常教学的“总后勤部长”。图为西迁湄潭前胡刚复所做“湄潭空屋调查”。

行走的学校与服务的足迹

浙江大学在西迁办学的过程中，所到之处，都留下了服务民众的事迹。发电、兴修水坝、办学校、办工厂和农场、对民众开放实验室……在湄潭，把龙井茶栽种和制作方法带到西部，培育和制作了湄潭龙井茶。西迁办学时期，浙江大学师生完成了大量服务国家和民生的科学研究，对西部的教育事业以及社会发展产生了重要影响。

云南蚕业新村

1931 年，浙江大学第一届蚕桑系学生毕业。葛敬中为第三中山大学蚕桑系创办时期系主任。1937 年，葛敬中前往大后方筹划发展蚕丝生产。出于对苏联集体农庄组织的向往，1939 年，他向云南经济委员会负责人缪云台建议，在蒙自草坝建设一个中国式的集体农庄——蚕业新村。他的建议得到赞同，并受聘为云南蚕业新村公司经理。浙江大学蚕桑系首届毕业生几乎全部加入了艰苦创业的队伍，许多大学和镇江蚕种场的技术人员，镇江女蚕校的毕业生，以及周边的农户纷纷来到草坝，在草坝开垦荒地栽桑树、建蚕室、办丝厂，建成了桑树成片的新蚕村。抗日战争胜利后，云南蚕业新村公司大批改良蚕种航运到江浙，对抗日战争胜利后江浙地区重振蚕业起了重要作用。

泰和沙村垦殖场

1937 年冬，浙江大学在西迁途中停留江西8 个月，短暂的岁月中，学校为地方完成了三项公益工程：建赣江大堤、创建澄江学校和筹建沙村垦殖场。

沙村垦殖场将荒芜多年的500 亩田地规划整理，收留和组织难民开垦，当年秋季便种植了小麦和油菜，垦民实现了粮油自给有余。

团溪锰矿

团溪锰矿的发现人刘之远是浙江大学史地系教授，也是《遵义新志》中地质部分编写工作的主要力量之一，承担了对遵义地质的调查结果进行分析、补充整理的工作。1941 年他在对遵义县团溪镇张王乡乡民采来的矿石化验分析后，认定该地域很可能藏有丰富的高品质的锰矿。他走遍了遵义的山山水水，终于发现了这座储量在5000 吨以上、占贵州全省储量一半的锰矿。竺可桢在日记中记载：“此次测量队在团溪测锰矿区域共费月余。周围二十余里，锰以洞上为最多，锰的成分占42%，二氧化锰则在70% 以上，较优于湖南。而大渡口綦江钢铁厂之运费则可减至四、五分之一。”

“登义果”

罗登义是我国著名的营养学家。1940 年至1946 年任教浙江大学期间，他在授课之余，利用当地丰富的野生资源进行生物营养学研究。他在对170 多种水果蔬菜的营养成分的分析中，发现了刺梨含维生素特别丰富，进而对刺梨进行了全面的研究，前后发表论文近十篇。这一研究成果引起了国内外有关科学家的关注，李约瑟教授因而将刺梨称为“登义果”。罗登义的研究成果开创了我国营养学研究，特别是食物中微量元素研究的先河，为改善国民的食物结构、食物品种搭配提供了科学依据。这项有益的工作，至今仍具有重要意义。

Development of Zhejiang University, Hangzhou University, Zhejiang Agricultural University, and Zhejiang Medical University

浙江大学、杭州大学、浙江农业大学、浙江医科大学的发展

1945年8月抗战胜利。1946年5月，浙江大学师生取道贵阳、长沙、汉口、上海，回到杭州。在满目疮痍的土地上重新开始新的办学征程。1949年，浙江大学拥有7个学院，24个系，10个研究所。

中华人民共和国成立前夕，师生奋起而护卫家园，喜悦地迎来了中华人民共和国的诞生，并迎来了新中国成立后首任校长马寅初。这一时期，浙江大学召开了第一次师生员工代表大会，向社会输送了第一批中华人民共和国成立后的大学毕业生。

1952年，全国高等学校进行院系调整，综合性的浙江大学按照苏联模式分成了多所单科性大学，部分系科并入省外兄弟院校。同时，地方院校在调整中并入了调整后的浙江大学、杭州大学、浙江农业大学和浙江医科大学。全国各地陆续有大学教师调入浙江大学。经过近半个世纪的发展，特别是改革开放之后，源出一脉的浙江大学、杭州大学、浙江农业大学、浙江医科大学的建设和发展均取得了较大成就。

办好一个大学，不能单靠校长一个人的力量！一个人的力量是有限的，应该人人提方案，个个想办法，大家献计献策。大家都以主人翁的态度共同努力创造新浙大！

——1950年4月1日马寅初在浙江大学第一次教代会上的讲话

马寅初（1882—1982）

〉中国当代经济学家、教育学家、人口学家。

1949年8月出任浙江大学校长，1952年5月出任北京大学校长。任浙江大学校长21个月里，他敢为人先、大胆探索民主治校方略，对浙江大学的发展产生了重大影响。

〉马寅初在教代会上讲话

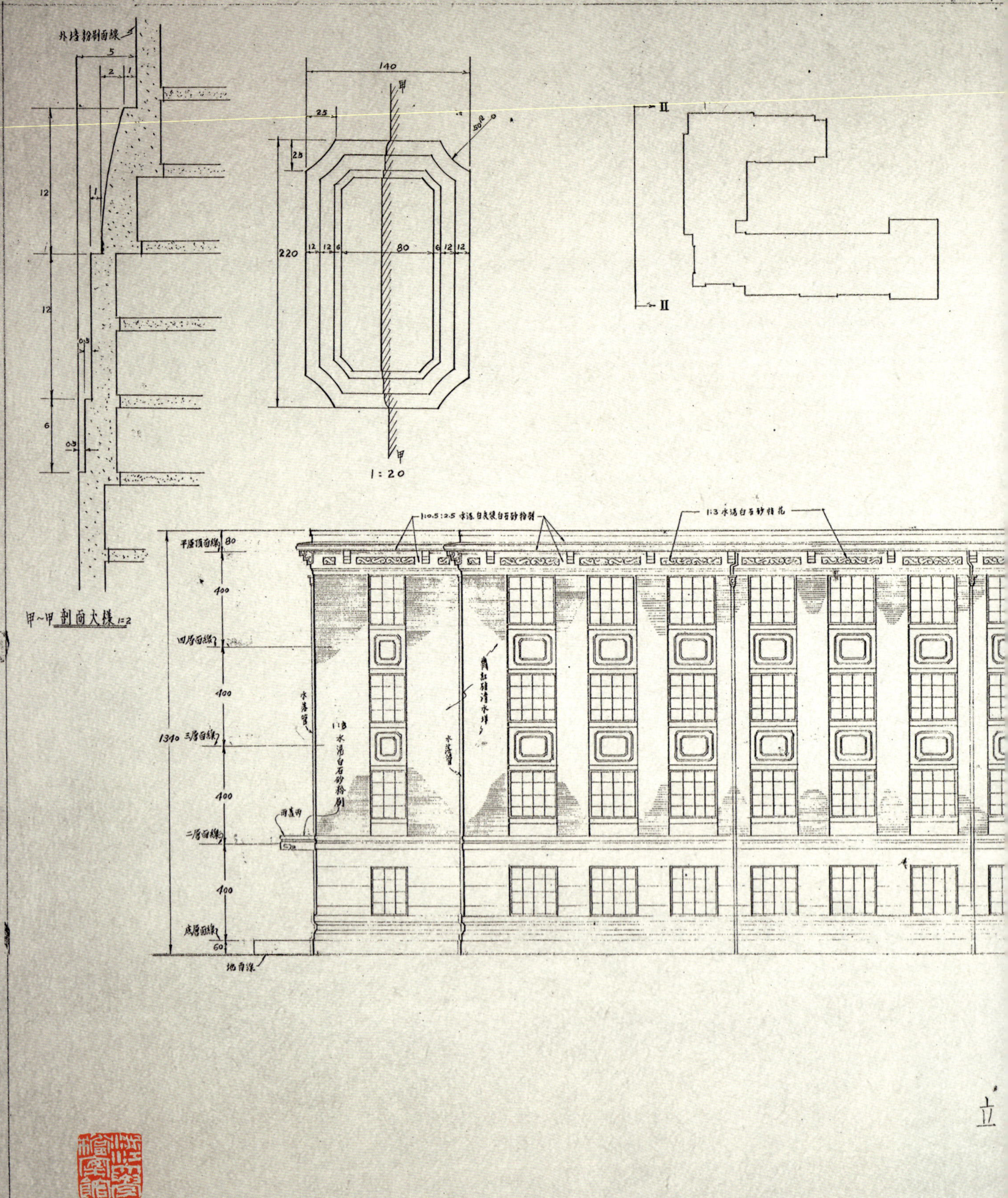

〉1951 年浙江大学玉泉校区第三教学大楼手绘设计图

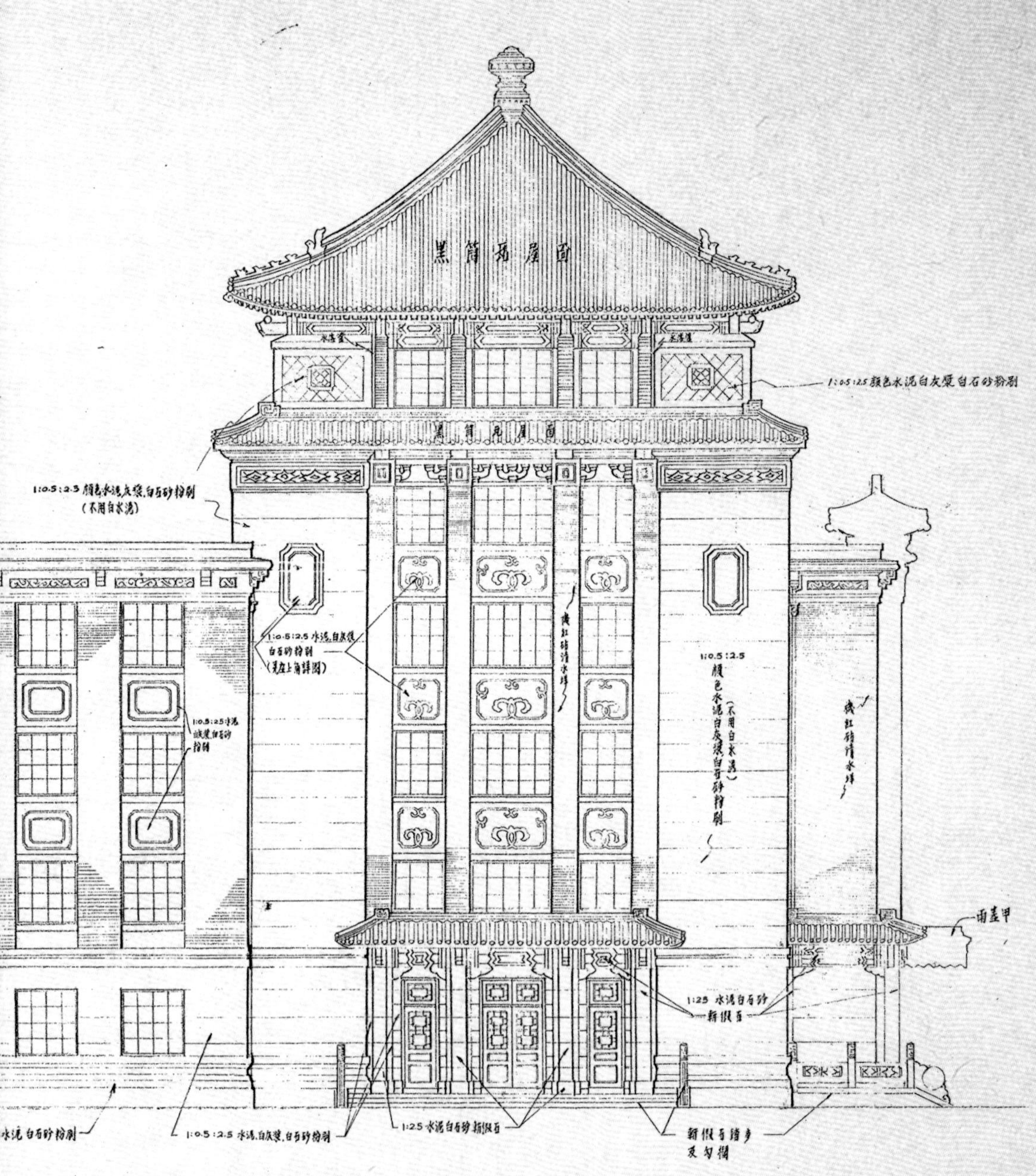

II—II

浙江大學新建第三教學大樓 杭州市繪圖場							
左側立面							
建築設計	[illegible]	製圖	[illegible]	總務長	嚴文興	比例	1:100
結構設計	[illegible]	計算				日期	1954.10.
	[illegible]	科長		校長		圖號	7-A102

JD 3 (2)

〉20 世纪50 年代，力学教研室教师自制的教具

浙江大学

-

1952 年：4 个系，2 个基础教研室；
1965 年：9 个系，2 个公共教研室，27 个专业，55 个教研室，388 名教师；
1997 年：13 个学院，33 个系，66 个博士点，11 个博士后流动站，教职工4300 人，其中教授300 余人；全日制在校学生13200 余人，其中研究生3200 余人。

1957 年，经教育部批复，浙江大学重建理科专业，同年重建了数学系、物理系；1958 年，重建了化学系；1960 年，重建了地质系。浙江大学是全国工科大学中第一个重建理科的大学，并由工科大学逐渐发展为以工为主的理工科大学。

1989 年1 月28 日，经国家教委批复，浙江大学和清华大学成为了两所综合改革试点院校。综合改革的总体目标：争取到2000 年之前，把浙江大学建设成为以工为主、理工结合、兼有文管，教育质量和教学研究水平稳定地全面地居于全国大学前列，在国际上有重大影响的综合性理工科大学。1995 年，浙江大学成为首批7 所列入国家“211 工程”建设计划的全国重点大学之一。

杭州大学

-

1952 年：7 个系，17 个专业，教职工244 人，其中教师107 人，全日制在校学生731 人；
1965 年：11 个系，24 个专业，教职工1151 人，其中教师632 人，全日制在校学生2713 人；
1997 年：13 个学院，29 个系，61 个硕士点，30 个博士点，1 个博士后流动站；教职工2700 人，其中教授210 余人；全日制在校学生10000 余人，其中研究生800 余人。

1958 年被浙江省列为唯一一所全省重点大学。此前，浙江师范专科学校、之江大学文理学院、俄文专科学校完成合并，筹办综合性杭州大学。

1995 年，在对全国高校23 个哲学社会科学学科1978 年1 月至1994 年3 月的成果评选中，杭州大学获优秀成果一等奖3 项、二等奖6 项，名列全国地方综合性大学之首。进入改革开放新时期，杭州大学以开放的理念办学，在新闻、法制、金融、制药和生物工程、社会保障等学科建立了与政府和企业的合作研究机构，是较早全面推进合作办学的高校。

1996 年9 月，杭州大学通过国家教委和浙江省人民政府对学校“211 工程”的部门预审。

1997 年，科研经费总量达4500 多万元，博士点、硕士点、研究生招生规模和科研经费均居全国地方综合性大学的首位。

〉20 世纪50 年代，陈建功教授与学生们。

浙江农业大学

-

1952 年：3 个系，4 个专业，全日制在校学生379 人；
1965 年：9 个系，11 个专业，教职工866 人，其中教师412 人，全日制在校学生1650 余人；
1997 年：15 个学院，29 个系，61 个硕士点，18 个博士点，1 个博士后流动站；教职工1700 人，其中教授117 人；全日制在校学生4000 余人，其中研究生500 余人。

1960 年2 月，省农业科学研究所、省林业科学研究所、省淡水水产研究所、省海洋水产研究所、中国农科院茶科所合并组成浙江省农业科学院（简称省农科院），并和浙江农业大学合一。

1996 年12 月，浙江农业大学通过了国家教委和浙江省人民政府对学校“211 工程”的部门预审。

1997 年，浙江农业大学全校科研经费总额达2651 万元，获得国家自然科学基金资助项目和经费数在全国所有资助单位中位列第27 位，居全国农业院校第2 位，省属院校首位。

〉陈子元（左二）1971 年在浙江农业大学东大楼生物物理教研室讲解农药残留问题

浙江医科大学

-

1952 年：设医科、药科；教职工336 人，其中教师149 人；2 所附属医院，5 所合作医院；
1965 年：4 个院系，教师70 余人，科研人员80 人；4 个研究室5 个研究组；5 所附属医院；
1997 年：6 个学院12 个系，5 所附属医院。38 个硕士点，10 个博士点；教职工6000 人，其中教授260 余人；全日制在校学生3400 余人，其中研究生400 余人。

〉郑树教授（右一）与同事们在实验室

1952 年，浙江大学医学院与浙江省立医学院合并成立浙江医学院。

1958 年初，支援温州医学院创办，共抽调了55 名教学人员，其中有教授1 名，副教授5 名，调往新成立的温州医学院，并赠送外文版图书1267 册及显微镜等仪器设备。

1987 年，浙江医科大学与中国科学院以浙江医科大学12 个研究所为实体，建立中国科学院浙江分院。

1997 年5 月，浙江医科大学通过省政府重点学科项目的可行性论证，确定传染病学等7 个学科 为省重点学科，省政府5 年投入6000 万元，用于项目建设。

From Hangzhou, to the World
向世界一流迈进

1998年9月15日，经国务院批准，浙江大学、杭州大学、浙江农业大学、浙江医科大学合并组建为新的浙江大学，这是我国高等教育管理体制改革和布局结构调整的一项重大举措，对于面向21世纪在我国组建若干所规模大、层次高、学科门类齐全的综合性大学具有重要示范意义，对我国高等教育的改革和发展产生了重要而深刻的影响。

在1998年以来近二十年的办学实践中，浙江大学以建设世界一流大学为办学目标和大学使命，扎根中国大地，按照“跻身、稳居、前列”三步走的愿景，依靠改革激发活力和创造力，立德树人、全面发展，齐心协力，为建成世界一流的综合型、研究型、创新型大学，为实现中华民族伟大复兴的中国梦努力奋斗。

中国特色 世界一流

-

2011 年12 月，中国共产党浙江大学第十三次代表大会召开。这是浙江大学在创建世界一流大学的征程中寻求新跨越的关键时期召开的一次十分重要的会议。大会全面总结了过去六年学校改革发展取得的成就，提出了“跻身、稳居、前列”三步走建设中国特色世界一流大学的战略目标。随后，浙江大学党委确定了学校“培育时代高才”“构建学科高峰”“打造科研高地”“汇聚名师高人”“积累文化高度”“探索改革高招”的“六高强校”战略路径，要求全校上下不断深入推进学校综合改革，大力优化学科布局和师资队伍结构，创新人才培养机制，推动科研内涵发展，为跻身世界一流大学行列奠定扎实的基础。

竺可桢学院成立

-

2000 年5 月，浙江大学成立了以竺可桢老校长之名命名的浙江大学荣誉学院“竺可桢学院”。其前身为创办于1984 年的原浙江大学（工科）混合班，院长由历任校长担任。学院以“为杰出人才的成长奠定坚实的基础”为宗旨，实施哲学思想教育、数理能力训练等本科全程培养的卓越教育计划，为造就基础宽厚，知识、能力、素质、精神俱佳，在专业及相关领域具有国际视野和持久竞争力的高素质创新人才和未来领导者奠定坚实基础。本科阶段学业优秀且完成竺可桢学院特别培养计划的学生可申请成为学校荣誉学生，荣誉学生可获得学校颁发的浙江大学竺可桢荣誉证书。

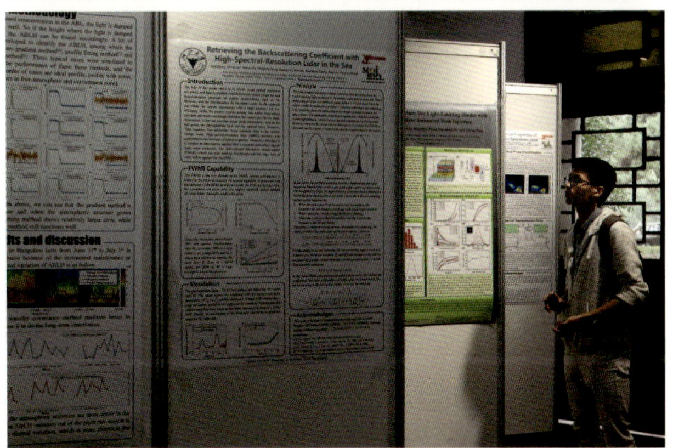

研究生培养与本科生培养并重

-

2004 年，浙江大学研究生招生录取数为6518 人，首次超过本科生，形成了本科生培养和研究生培养并重的局面，并于当年推行新的培养模式，研究生入校之后即可选择进入研究选题。1998 年以来，浙江大学在建设高水平综合型、研究型、创新型大学的过程中，以建设世界一流大学为目标，不断提升师资力量和水平，整合科研和教学环节，“以本科教育为立校之本，研究生教育为强校之路”。经过多年的改革探索，形成富有浙江大学特色的研究生培养模式，在高水平教师指导下，研究生队伍已成为浙江大学科学研究的主力军。

设立本科生院

-

浙江大学于2008 年7 月成立本科生院，旨在进一步整合教学资源、深化本科教学改革、优化本科管理模式、提升本科办学水平。本科生院的建立，将单一的多部门分散决策管理改变为统一高效管理，增强面向教师和学生的教学服务功能，努力探索建立本科教育教学质量管理的长效机制，为人才培养构建更加科学、高效的本科教育教学管理模式。

2005 年，《拔尖创新人才培养二十年的探索与实践》《工程图学特色平台的探索实践与教学基地辐射》同时获得国家高等教育成果一等奖。

1〉光学国际论坛

2〉成少安教授因微生物发电研究而入选 2014 年汤森路透发布的“高被引科学家”

3〉2013 年建成的植物工厂

浙江大学在ESI 学科的排名

ESI 为当今普遍用以评价大学和科研机构国际学术水平及影响的重要指标，也是全球公认的判断学科发展水平的重要参照之一，是汤森路透科技与医疗集团的“基础科学指标”（*Essential Science Indicators*）英文缩写。

ESI 数据库每两个月更新一次，截至2017 年3 月，浙江大学的18 个学科进入世界学术机构前1%，居全国高校第二；7 个学科进入世界前100 位，居全国高校第二，4 个学科进入世界前50 位，居全国高校第一；工程学、化学、农业科学、材料科学、植物学与动物学及药理学与毒理学6 个学科进入世界前1‰，居全国高校第二。

ESI

浙江大学在 ESI 前 1% 学科的百分位排名情况 (2017.3)

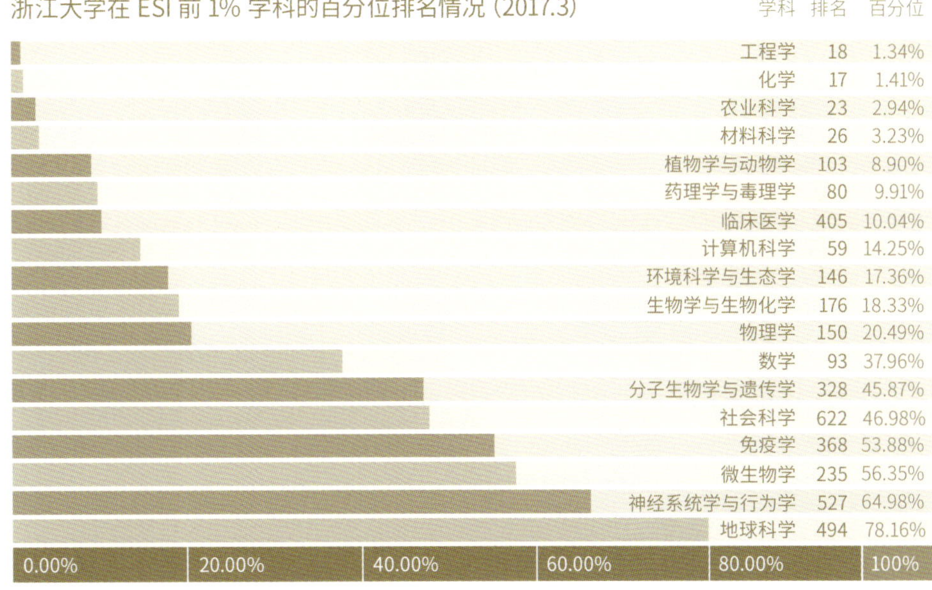

SCI

浙江大学表现不俗的论文数 ■ 浙江大学 SCI 论文数 ■

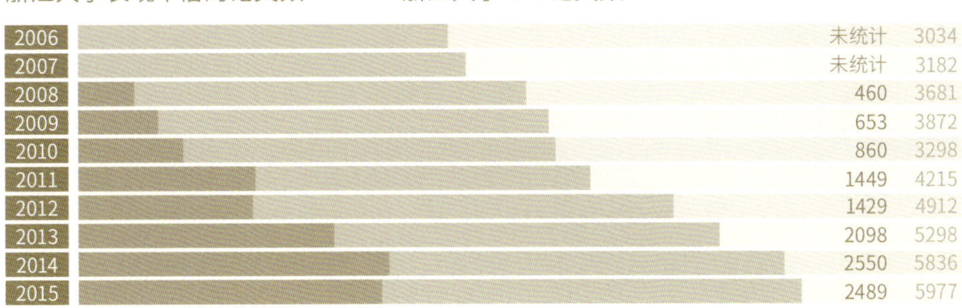

浙江大学 SSCI 和 A&HCI 论文收录情况

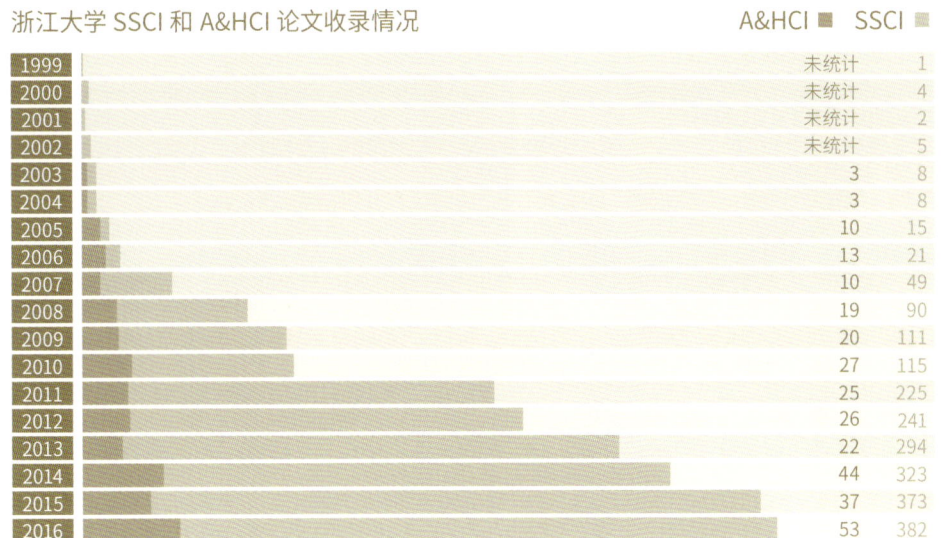

年份	A&HCI	SSCI
1999	未统计	1
2000	未统计	4
2001	未统计	2
2002	未统计	5
2003	3	8
2004	3	8
2005	10	15
2006	13	21
2007	10	49
2008	19	90
2009	20	111
2010	27	115
2011	25	225
2012	26	241
2013	22	294
2014	44	323
2015	37	373
2016	53	382

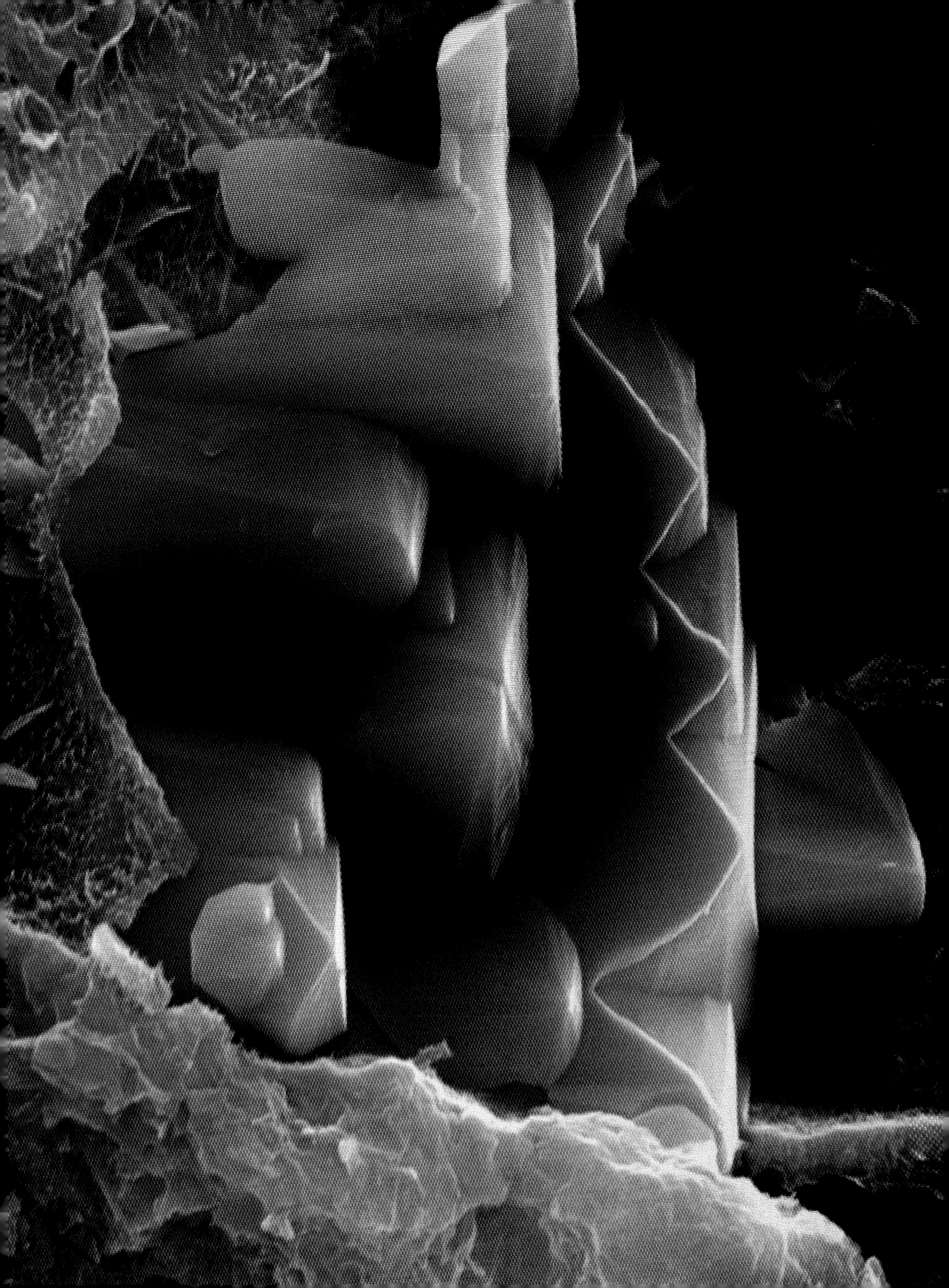

浙江大学近10 年发文学科分类统计

本报告检索为近10 年（2007—2016）浙江大学在学科影响因子前四分之一的JCR 一区的SCI 和SSCI 发文情况，文献类型限定为Article 和Review，学科分类参考ESI 分类标准。

ESI 设置的22 个学科为：生物学与生物化学、化学、计算机科学、经济与商业、工程学、地球科学、材料科学、数学、综合学科、物理学、社会科学总论、空间科学、农业科学、临床医学、分子生物学与遗传学、神经系统学与行为学、免疫学、精神病学与心理学、微生物学、环境科学与生态学、植物学与动物学、药理学与毒理学。

根据数据统计，近10 年浙江大学发文最多的学科是化学、工程学和物理学。从发文增速来看，综合学科增长由最低时的4 篇增长到现在的510 篇，紧随其后的是精神病学与心理学及经济与商业，从最初的1 篇增长到近几年的20 篇上下；而物理学则是发文量最稳定的，近10 年的年均发文在300 篇上下。

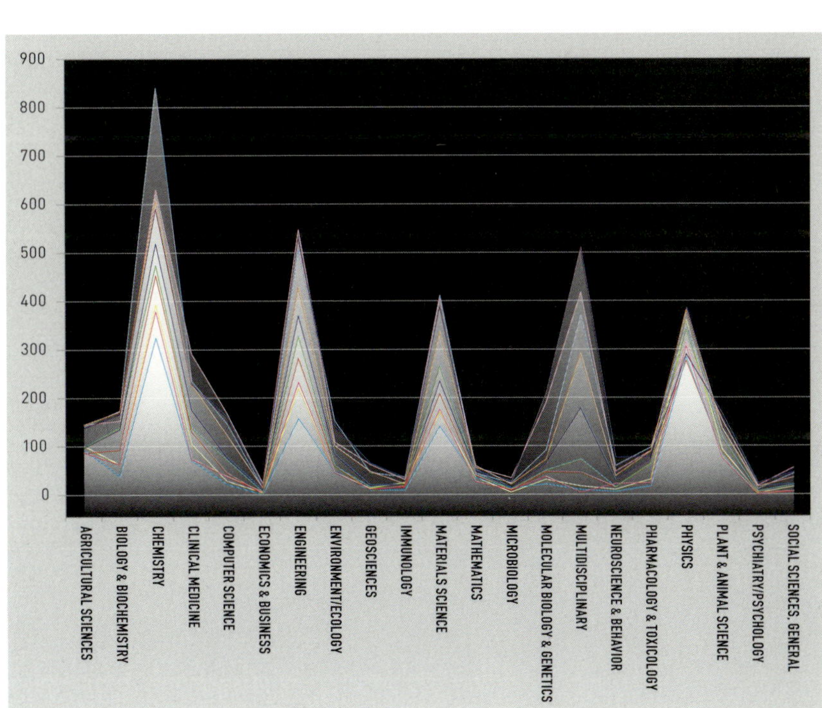

〉浙江大学图书馆提供

NATIONAL IDENTITY

家国情怀

各时期的浙江大学，汇聚了时代的杰出代表，
一事一日之间，无不将国家前途命运作为自己的担当和责任，
不论辉煌还是孤独，始终以国为家，以志利剑，
为时代创造和留下了举世瞩目的成就，书写了浙大人的辉煌史诗。

求是精神
竺可桢题
「诸位在校，有两个问题应该问问自己：
第一，到浙大来做什么？第二，将来毕业了做什么样的人？」

1〉王淦昌家属捐赠的王淦昌两弹一星功勋奖章
2〉刘丹（左四）陪同钱三强（左三）参观化工厂

Two Bombs and One Satellite Award Awardees

两弹一星元勋

1999 年9 月18 日，在庆祝中华人民共和国成立50 周年之际，党中央、国务院、中央军委决定，对当年为研制“两弹一星”作出突出贡献的23 位科技专家予以表彰，其中，程开甲、王淦昌、赵九章、钱三强曾在浙江大学学习或工作。

赵九章　1925 年就读于浙江大学前身浙江公立工业专门学校电机科
王淦昌　1936 年至1950 年在浙江大学任教
程开甲　1941 年毕业于浙江大学物理系并留校任教至1952 年
钱三强　1978 年2 月—1982 年6 月任浙江大学校长（兼）

“中国现代科学家”邮票上的浙大人

〉“中国现代科学家”邮票自1988年首次发行以来，已发行七组，共有30位中国现代科学家入选，其中浙大校友有竺可桢、梁希、贝时璋、钱三强、王淦昌、赵九章、金善宝、叶笃正等。

Winners of the State Preeminent Science and Technology Award

国家最高科学技术奖获得者

1999年，国家新设“国家最高科学技术奖”，这是五项国家科学技术奖中最高等级奖项，授予在当代科学技术前沿取得重大突破或者在科学技术发展中有卓越建树，社会贡献巨大的科学家。自1999年以来，共有27位科学家获此殊荣，其中有5位浙江大学校友，曾经在浙江大学求学的有4位。

徐光宪 1936年就读浙江大学附属杭州高级职业学校土木科
程开甲 1941年毕业于浙江大学物理系
叶笃正 1943年浙江大学研究院文科研究所史地学部研究生毕业
谷超豪 1948年毕业于浙江大学数学系

赵九章（1907—1968）

“两弹一星功勋奖章”获得者
气象学、地球物理学和空间物质学家 中国科学院院士
1925 年就读于浙江公立工业专门学校电机科

赵九章长期从事科学研究和组织工作，对大气科学、地球物理学和空间科学的发展作出了重要贡献，是我国地球科学物理化和新技术化的先驱。在气团分析、信风带热力学、大气长波斜压不稳定、大气准定常活动中心、有关带电粒子和外层空间磁场的物理机制等方面的研究取得奠基性的成果。先后创立了数个地球科学研究机构，并开辟了许多新研究领域，如气球探空、臭氧观测、海浪观测、云雾物理观测、探空火箭和人造地球卫星等，为国家培养了一大批优秀的科学家，对我国地球科学的发展产生深远的影响。

王淦昌（1907—1998）

“两弹一星功勋奖章”获得者
核物理学家 中国科学院院士
1936 年至1950 年任教于浙江大学，担任浙江大学物理系系主任，教授

王淦昌20 世纪40 年代在浙江大学任教期间，提出通过轻原子核俘获K 壳层电子释放中微子时产生的反冲中微子的创造性实验方法。50 年代后，他领导建立了云南落雪山宇宙线实验站，使中国的宇宙线研究进入当时国际先进行列。在11 国联合原子核研究所工作期间，领导团队发现了反西格马负超子。60 年代提出激光惯性约束核聚变的设想并获得实验证明。在中国第一颗原子弹和第一颗氢弹研究试制中作出了突出贡献。

钱三强（1913—1992）

“两弹一星功勋奖章”获得者
核物理学家 中国科学院院士
1978 年至1982 年任浙江大学校长（兼）

钱三强在核物理研究中获多项重要成果，特别是发现重原子核三分裂和四分裂现象并对三分裂机制作了科学的解释。为中国原子能科学事业的创立、发展和“两弹”研制作出了突出贡献。在中国科学院以及国家的科学活动的组织推动等方面作出了重要贡献。

Seber.
Pauli's Spin
Rotation

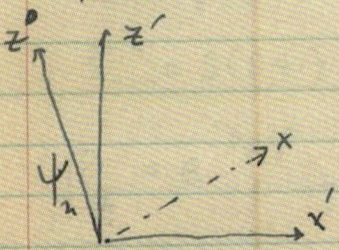

$R: x_i = \sum l_{ij} x'_j \qquad x'_i = \sum l_{ij} x_j$

$R\psi(x,y,z) = \psi(x'y'z')$. Definition of R

If V is a operator

$V(x'y'z')\psi(x'y'z') = RV(xyz)\psi(xyz)$

$= R\underbrace{V(x,y,z)R^{-1}}_{\text{operator}}\underbrace{R\psi(xy,z)}_{\text{wave fcn.}} = \tilde{V}(x,y,z)R\psi(x,y,z)$
$= V(x'y'z')\psi(x'y'z')$

$Ru(x_i) = u(\sum_j l'_{ij}x_j) = u(x'_i)$

$\tilde{V}(x,y,z) = V(x',y',z')$

Infinitesimal Rotation:

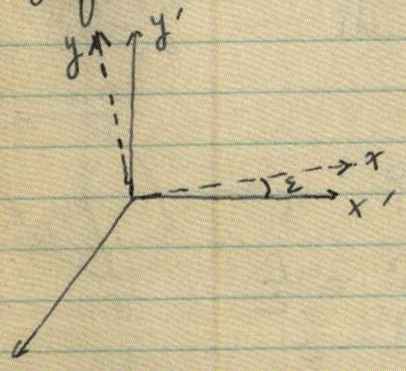

$\varepsilon \sim 0^\circ$

$x = x' + \varepsilon y \qquad \cos\varepsilon = 1 \qquad \sin\varepsilon = \varepsilon$
$y = y' - \varepsilon x'$
$z = z'$

or $x' = x - \varepsilon y$
$y' = y + \varepsilon x$
$z' = z$

Now $R\psi(x,y,z) = \psi(x'y'z') = \psi(x-\varepsilon y, y+\varepsilon x, z)$
$= \psi(x,y,z) - \varepsilon y \frac{\partial\psi(x,y,z)}{\partial x} + \varepsilon x \frac{\partial\psi(x,y,z)}{\partial y} + \cdots$
$= \left[1 + \varepsilon\left(x\frac{\partial}{\partial y} - y\frac{\partial}{\partial x}\right)\right]\psi(x,y,z)$

or $R_z\psi = (1 + i\varepsilon L_z)\psi$

$L_z = \frac{1}{i}\left(x\frac{\partial}{\partial y} - y\frac{\partial}{\partial x}\right)$

$\tilde{V} = RV(x,y,z)R^{-1}$, If V is invariant in Rotation (as H.)

$\therefore V = RVR^{-1} \qquad \therefore VR = RV$

$\therefore VL_z = L_zV$ or $[L_zV] = 0$

$\therefore$ Condition for invariance of V in Rotation is $[L_j, V] = 0$.

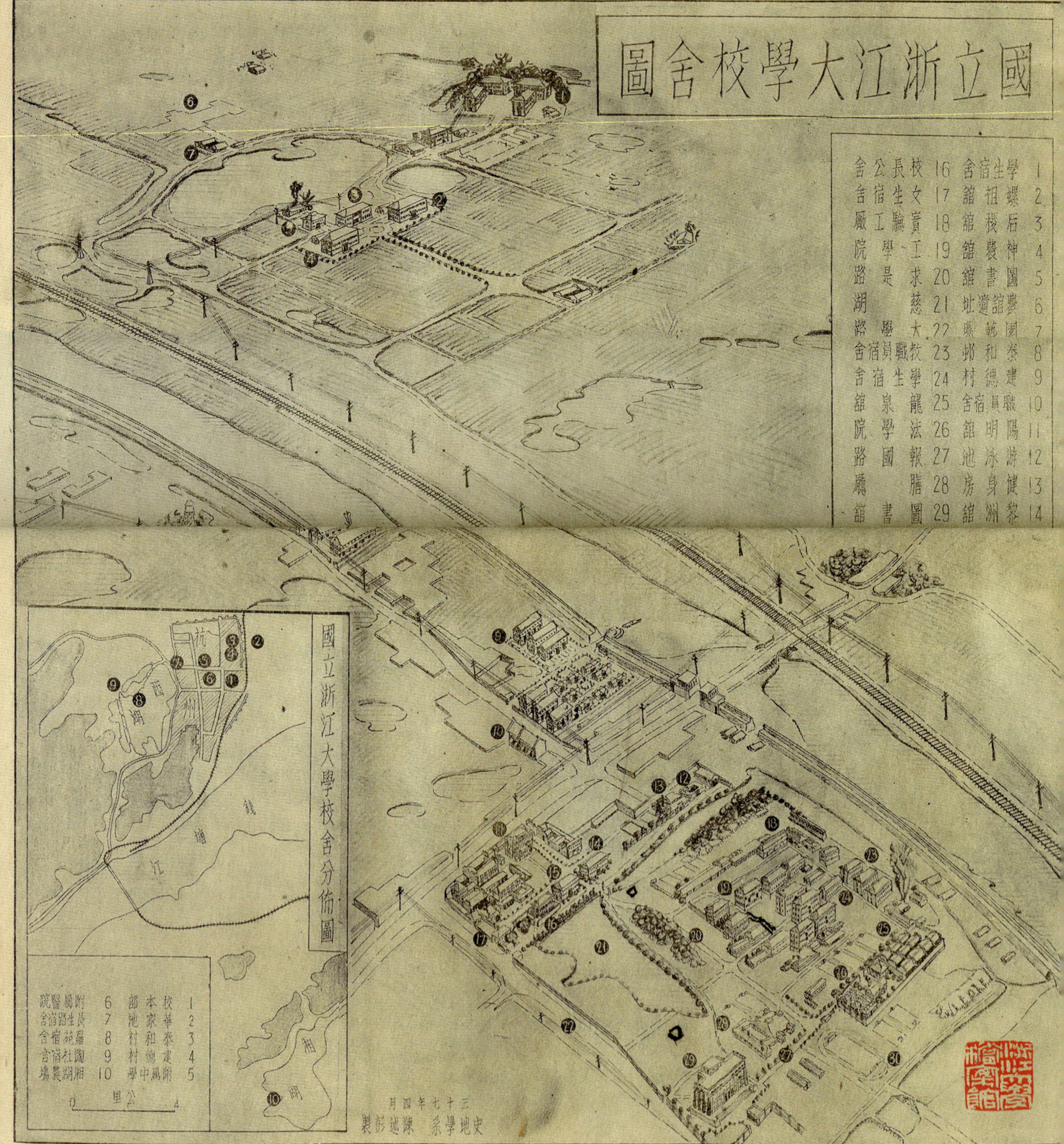

1948 年陈述彭院士求学期间绘制的浙江大学校舍分布图

〉陈述彭（1920—2008），中国科学院院士，地理学家、地图学家、遥感应用专家。中国遥感应用和地理信息系统科学的创建者和奠基人。创建了中国科学院遥感应用研究所，参加《中华人民共和国大地图集》的组织领导工作，提出《中华人民共和国自然地图集》总设计书，并主持和编制。陈述彭1938 年入学西迁中的浙江大学。每当回忆起求学年代，他总是说："我总算没有辜负竺老的希望，做了我应该做的事。"

叶笃正（1916—2013）

2005 年度"国家最高科学技术奖"获得者
气象学家 中国科学院院士
1943 年浙江大学研究院文科研究所史地学部研究生毕业

叶笃正早期从事大气环流和长波动力学研究，继C. G. 罗斯贝之后，提出了长波的能量频散理论，这是对动力气象学的重要贡献。1950 年代，和Flohn 分别独立地提出了青藏高原在夏季是个热源的见解，由此开拓了大地形热力作用的研究。1958 年，与陶诗言等提出了北半球大气环流的季节性突变，引出对此一系列的研究。1960 年代，对大气风场和气压场的适应理论作出了重要贡献。自1970 年代后期起，从事地—气关系的研究，并倡导全球变化研究，使中国这一领域的研究在国际上占有一席之地，是"八五"国家基础性重大研究项目《我国未来生存环境变化趋势预测研究》的首席科学家。

程开甲（1918— ）

"两弹一星功勋奖章"获得者
2014 年度"国家最高科学技术奖"获得者
理论物理学家 中国科学院院士
1941 年毕业于浙江大学物理系

程开甲是中国核武器研究的开创者之一，在核武器的研制和试验中作出了开拓性的突出贡献。开创了我国抗核加固技术新领域和定向能高功率微波研究的新领域。同时在固体物理方面取得了重要研究成果，提出了普遍的热力学内耗理论，导出了狄拉克方程，提出并发展完善了超导电的双带理论，提出了凝聚态的新的电子理论（TFDC），并出版了我国第一本固体物理学专著。

谷超豪（1926—2012）

2009 年度"国家最高科学技术奖"获得者
数学家 中国科学院院士
1948 年毕业于浙江大学数学系

谷超豪主要从事偏微分方程、微分几何、数学物理等方面的研究和教学工作。在一般空间微分几何学、齐性黎曼空间、无限维变换拟群、双曲型和混合型偏微分方程、规范场理论、调和映照和孤立子理论等方面取得了系统、重要的研究成果。特别是首次提出了高维、高阶混合型方程的系统理论，在超音速绕流的数学问题、规范场的数学结构、波映照和高维时空的孤立子的研究中取得了重要的突破。

原子城的浙大人

〉原子城为我国第一个核武器研制实验、生产基地。20 世纪50 年代末，成千上万的科学家和军人，为了中国的未来，在此艰苦工作，先后研制出中国第一颗原子弹和第一颗氢弹。钱三强、王淦昌、程开甲、梁守槃、贺贤土、唐孝威等就是其中的杰出代表。钱三强、王淦昌、程开甲三位科学家被列入“共和国不会忘记”的功勋人士。

1〉首个国家公祭日浙大师生祭奠于子三烈士
2〉费巩后裔在浙大玉泉校区费巩亭缅怀先人

Alumni Committed to National Liberation and Prosperity

为民族解放国家强盛献身的校友

在中国人民争取民族解放的过程中，浙江大学进步师生积极投身革命的洪流，为了人民的利益、为了国家的光明未来而奋斗，甚至献出了宝贵的生命。

陈敬森（1906—1930）：1924 年入浙江公立农业专门学校中等部就读。“五卅”运动中作为“农专”学生代表参加杭州中等以上学校学生联合会工作。1925 年9 月任杭州学生联合会执行委员，加入中国共产党，任“农专”中共党支部负责人。1930 年8 月27 日，就义于浙江陆军监狱。

邹子侃（1912—1932）：1925 年入浙江公立农业专门学校。1926 年加入中国共产党，在校期间任校党支部书记。1927 年学校党组织转入地下，邹子侃到杭州笕桥举办平民学校，从事农民运动。1927 年11 月10 日被捕后囚于浙江陆军监狱。1932 年2 月2 日在狱中牺牲。

虎罴（1919—1941）：曾化名吴士寿。1939 年考入浙江大学化工系，加入新四军战地服务团任青年队长兼副班长。1941 年4 月离校参军。1941 年12 月9 日于新四军一师驻地东台三仓河，率部与日军英勇战斗，直至最后时刻，与其余6 名同志壮烈殉国。

何友谅（1916—1943）：1938 年以同等学力考入浙江大学中国文学系。担任进步学生社团黑白文艺社社长、学生自治会出版股长。1942 年1 月浙江大学学生发动了打倒孔祥熙的示威游行，何友谅等被当局特务秘密逮捕，后被杀害。1994 年6 月3 日，浙江省人民政府追认何友谅为革命烈士。

费巩（1905—1945）：政治学家。1933 年受聘为浙江大学教授，主讲政治经济学和西洋史，兼注册课主任。1940 年8 月出任训导长，深受教师和学生的爱戴。主要著作有《英国文官考试制度》《英国政治组织》《比较宪法》《世界各国政体》《中国政治史》《中国经济问题》《政治经济学原理》等。因参与民主运动，1945 年被国民党特务秘密绑架杀害。1978 年9 月5 日，上海市人民政府追认费巩为革命烈士。

于子三（1925—1947）：1944 年考入浙江大学农学院农艺系。1947 年被选为浙江大学学生自治会主席。担任全国学联浙江联系人和党的秘密外围组织“新民主青年社”华家池分社负责人。在“反饥饿、反内战、反迫害”的运动中，带领同学们与国民党政府展开了顽强的斗争。1947 年10 月29 日被国民党特务秘密逮捕，惨遭杀害。

Role Models in the New Era

新时代的楷模

“装甲战士”臧克茂

-

1999 年 2012 年 国家军委主席签署通令 荣立一等功
1955 年 毕业于浙江大学电机系

坦克电气自动化专家臧克茂，1955 年浙江大学电机系毕业。长期从事坦克电气自动化工程研究，通过自主创新，提出了现代坦克炮控系统的体系结构和控制方法，跨越了国外炮控系统的两个发展阶段；研制出了我国第一台坦克电驱动系统原理样车，并率先开展全电战斗车辆的研究。获国家科技进步奖二等奖2 项，军队科技进步一等奖2 项，二等奖3 项。被评为全国优秀科技工作者、全国优秀教师，1999 年和2012 年，两次被中央军委批准荣立一等功。

戈壁滩的“全国劳动模范”张同星

-

1978 年 全国劳动模范
1956 年 浙江大学机械系

张同星在国家核工业科研第一线工作20 余年。参与解决一系列重大技术问题，为发展中国核工业作出重大贡献。1961 年，土法上马制成真空机组，进行真空熔化浇铸模拟试验，取得数百个原始数据，为实际操作打下良好基础。之后改造试制成功中国第一台核部件铸造专用炉，并制订工艺路线，转入正常生产。1964 年，参与试制第一颗原子弹，攻克了铀部件铸造的气缩孔难关，创造了中国核金属铸造的独特工艺。“文化大革命”期间，在被污为“黑标兵”戴高帽子游街的情境下，摘下高帽子即回到工作岗位。1975 年参与完成了热核材料部件的试制任务，使国家核工业又登新台阶。1983 年11 月10 日，张同星因患病医治无效，不幸逝世，终年50 岁。按其遗嘱，长眠西北戈壁滩。

聂荣臻元帅题词：“向知识分子的优秀代表张同星同志学习。”

张爱萍上将题词：“向长期在极端条件下，为国防现代化建设坚持战斗的张同星同志致敬！”

“献身国防科技事业杰出科学家”林俊德

-

1989 年 荣立一等功
2013 年 国家军委主席签署通令 追授“献身国防科技事业杰出科学家”荣誉称号
2013 年 国家军委主席签署通令 追授一级英模
2012 年 感动中国年度人物
1960 年 毕业于浙江大学机械系

我1960 年从浙江大学机械系毕业，此后大部分时间是在新疆戈壁滩上度过的。……我的人生之路也有过坎坷，在政治上也受过委屈，但我从未对个人作出的牺牲后悔过。我们这一代人是直接受惠于新中国的，比起寄人篱下、报国无门的前辈来，我们幸运多了。

——摘自《人民日报》1990 年4 月16 日《戈壁滩上 青春无悔》

ZJU·120
求是创新 2017

20 世纪50 年代末，为维护国家安全，我国做出独立自主发展核武器的战略抉择。冲击波测量，就是研究核武器效应和确定核爆炸当量的重要手段。林俊德自参军入伍，驻守大漠52 年，在铸造大国和平之盾中立下大功。林俊德最大的欣慰就是看着祖国在和平阳光下飞速发展——作为一名核科学家，他深深了解大漠上这一次次核试验，对于共和国赢得和平发展机遇的重要意义。而对于自己奋斗一生的事业，他的结论却是如此简单："我这辈子只做了一件事，就是核试验，我很满意。"

中国太空领域技术领军人叶培建

-

2000 年 被国防科工委评为"有突出贡献的中青年专家"

2003 年 国家科技进步奖特等奖

2014 年 国家科技进步奖创新团队奖

1967 年 毕业于浙江大学无线电系

一个国家总需要有这么一部分人，他们的（生活）质量可能还得用另外一个标准来衡量，他如果在他的生命周期里面，做出更多的事情，也是种质量。

——摘自凤凰卫视《名人面对面》叶培建专访

叶培建自大学毕业到当时航天部的卫星总装厂工作，从此与航天结下了不解之缘，是我国绕月探测工程、"嫦娥一号"卫星系统总指挥兼总设计师。作为我国航天领域领军人物之一，作为多个开创性空间探测器的总设计师和相关领域首席科学家，叶培建推动了中国卫星遥感、月球与深空探测及空间科学的快速发展。2017 年1 月，国际天文学联合会国际小行星中心发布公报，将编号"456677"的小行星命名为"叶培建星"。

为世界研制疫苗的陈薇

-

2003 年第十四届"中国十大杰出青年" 第二届"中国十大科技新闻人物"

2011 年第八届"中国青年女科学家奖" "中国青年科技创新杰出奖"

1988 年毕业于浙江大学化工系

1〉2012 年3 月叶培建（右二）在信电系参观机器视觉实验室

2〉林俊德（左一）与同事在完成实验后的合影

在SARS 肆虐期间，陈薇带领的研究团队，在国内外首先证实IFN-ω 能有效抑制SARS 病毒的复制，并完成了30 余所SARS 定点医院近14000 名医护人员的临床研究，结果表明使用该药物对防范一线医护人员感染起到了重要作用。

汶川地震期间，陈薇担任国家卫生防疫组组长赴灾区一线；北京奥运会期间，陈薇参与"军队奥运安保指挥小组"专家组，带队负责各场馆的核、生、化反恐任务；2014 年年底，由陈薇领衔的团队自主研发的重组埃博拉疫苗获得临床许可，进入人体试验，相关研究结果发表在国际重要医学期刊《柳叶刀》。

2015 年7 月10 日，中国人民解放军总后勤部向唯一的一名晋升女军官颁发中央军委主席习近平签署的少将军衔命令状。

CAS and CAE Fellows Ever Worked at Zhejiang University
曾在浙江大学任教的两院院士

贝时璋 蔡邦华 蔡金涛 陈建功 陈力为 陈耀祖 程孝刚 方荣祥 方肇伦
冯新德 顾功叙 洪德元 胡济民 黄　宪 黄秉维 纪育沣 金善宝 李国杰
李竞雄 李连达 梁　希 梁守槃 林励吾 刘恢先 楼之岑 卢鹤绂 卢嘉锡
罗宗洛 马叙伦 马寅初 钱令希 钱三强 钱钟韩 阙端麟 任美锷 沈荣骏
沈善炯 沈寅初 苏步青 谈家桢 谭其骧 涂长望 汪胡桢 汪懋华 王葆仁
王淦昌 王　序 吴常信 吴健雄 吴硕贤 吴文俊 吴学蔺 吴征镒 夏　鼐
向　达 徐世浙 徐芝纶 阳含熙 张德庆 张嗣瀛 张肇骞 章名涛 朱祖祥
竺可桢

CAS and CAE Fellows at Zhejiang University
现在浙江大学任教的两院院士

巴德年 曹楚南 岑可法 陈　纯 陈云敏 陈子元 董石麟 段树民 宫先仪
龚晓南 韩祯祥 侯立安 贾承造 麻生明 李兰娟 路甬祥 罗民兴 欧阳平凯
潘云鹤 沈家骢 沈之荃 孙优贤 谭建荣 唐孝威 王　浩 汪槱生 邬江兴
许庆瑞 杨华勇 杨树锋 杨　卫 杨文采 翟明国 张　泽 郑树森 朱位秋
朱诗尧

CAS and CAE Fellows Ever Studied at Zhejiang University

曾在浙江大学求学的两院院士

蔡昌年　陈　纯　陈吉余　陈建峰　陈剑平　陈清如　陈丨一　陈述彭　陈望道
陈仙辉　陈学东　陈耀祖　陈宜张　陈云敏　陈蕴博　陈左宁　程开甲　程民德
池志强　戴立信　丁仲礼　杜庆华　冯纯伯　干福熹　龚晓南　谷超豪　郭可信
韩祯祥　贺贤土　洪伯潜　洪孟民　侯虞钧　胡海昌　胡和生　胡济民　胡　宁
胡乔木　黄鸣龙　黄文虎　金国章　金鉴明　金庆焕　景益鹏　李竞雄　李兰娟
李政道　李志坚　励建书　林俊德　林祥棣　刘大钧　刘盛纲　刘守仁　陆熙炎
陆学善　路甬祥　罗　安　罗民兴　吕　敏　麻生明　毛汉礼　潘家铮　潘镜芙
潘云鹤　彭平安　钱人元　钱志道　钦俊德　裘法祖　邵象华　沈昌祥　沈家骢
沈允钢　施教耐　施履吉　施雅风　石钟慈　苏元复　孙优贤　谭建荣　汪　猷
汪槱生　王　元　吴　晗　吴浩青　吴孔明　吴中伦　吴祖垲　夏道行　谢学锦
谢义炳　徐　僖　徐承恩　徐光宪　徐国良　徐扬生　徐元森　薛鸣球　杨福愉
杨焕明　杨奇逊　杨裕生　姚　鑫　叶笃正　叶培建　袁　权　臧克茂　张乃通
张锁江　张新友　张友尚　张直中　张钟俊　赵九章　赵梓森　郑树森　支秉彝
周志炎　朱壬葆　朱玉贤　朱祖祥　庄逢辰　邹元爔

THE QIUSHI ATLAS

求是经纬

大学的发展，
犹如大树，扎根于国家和民族肥沃的土壤。
在浙之滨，浙江大学的办学历程，
得益于来自社会各界的支持，更得益于中华民族的腾飞。

National Responsibility and Hope

国家重托 民族希望

作为浙江精神重要组成部分的求是精神，是百余年来浙江大学的办学理念，是浙大人“以天下为己任，以真理为依归”的崇高精神的高度概括。求是精神不仅是浙江大学的宝贵精神财富，也是全省教育科技工作者和全省人民的宝贵精神财富。在新的发展阶段，要进一步发扬、光大求是精神。

——摘自习近平同志2006 年9 月27 日在浙江大学紫金港剧场为浙江省大学师生所做的报告

越是民族的越是世界的。世界上不会有第二个哈佛、牛津、斯坦福、麻省理工、剑桥，但会有第一个北大、清华、浙大、复旦、南大等中国著名学府。我们要认真吸收世界上先进的办学治学经验，更要遵循教育规律，扎根中国大地办大学。

——摘自习近平同志2014 年5 月4 日在北京大学纪念五四运动师生座谈会上的讲话

浙大教师信念坚定、师德高尚、业务精良，为党和国家事业培养了大批人才。我们要实现“两个一百年”奋斗目标，实现中华民族伟大复兴的中国梦，需要一大批忠诚党的教育事业的老师们精心育人。源源不断培养和造就一代又一代社会主义事业的合格建设者和可靠的接班人。总书记希望浙大在这方面走在前列。

——摘自习近平同志2015 年9 月9 日委托中央办公厅向浙江大学教师祝贺教师节的函

“求是”源自古文，“创新”取自现代，四字融古通今。求是，就是孜孜不倦追求真理，这是创新之基，也是你们走向社会安身立命之本。浙大学生创业率全国高校第一，创业不仅需要创新意识，更需要文化底蕴和求是精神。

——摘自李克强同志2014 年11 月21 日在浙江大学玉泉校区图书馆与浙江大学学生的交流讲话

大胆求知，务求实学，不骛虚声、不求虚名，以科学的态度学习做踏实的工作，做对国家和社会有贡献的人，人民记得住的人。

——摘自温家宝同志2010 年6 月25 日在浙江大学紫金港校区图书馆与浙江大学学生的交流讲话

〉紫金港校区竺可桢像

Campuses and Cities

大学城市地图

紫金港校区
西溪校区
玉泉校区
华家池校区
之江校区
杭州市区

七大校区

-

浙江大学紫金港校区 5369 亩
浙江省杭州市西湖区余杭塘路866 号

浙江大学玉泉校区 1236 亩
浙江省杭州市西湖区浙大路38 号

浙江大学西溪校区 500 亩
浙江省杭州市西湖区天目山路148 号

浙江大学华家池校区 998 亩
浙江省杭州市江干区凯旋路268 号

浙江大学之江校区 650 亩
浙江省杭州市西湖区之江路51 号

浙江大学舟山校区 600 亩
浙江省舟山市海天大道

浙江大学国际联合学院（海宁国际校区）1200 亩
浙江省海宁市海州东路718 号

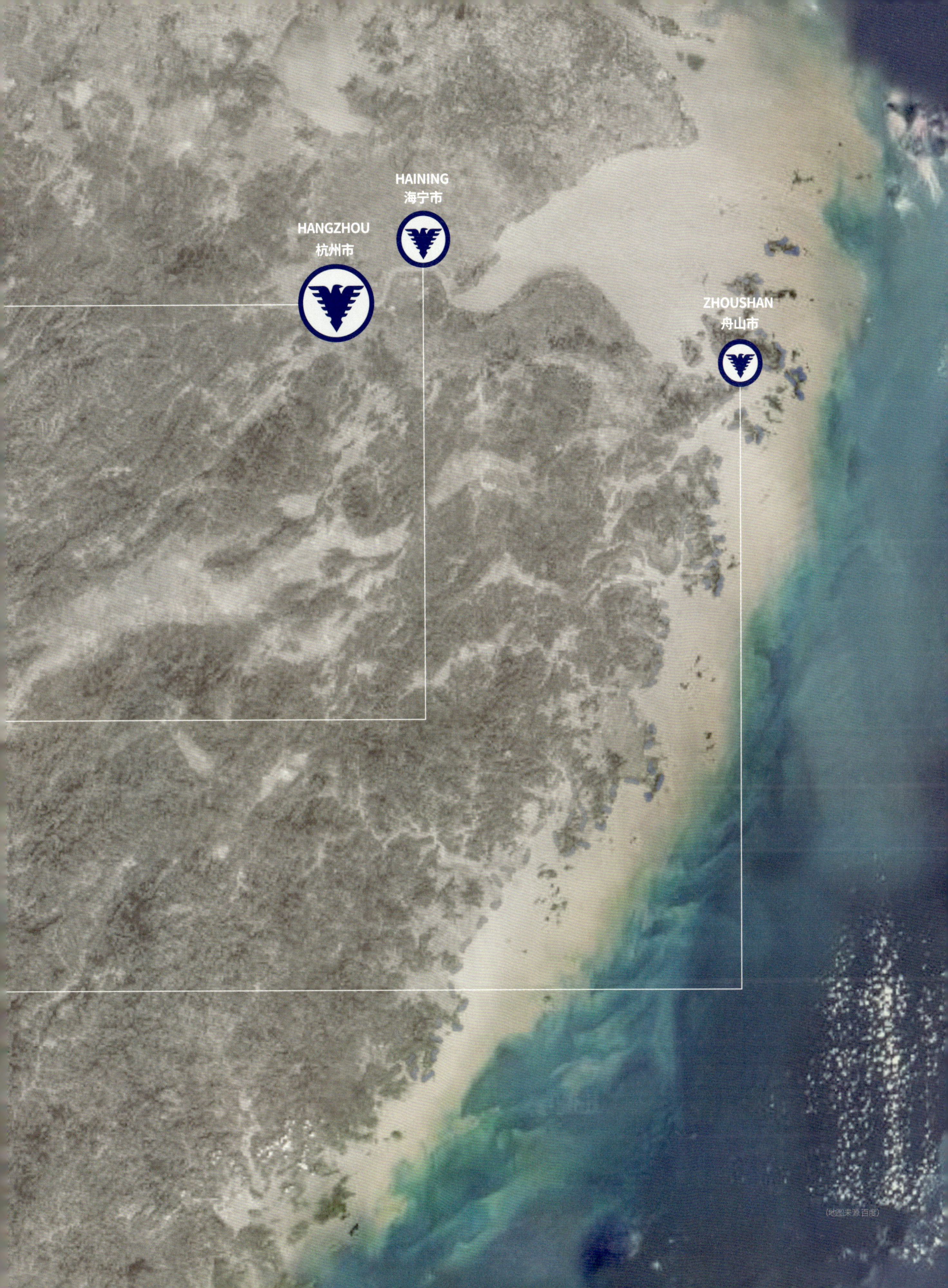

（地图来源百度）

2

3

紫金港校区

紫金港校区为浙江大学主校区，位于杭州城西北部，分东西两区，总规划建设用地5369亩。

紫金港校区东区规划建设用地约为2949亩，始建于2001年9月。自2002年投入使用以来，现今已有农生环、医药、部分人文社科和工科的12个院系、机关总部、部分直属单位和独立研究机构以及2万余名学生入驻。

紫金港校区西区规划建设用地约为2420亩，于2015年底开始全面建设，建成后将容纳16个学院（系）、部分机关和直属单位以及约1.5万名学生。一期建设项目将在“十三五”期间完成。

东区的12个院系：外国语言文化与国际交流学院、管理学院、公共管理学院、建筑工程学院、生命科学学院、生物系统工程与食品科学学院、环境与资源学院、农业与生物技术学院、动物科学学院、医学院、药学院、竺可桢学院。

1〉紫金港校区俯瞰
2〉2008年紫金港校区一期工程竣工
3〉2017年新竣工的求是大讲堂

玉泉校区

-

玉泉校区位于杭州西湖西北角，背靠灵峰、老和山，面对乌石峰，紧邻玉泉、植物园。校区面积约为1236 亩，始建于1953 年，为原浙江大学所在地。

玉泉校区现为社科、理、工、信息等17 个学院（系），以及离退休处、就业指导与服务中心、图书馆、信息中心、国际教育学院、先进技术研究院、校医院、圆正控股集团等部门或单位所在地。

玉泉校区的17 个院系：经济学院、数学科学学院、物理学系、化学系、地球科学学院、机械工程学院、材料科学与工程学院、能源工程学院、电气工程学院、化学工程与生物工程学院、航空航天学院、高分子科学与工程学系、光电科学与工程学院、信息与电子工程学院、控制科学与工程学院、计算机科学与技术学院（软件学院）、生物医学工程与仪器科学学院。

1

1〉玉泉校区远眺

2〉邵逸夫先生在大陆地区捐建的第一座建筑：邵逸夫科学馆

3〉西迁之路石雕

3

西溪校区

西溪校区位于杭州西北部天目山路北侧，地处杭州高新技术开发区。校区面积约为500 亩，始建于1958 年，为原杭州大学所在地。

西溪校区现为人文学院、传媒与国际文化学院、教育学院，马克思主义学院、心理与行为科学系等院系，以及浙江大学档案馆、浙江大学出版社、浙江大学建筑设计研究院、工业技术转化研究院等所在地。

1〉田家炳先生捐建的田家炳书院
2〉建筑设计院的生态楼
3〉西溪校区俯瞰

1）华家池校区鸟瞰
2）奔马雕像
3）华家池碑

华家池校区

浙江大学华家池校区位于杭州市区，东临秋涛路，西傍凯旋路，南接凤起东路。校区校园面积为998 亩（含余杭茶场）。校园内今有华家池水域84 亩。华家池之名，始于明初，有华姓者居此而得名。1934 年春，浙江大学农学院自笕桥迁此建院。1937 年夏，日军炮火逼近，农学院内迁贵州湄潭。1945 年抗战胜利回迁，校舍全毁。1946 年始于池周陆续兴建校舍。现校区功能定位为农耕文化研究展示、干部培训与继续教育、临床医学和口腔医学教学实习基地。

全国干部教育培训高校基地

浙江大学继续教育学院是2009 年中共中央组织部在13 所高校建立的全国干部教育培训高校基地之一。浙江大学以“发挥优势、整合资源、树立品牌、做大贡献”作为基地的工作方针，发挥在新知识、新技能、新信息、新理论等知识教育方面的优势，服务国家人才战略、服务学习型社会建设。

老图纸

〉1945 年抗日战争胜利，校园在战争中被夷为平地。浙江大学复员返杭前启动了校园重建工程。此为1946 年10 月浙江大学华家池校区复建设计图中的一份。档案资料为光仪1986 级校友陈杰捐赠。

面面面江窗。
千万里帆过矮枕，
十三层塔管斜阳。
望江南
年在之江校

2015年8月1日 人文高等研究院成立

-

作为浙江大学的人文社科领域的“学术研究特区”，人文高等研究院2015年8月1日成立，高研院聘请海内外人文社科学界的知名学者或学术新秀，支持其驻院开展理论性、基础性和探索性的学术研究，以创新思想，形成理论发现，共同涵育人文风尚。

之江校区

-

之江校区地处杭州钱塘江畔、月轮山南麓。始建于1906年，1911年正式启用，为原之江大学所在地。校区面积为650余亩。为国家级文物保护单位，是国内保存最完整的教会大学旧址。之江校区现为光华法学院和浙江大学人文高等研究院所在地。

1〉之江校区鸟瞰
2〉之江小礼堂
3〉之江钟楼

舟山校区

-

舟山校区为浙江大学海洋学院所在地，地处中国重要港口城市浙江省舟山市，位于舟山定海区，校区总面积600亩。始建于2012年12月，2015年9月投入使用。舟山校区为浙江大学与舟山市人民政府共建。

1〉舟山校区鸟瞰
2〉舟山摘箬山岛科研实验基地
3〉舟山校区海洋学院主干道

2

国内第一个海洋工程与技术本科专业

-

浙江大学于2010年获得教育部批准，在国内率先成立“海洋工程与技术”本科专业。该专业是一个面向国家战略性新兴产业——“海洋工程装备产业”的专业，旨在为国家和地方培养具备海洋工程与技术基本理论和知识技能，能在海洋工程、海洋技术及海洋资源开发领域开展相关设计、研究、制造、规划、经营与管理等方面工作，具有国际视野的海洋工程与技术学科高级工程技术人员。目前已招收6届本科生。

1

3

ZJU·120

求是创新 2017

1〉海宁国际校区鸟瞰
2〉海宁国际校区建筑局部

海宁国际校区

海宁国际校区为浙江大学国际联合学院所在地，地处海宁市，位于海宁市区水月亭路南、海州路北，南临鹃湖、北接长山河生态湿地，总占地面积1200 亩。海宁国际校区由浙江大学和海宁市人民政府共建，校区建设工程于2014 年6 月30 日开工，计划于2017 年竣工。

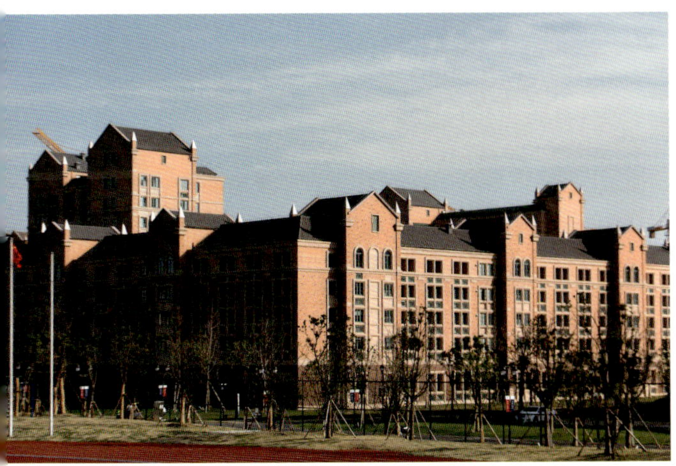

一对多国际办学模式

-

浙江大学国际联合学院设立了若干个中外合作办学机构、交叉研究中心和成果转化机构，与世界一流大学开展教育、科研和成果转化的合作。目前，浙江大学-帝国理工学院应用数据科学联合实验室、浙江大学爱丁堡大学联合学院和浙江大学伊利诺伊大学厄巴纳香槟校区联合学院已正式成立，2016 年9月迎来了首批新生。

国际校区的目标是建成与世界一流大学无缝对接的高水平校区、探索东西方教育优势融合的教育模式和机制体制的特区、人才培养、科学研究和成果转化相结合的战略高地以及国际合作办学和海外高技术在境内转化的示范基地。

1〉浙江大学与爱丁堡大学联合学院启动
2〉普林斯顿大学教授代表团来访
3〉ZJU-UIUC WEEK 活动周两校教授座谈

〉唐仲英先生（后排右三）被聘为浙江大学首位名誉校董

Social Support
社会支持

浙江大学发展的每一个时期，都得到了来自全社会的大力支持。浙江大学教育基金会是全国性非公募基金会，广泛联系和吸纳海内外的资源和力量，是浙江大学改革发展过程中重要的中坚支持力量，为学校的教育教学、科学研究、人才引进与对外交流、校园基础建设、学生培养、校园文化建设及其他与学校发展有关的各项事业提供有力的资金支持。浙江大学一百二十年的奋斗历程既凝聚了一代又一代求是人的耕耘与汗水，也汇集了海内外历届校友、企业、社会组织以及各界贤达志士惠教泽学的爱心。一座座楼宇的建设，一个个项目的推出，惠泽了无数求是学子，彰显了全社会培育英才的远见卓识。

ZJU·120
求是创新 2017

包兆龙包玉刚中国留学生奖学金

父亲使我们牢记自己的民族，牢记自己民族的文化。——苏包陪庆

1983 年1 月，包玉刚先生捐赠100 万美元基金，以他父亲的名字命名，设立了“包兆龙中国留学生奖学金”。1985 年10 月，包玉刚先生访问了浙江大学，决定再捐赠100 万美元基金，奖学金改为“包兆龙包玉刚中国留学生奖学金”，并移交浙江大学管理。在“包兆龙包玉刚中国留学生奖学金管理委员会”下成立以浙江大学校长为理事长的“包氏基金理事会”，负责出国留学人员的遴选和管理工作。奖学金主要用于浙江大学和浙江省高校青年教师进修。

董氏东方文史哲研究奖励基金

父亲从小就教导我，你是中国人，要以身为中国人为荣。人的一生要做有意义和有用的事，千万不要浪费宝贵的生命。——董建华

董氏东方文史哲研究奖励基金由著名实业家、原香港董氏集团董事长、香港特别行政区原行政长官董建华先生于1992 年出资设立。基金设立二十多年来，对于推动浙江大学文史哲研究领域的学科建设、人才培养产生了重要和积极的影响。至今，香港董氏慈善基金会和东方海外货柜航运有限公司累计向学校捐款100 多万美元，共资助出版著作215 部，资助重点研究课题284 项，举办大型会议与“浙大东方论坛”讲座百余场，奖励优秀研究成果860 项。

曹光彪科技基金

作为在外面打拼的浙江人，能够有幸有能力对国家、对家乡做出回馈是十分应该的事情。——曹其镛

曹氏家族与浙江大学有着20 年深厚的情谊。曹光彪先生从1995 年起捐赠巨款，在浙江大学先后设立高科技发展基金、建设高科技大楼、设立高科技人才基金，吸引世界级顶尖人才到浙江大学工作。1997 年，浙江大学授予曹光彪名誉博士学位。此后，曹其镛先生继承父志，一直支持和帮助父亲为祖国内地发展而慷慨奉献的事业。自2011 年起，曹其镛已促成浙江大学、清华大学、北京大学、上海交通大学、复旦大学等5 所高校建设“亚洲青年交流中心”。2014 年，曹其镛再次慷慨捐赠，成立百贤教育基金会，设立“亚洲未来领袖奖学金计划”，支持亚洲各国优秀青年学生的交流。曹其镛于2014 年受聘浙江大学名誉校董。

1》段永平先生与学弟学妹们谈成长与自立
2》包玉刚先生（左一）会见获得资助的学者

1

2

永谦科技基金

母校这么多年教诲，能做一点贡献我们很高兴。——汤永谦

汤永谦先生和夫人姚文琴都是浙江大学校友。汤永谦1940 年毕业于浙江大学化工系，是1942 年浙大化工研究所成立之后的首届硕士研究生。

2000 年汤永谦为支持母校争创世界一流大学，促进浙江大学学科建设，扩大对外交流，特设立了“汤永谦学科建设发展基金”。基金每年面向全校支持“高级访问学者”“教师交流”“聘请知名学者”“主办国际学术会议”“国际合作培养人才项目及学科建设项目”等数十个项目。同时，自2003 年起，专门设立了促进幼儿教育的发展基金作为汤永谦学科建设发展基金的子项目，在6 年间，每年专款资助幼儿教育发展的研究。

1〉邵逸夫科学馆
2〉邵逸夫教科馆
3〉邵逸夫艺术楼
4〉逸夫体育馆

潘家铮水电科技基金

作为一名科技人员，首先应该有锐意创新的精神。因为，干事业贵在创新，创新是发展的灵魂。——潘家铮

中国科学院及中国工程院两院院士潘家铮1950 年8 月毕业于浙江大学土木工程专业，是中国著名水利水电工程专家、土木工程专家。潘家铮水电科技基金为浙江大学教育基金会下属专项基金，旨在促进水电科技创新和人才培养的公益性专项基金，也是中国水电行业第一个以院士命名的面向水电行业工程实践的最高奖励基金，以彰显潘家铮“忠诚敬业、求实创新”的精神及其对中国水电事业的巨大贡献。基金由中国水力发电工程学会和中国水电工程顾问集团公司联合倡议发起，由全国水利水电系统42 家企事业单位捐赠，2008 年5 月在北京正式成立。

永平奖教金

要做对的事情，然后把事情做对。——段永平

段永平先生1982 年毕业于浙江大学信息与电子工程学系电子物理技术专业。

为回报母校、表达尊师重教之情，自2012 年起，段永平捐资设立“浙江大学心平奖教金”，连续20 年，表彰功底扎实、业务精湛、教学效果卓优、关爱学生成长的优秀教师，以在全校倡导和彰显爱岗敬业、奋发向上、教书育人工作氛围。最高奖项奖金达每人100 万元人民币。2015 年9 月起，奖教金更名为“浙江大学永平奖教金”。

馥莉食品研究院教育基金

“不为企业，只为行业”，我想这是我支持馥莉食品研究院的初衷所在。——宗馥莉

杭州宏胜饮料集团有限公司总裁宗馥莉作为“浙商创二代”的杰出代表，于2012 年捐赠7000 万元人民币设立浙江大学教育基金会馥莉食品研究院教育基金，专项支持浙江大学馥莉食品研究院的建设和发展。这也是浙江大学教育基金会首次接受的专门用于创新型高层次专业人才培养的大额社会捐赠项目，开创了浙江大学把公益慈善捐赠直接用于本科招生与培养，用于搭建食品科学专业领域研究开发平台的先例。

恒逸国际交流基金——文莱项目

“浙大- 恒逸- 文大”项目的首届毕业生全部被恒逸文莱公司录用，是文莱大学与国外高校及企业合作的一个创新硕果。——文莱国王兼文莱大学校长哈吉·哈桑纳尔·博尔基亚

2012 年5 月，浙江恒逸集团有限公司向浙江大学捐赠设立“浙江大学恒逸国际交流基金”。国际交流基金重点用于支持浙江大学与文莱开展的人才培养、学术交流等活动。恒逸国际交流基金——文莱项目是浙江大学服务国家战略，依托高校学科优势，走出国门，与大型民企通力合作，为促进中国与文莱、中国与东盟友谊所做的积极探索。

李达三·叶耀珍再生医学发展基金

我也和很多老年人一样，深受骨关节疾病的困扰，行动不便，希望浙江大学能在再生医学领域做出世界领先的研究，造福中国人，造福全人类。——李达三

2015 年，香港著名实业家李达三先生和夫人叶耀珍女士向浙江大学捐赠1 亿元人民币，设立“浙江大学李达三·叶耀珍再生医学发展基金”，用于浙江大学再生医学研究中心建设。李达三先生之前曾多次捐款支持浙江大学的基本建设、人才培养和学科建设。再生医学是研究人体组织器官再生和重建的学科，目的是解决创伤、衰老和疾病等导致的组织器官功能障碍。李达三先生在了解了浙大近年来以肌肉骨骼系统的再生医学研究为主攻方向，针对中国人的体质特征设计治疗方案后，深感欣慰，期望支持浙江大学加速提升研究水平，造福人类。

〉李达三夫妇捐资设立再生医学发展基金

捐建的楼宇地标建筑

-

01〉周厚复化学实验大楼
02〉李达三楼
03〉蒙民伟楼
04〉竺可桢国际教育大楼
05〉曹光彪楼
06〉田家炳书院
07〉永谦学生活动中心
08〉图书馆
09〉咏曼阁
10〉南华园
11〉安中大楼
12〉曾宪梓楼

Honoring
Virtue
and Truth
—

追求卓越 Pursuing Excellence

造就卓越 Creating Excellence

服务为本 Valuing Service

PURSUING EXCELLENCE

追求卓越

长期以来，浙江大学致力于立德树人教育定位，
正从知识、能力、素质俱佳的 KAQ1.0 阶段，
迈向知识、能力、素质、人格并重的 KAQ2.0 阶段。
学校以立德树人、全面发展为导向，
更加强调国际视野与中国实践的结合，更加强调能力、素质与人格养成的结合，
在追求卓越的目标下，学校的制度建设和文化环境建设，
无不引领师生脚踏实地践行"求是"，砥砺"创新"，为培育"时代高才"奋力前行。

浙江大学研究
暨学位授
二〇一五

2007 - 2016

Highlights in Education
育才高地

大数据：授予学位数

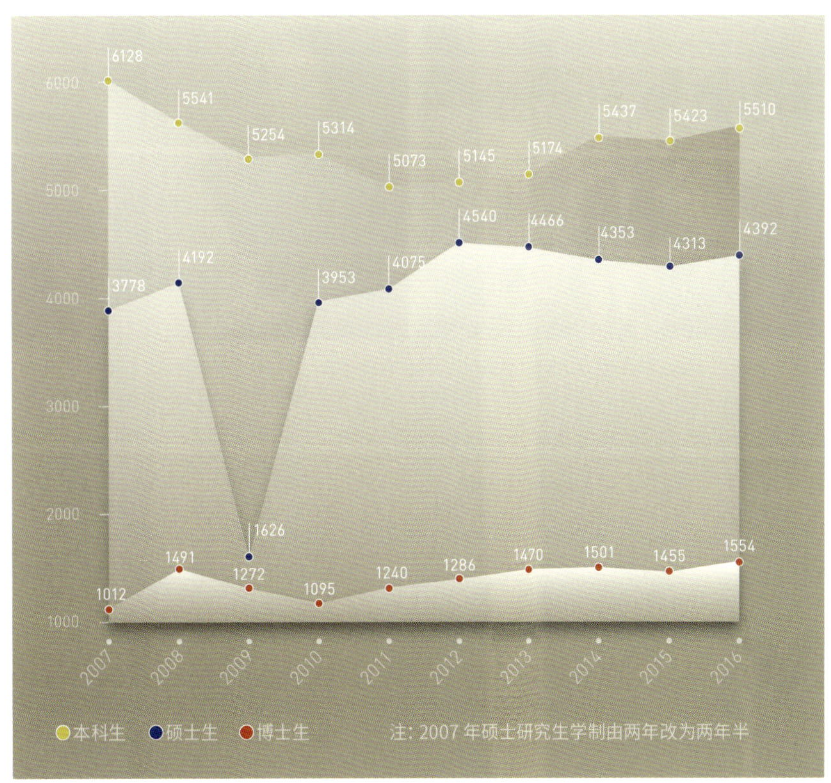

教授设立的奖学金

学高为师，身正为范，是浙江大学教师的普遍共识。近年来，多位浙江大学教师将个人家庭积蓄捐赠给学校或社会，设立助学和奖学金、奖教金，以提携后辈，帮助有志青年学子实现人生理想，为国家服务。

徐仁宝—陈宜张奖学基金	*2000 年设立*
浚生贫困学生助学基金	*2005 年设立*
岑可法教育基金	*2010 年设立*
浙江省云惠公益基金	*2015 年设立*
阙端麟奖学金	*2015 年设立*
董石麟周定中夫妇	
空间结构科技专项教育基金	*2016 年设立*
陈天洲奖教基金	*2016 年设立*

1〉何志均教授与薛艳庄教授捐资设立的浙江省云惠公益基金向在杭务工人员子女提供学业资助

2〉浚生贫困学生助学基金成立十周年，在社会各界的支持下，基金总额已超过3000 万元，累计资助学生达到2300多人次

徐仁宝—陈宜张奖学金

〉90 岁高龄的陈宜张院士每年都会回到医学院看望老师和同学们。2016 年11 月17 日这次回校，还为师生做了一场神经科学前沿探索的学术报告。近几年，他已向浙大教育基金会陆续捐赠了100 万元人民币，作为资助医学院困难学生的助学基金。

中国科学院院士用笺
CHINESE ACADEMY OF SCIENCES

巴德年院长、罗延红常务副院长，陈智书记：

您们好！

现请吴宏萍同志奉上现金人民币三拾万元，烦请检收，作为追加"徐仁宝—陈宜张奖学金"基金之用，烦请同意予以办理为感！

这笔钱，小部分来自最近获得的一个国家科技进步奖，其余大部分是我们两人的日常积蓄。国家和人民已经给了我们以优厚待遇，我们生活无虞！我们的子女，均已成长自立。我们没有什么经济负担。

我们的心愿之一，就是能尽绵薄对家境贫困，品学兼优的大学生作力所能及的资助，使他（她）们能完成学业，为国家和人民服务。所以决定在我们母校，浙江大学医学院设立这一基金。奖学金资助的学生对象限于浙江大学医学院的范围之内。

在这一基金生效之后，以前按年度发的奖学金请终止执行。专致

敬礼

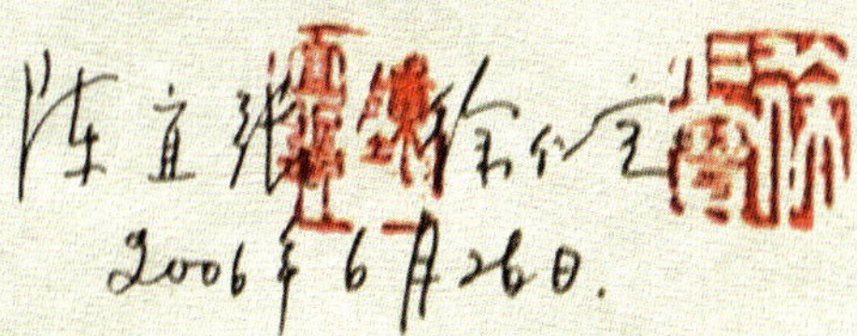

〉陈宜张关于增补奖学金本金的信

优秀运动员合作培养

〉2006 年，浙江大学与浙江省体育局签署全面合作框架协议，双方将在体育科研、优秀运动员培养、人才培训与交流、体育产业、法律业务等领域开展全面合作，与国家体育总局合作培养拔尖人才。女排运动员周苏红、射击运动员朱启南、武术运动员毛娅绮、游泳运动员孙杨、武术运动员王地、田径运动员谢震业等先后在浙江大学就读。图为谢震业与同学们一起参加社会公益活动。

起源于浙江大学的学科赛事

-

2005

▍全国大学生结构设计竞赛

浙江大学为全国、浙江省大学生结构设计竞赛秘书处单位

浙江大学是全国大学生结构设计竞赛的诞生地。2005 年，首届全国大学生结构设计竞赛在浙江大学举行。全国大学生结构设计竞赛的宗旨是：培养大学生的创新意识、合作精神，提高大学生的创新设计能力、动手实践能力和综合素质，加强高校间的交流与合作。大赛“最轻质材料、最合理结构、最强负载力、最美造型”的挑战目标，每年都吸引了众多的大学生参与，是教育部确定的全国十大大学生学科竞赛之一。

浙江大学学生在全国大学生结构设计竞赛中共获全国特等奖1 项、一等奖2 项、二等奖3 项。

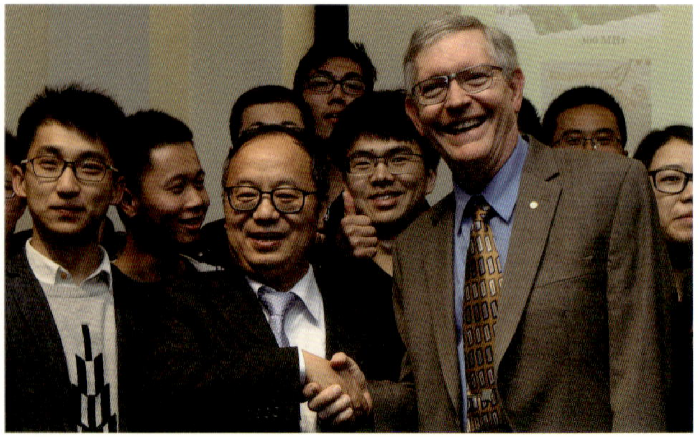

2007

全国大学生化工设计竞赛

浙江大学为全国大学生化工设计竞赛秘书处单位

浙江大学是全国大学生化工设计竞赛的诞生地。2007 年，首届全国大学生化工设计竞赛在浙江大学举行。赛事由中国化工学会化学工程专业委员会、教育部高教司中国化工教育协会共同主办，面向全国高等院校化工专业的学生，是国内化工类级别最高、参赛队伍最多、影响最大的比赛。竞赛引导学生对专业知识进行系统综合和提升，锻炼工程实践能力，培养工艺设计理念，特别注重培养在新工艺、新设备、节能降耗等方面的创新思维能力，培养学生的团队协作精神和坚韧不拔的毅力。

浙江大学学生在全国大学生化工设计竞赛中共获全国特等奖1 项、全国二等奖2 项、全国三等奖6 项，省特等奖9 项、省一等奖4 项、省二等奖9 项。

2008

全国大学生节能减排社会实践与科技竞赛

浙江大学为全国大学生节能减排社会实践与科技竞赛秘书处单位

浙江大学是全国大学生节能减排社会实践与科技竞赛的诞生地。2008 年，首届全国大学生节能减排大赛在浙江大学举行。这一由教育部高教司主办的全国大学生学科竞赛，为教育部确定的全国十大大学生学科竞赛之一。竞赛以“节能减排、绿色能源”为主题，紧密围绕国家能源与环境政策，结合社会发展重大需求，倡导大学生深入社会调查，发现共性问题，启发创新思维，形成发明专利，将人文素养与科学知识技能培养相融合，目前已经形成了“百所高校，千件作品，万人参赛”的国际性规模。

浙江大学学生在全国大学生节能减排社会实践与科技竞赛中共获特等奖12 项、一等奖26 项、二等奖23 项、三等奖25 项。

2008

全国大学生光电设计竞赛

浙江大学为全国大学生光电设计竞赛秘书处单位

浙江大学是全国大学生光电设计竞赛的诞生地。2008 年，首届全国大学生光电设计竞赛在浙江大学举行。这一由中国光学学会主办的学科赛事以提高大学生光、机、电、算一体化系统设计与开发能力为目标，促进光、绿色能源与节能照明相关知识的传播。鼓励学生跨专业、跨学科甚至跨校组合参赛，每支参赛队由3 名学生组成，其中包括至少2 名本科生。已举办5 届，分别以“光与能源”“光与生活”“光与信息”“光与测量”“智慧之光”等为主题。参加决赛的高校由最初的20 余所增加到现在稳定的60 余所。

浙江大学学生在全国大学生光电设计竞赛中共获全国一等奖1 项、二等奖9 项、三等奖10 项。

〉学科竞赛现场

2011
推行新生之友制度

-

2011 年，浙江大学开始实施"新生之友"寝室联系制度，倡导教职工联系本科一年级新生，争做学生良师益友；构建一位教师对接一个学生寝室的"一对一"交流网络，实现了历届新生寝室全覆盖，书记、校长、院士等全方位参与，线上线下课余生活全过程互动，多途径关心学生成长发展，在大学生系好人生"新一扣"、走好人生"新一程"的关键过程中担当解惑释疑的导师和朋友。

2015 年，"新生之友"获得教育部第八届高校校园文化建设优秀成果特等奖。

2014
设立学生节

-

为突出强化学生主体意识和主人翁精神，促进学生健康全面发展，学校经研究决定设立学生节，以"学生设计、学生主创、学生参与"为理念，"健康、快乐、成长、梦想"为主题，自2014 年起，每年12 月底推出一批立意高远、贴近学生、特色鲜明的品牌活动，打造具有思想性、主体性、独特性、教育性和多样性的专属于浙大学子自己的节日。

2014
建设师生交流吧

-

近两年来，浙江大学的校园内已陆续建成运营30 余个面向全校师生开放、不以营利为目的的师生交流吧。交流吧采用院系建设、学校认证的方式推进，分别由各院级单位根据学科特色和建筑环境自行建设，注重文化内涵设计，布置别致，特色鲜明，倍受师生青睐。"喝咖啡，聊研究，谈生活"已成为师生校园生活的常态，越来越多的院系也选择将师生间的文化交流活动放在交流吧进行。

2016
构建“六创”协同创业教育体系

经过多年的探索和实践，浙江大学在创新理念统领下的创新、创意、创造、创业、创投、创富的“六创”协同创业教育体系日趋成熟。学校以课程建设、设立创业教育博士点、开设辅修专业等一课堂模式，对接二课堂的“挑战杯”大赛、“未来企业家俱乐部”“求是强鹰实践成长计划”等，搭建“专业指导”“自我学习”和“导师带徒”的核心模式，完善指导服务体系，引入风险投资面对面，强化创业实践训练，培育了多个资产规模过亿的优秀创业团队。2014 年以来，学校从0 到1 孵化的学生创业团队累计融资总额达4 亿多元人民币。2015 年，浙江大学被教育部评为首批“全国高校实践育人创新创业基地”；2016 年，被列入教育部“全国首批深化创新创业教育改革示范高校”。

国家级众创空间：e-WORKS 创业实验室

浙江大学e-WORKS 创业实验室，是2014 年面向浙江大学创业学子建立的众创空间，由浙江大学国家大学科技园管委会牵头，联合学校党委研工部、管理学院、浙江大学创新技术研究院有限公司、浙江大学科技创业投资有限公司等共同创建，旨在发挥国家大学科技园的平台优势和资源优势，同时发挥联合发起单位的创业教育、创业投资等资源优势，充分整合政府、企业和高校等多方资源，为大学生在注册公司之前提供针对性、专业化的预孵化服务，以服务推动更多的大学生创业项目的成型、孵化与快速发展。2016 年1 月，浙江大学e-WORKS 创业实验室被科技部认定为国家级众创空间，并纳入国家级孵化器管理体系。

〉求是强鹰实践成长计划的学员在导师的带领下实地了解企业的运作流程

元空间

〉元空间系浙江大学大学生创业实验基地，位于紫金港校区月牙楼一楼，面积约800 平方米，设计有120 余个工位，自2015 年第一批创业团队入驻至今，共服务了300 多个在校创业团队与天使投资机构。

IdeaBank 创客空间

〉IdeaBank 系由宜宾临港经济技术开发区与浙江大学研究生院合作共建，2016 年5 月正式投入运营，位于紫金港校区旁，面积约1600 平方米，集科、教、创、贸、工于一体，涵盖创新、创业、孵化、产业化，兼备商业模式转化、个性化辅导、创客咖啡厅和一站式服务等功能，为浙大在校师生、校友创新创业活动提供低成本、便利化、全要素、开放式的服务平台。

据不完全统计，目前，浙江大学共有140余位校友是上市公司创始人或担任负责人，其中涉及主板上市公司90余家，海外上市公司近20家。据PitchBook 2016年10月发布的2006年1月到2016年8月之间培养独角兽创始人本科阶段学校排名，浙江大学列全球第九位。

中国古话说失败是成功之母，其实成功也是失败之父。失败的时候总结的教训往往是真实的，有意义的，能让你提高的。成功的时候做总结往往不扎实，擎在天上，不接地气，好高骛远，过高地估计了自己，过低地估计了困难和竞争对手。所以成功人做的报告少听。

——巨人网络集团有限公司董事长 史玉柱
1984 年毕业于浙江大学

每一个人来到这个世界，起点一样，终点也一样，但每个人在世界留下的轨迹是不一样的。那么，就让我们用自己的努力耀眼地向这个世界证明，我们曾经来过！

——汉鼎宇佑集团董事长 王麒诚
2003 年毕业于浙江大学

创业不是每个人都适合去做的，像斯坦福对创业的接受程度很高，也能接受失败，但最终大多数人还是会回到公司里。可创新创业精神是每个人都应该具备的，所谓企业家精神，就是敢为人先、有责任感、有担当。

——每日科技有限公司董事长兼总经理 方毅
2006 年毕业于浙江大学

多样化扶持创业

〉学校允许具有创业能力和热情的学生休学创业。何东青是杭州葱课网络科技有限公司创始人，他在读博期间休学开始创业，2017 年3 月，在公司运作进入相对稳定的状态后，他重新回到了学校继续完成学业。

〉浙江大学支教学生团队为昭觉的孩子们募集的冬衣送到了学校

2016
实施本科生世界一流名校计划

-

学校在实施"以人为本、整合培养、求是创新、追求卓越"育人理念的过程中，努力为学生构建成长空间，先后施行了"卓越人才培养计划""海外实习生计划""世界一流名校计划"等交流项目。自2002 年以来，学校有计划、有规模地派遣学生出国（境）交流学习和联合培养，迄今已与29 个国家及港澳台的179 所著名大学签订了校际交流协议，累计派出学生17500 余人次。2015—2016 学年本科生海外交流人次达到2650 人，项目数达到400 多个，本科生对外交流的比例已经达到当年招生数的44%。

2016
研究生科研创新能力提升

-

1998 年以来，浙江大学研究生教育布局和学位授权与授予体系不断完善，已经成为我国高层次人才培养的重要基地。截至2016 年底，共获国家级研究生教学成果奖12 项；49 篇博士学位论文入选全国百篇优秀博士学位论文，104 篇入选全国优秀博士学位论文提名，位于全国高校前列；研究生已成为重要的科研生力军，学校发表SCI 论文数逐年增长，从1998 年的243 篇增加到2015 年的5977 篇，研究生参与的科研项目约占80%；2011 年来共有7 位博士研究生以第一或共同第一作者在*Science*、*Nature*、*Cell* 等高水平期刊发表标志性论文。

2016
建设研究生挂职锻炼基地

-

浙江大学自1996 年起实施研究生挂职锻炼计划，二十年来，试点单位由最初的5 个发展到当下的校院两级122 个基地，从第一批8 名研究生到现在每年1000 余名研究生，研究生挂职锻炼制度日趋完善。以“做贡献、受教育、长才干”为出发点，研究生们到政府担任负责人助理，到企业担任经营者助理和企业技术负责人助理，在服务中学习，在学习中成长。2015 年6 月，《浙江大学博士生必修环节社会实践管理办法（试行）》将博士研究生社会实践列为学业必修内容。实践形式包括挂职锻炼、支援服务、科技服务、社会调研及其他各类校内外公益活动，以培训服务、科技咨询、联合攻关等方式开展科技服务，帮助解决企事业单位在生产和管理过程中遇到的困难和问题。

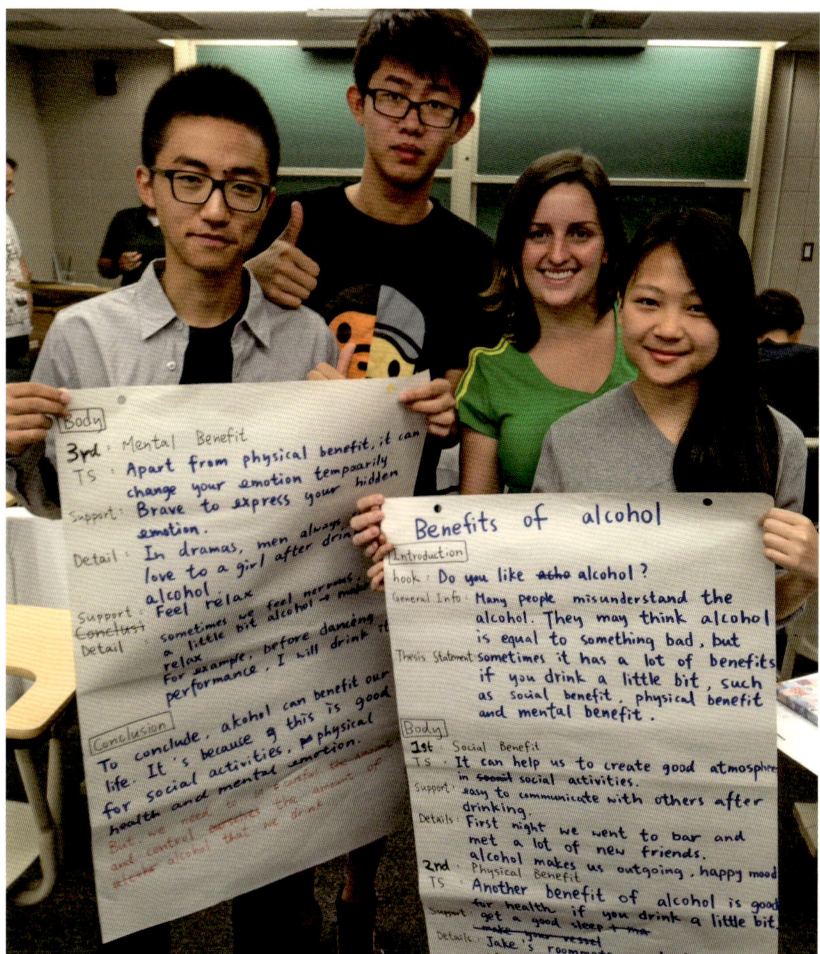

本科生国际交流

〉参加国际交流的学生以课程、短学期、文化项目等方式，以一个月至半年不等的时间在国际名校完成交流学习。

Student Honors and Awards
浙里启程

中国青年五四奖章

-

2007 年 中国人民解放军海军“温州舰”舰长 **刘志刚**（1991 届内燃机）
2010 年 浙江大学化学工程与生物工程学院教师 **王靖岱**（1996 届化工）
2014 年 深圳光启高等理工研究院创始人 **刘若鹏**（2006 届电子信息）
2015 年 浙江省绿色科技文化促进会秘书长 **忻　皓**（2003 届环境科学）
2015 年 杭州泛城科技有限公司董事长、杭州快迪科技有限公司创始人 **陈伟星**（2003 届土木工程）

国家级自强之星

-

2015 年 年度“中国大学生自强之星标兵” **刘丽雅**
2015 年 年度“中国大学生自强之星”提名 **冯耀耀**
2016 年 年度“中国大学生自强之星” **纵榜正**

中国大学生年度人物

-

2016 年 第十一届中国大学生年度人物 **叶沈俏**

中国青少年科技创新奖

-

2008 年 陈达如 彭伊莎
2009 年 曾桥石 周浩波
2011 年 钱锦远
2012 年 沈李东
2013 年 浙江大学细胞传感器科技创新团队
2014 年 陈鹏飞

我们是创新者。商人满脑子考虑的是差价，是盈利，但我们最重要的目的是创造一个未来，利用科技创新产生直接的生产力，而不是在已有的市场里面进行一个环节上的利益的获取。

——刘若鹏

年轻，不要选择安逸和享乐，为理想，值得付出更多。现在的奋斗是为了将来能收获着更鲜美的果实。

——忻皓

第二届全球重大挑战峰会

-

全球重大挑战峰会由中国工程院、美国国家工程院、英国皇家工程院联合主办，峰会上有来自全球近800 位科学、工程和产业界领袖及学生代表，主要研究如何通过工程科技，解决当今世界最为紧迫的重大挑战。学生日竞赛单元是全球重大挑战峰会的重要组成部分，鼓励大学生成为应对全球重大挑战的下一代工程领袖。

2015 冠军 李启章（Hero 学生团队）空气洗手机

中国“互联网＋”大学生创新创业大赛

-

“互联网+”大学生创新创业大赛2015 年由教育部设立并举办，旨在把大赛作为深化创新创业教育改革的重要抓手，引导各地各高校主动服务创新驱动发展战略，创新人才培养机制，切实提高高校学生的创新精神、创业意识和创新创业能力。参赛项目要求能够将移动互联网、云计算、大数据、物联网等新一代信息技术与行业产业紧密结合，培育产生基于互联网的新产品、新服务、新业态、新模式，以及推动互联网与教育、医疗、社区等深度融合的公共服务创新。

2015 冠军 李 响 智能视力辅具及智能可穿戴近视防控设备
金奖 毛靖翔 米趣科技
铜奖 李景元 食品3D 打印私人订制

2016 金奖 李启章 赵人娴 绿之源节流计划——空气洗手
金奖 蒋明达 基于脑电检测的可穿戴设备
金奖 黄步添 云象区块链BaaS 云服务平台
银奖 邱懿武 云马智行车

我们也不是觉得自己有多么牛，只是觉得要做一些跟别人不一样的东西。

——中国“互联网＋”大学生创新创业大赛冠军 李响

好点子不是想出来的，而是做出来的。

——中国“互联网＋”大学生创新创业大赛金奖 毛靖翔

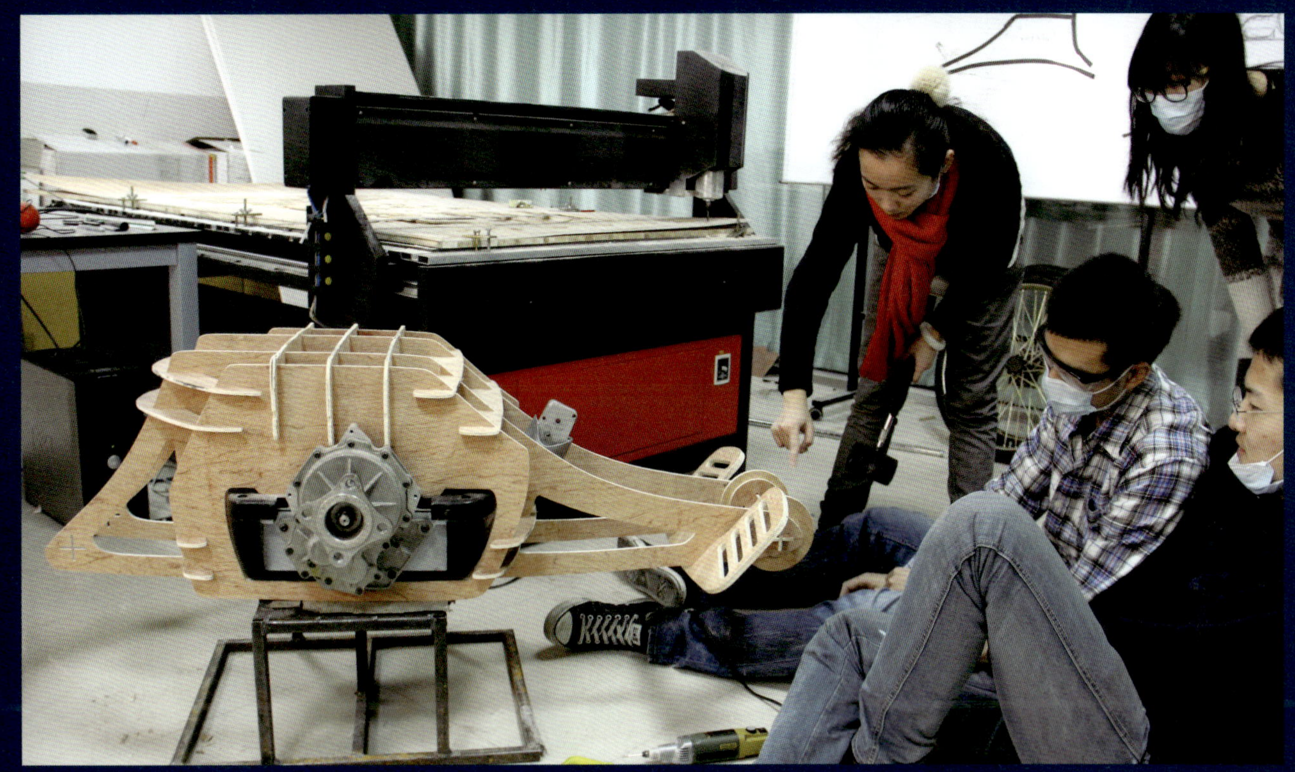

“挑战杯”全国大学生课外学术科技作品竞赛

-

2009	一等奖	吴晶莹 施烈航 王 旸	AFCI 电弧故障断路器
	一等奖	刘季霖	水射流抽气式清洗机器人
2011	特等奖	王 鑫	告别孤独：新生代农民工社会融合问题研究——基于全国7省5547个样本的实证调查
2013	特等奖	陈敏洵	一厢情愿到两情相悦：浙江省高校创业教育模式与发展路径
	一等奖	邱 实	农村宅基地置换：如何成为好政策？——基于J市试点三镇的调研报告
2015	特等奖	陈鹏飞	关节软骨组织工程生物医学材料研究
	一等奖	申俊飞	熵分析与光谱反射率对比优化的LED医疗照明系统

对我来说，它不仅是个比赛，更改变了我对于学习的态度和认识。在做这个调查之前，我也是只顾学习课本知识，随着调研的深入，我觉得光看课本是不够的，到现在我都坚持每周读一两本书来拓展自己的知识量。此外，更重要的是，“挑战杯”也让我真正的体会到了团队的力量！

——“挑战杯”全国大学生课外学术科技作品竞赛2011年特等奖获得者 王鑫

“创青春”全国大学生创业大赛

-

2008

全国金奖

浙江大学“思源”创业团队“致远”碱减量废水膜法集成处理回收设备

全国银奖

浙江大学“HIKING”创业团队“糖萜素”——新一代非抗生素类饲料添加剂

2010

全国银奖

浙江大学“美思达”创业团队

多功能校验仪

浙江大学“济海”创业团队

新型可降解高分子材料——γ-聚谷氨酸生物发酵及相关产品的应用

浙江大学“聚创”创业团队

原料药生产后处理过程集成装备

2012

全国银奖

杭州卡易创业团队 淘名片

2014

创业计划竞赛金奖

机器视觉表面缺陷检测

商业创新设计机构

凯撒系列掌上娱乐平台

公益创业赛金奖

梁思宇 iCoin 微公益计划

2016

全国金奖

利珀科技有限公司

基于脑电检测的可穿戴设备

映墨科技

杭州米趣网络科技有限公司

杭州云造科技有限公司

专项赛金奖

葱课CongAcademy

云象区块链BaaS云服务平台

职业卫生整体解决方案

成为一个优秀的CEO 的必要素质中最主要的是对一个行业和企业，要有商业嗅觉。抗压能力也很重要，做一个CEO 要承受很多压力。还有一点就是，要耐得住寂寞。

——“创青春”全国大学生创业大赛2016 年全国金奖获得者 白云峰

1〉首届人文社会科学研究优秀成果奖答辩暨颁奖典礼
2〉海产品毒素检测平台项目组

研究生创新竞赛奖

-

2016 年浙江大学研究生初次参加教育部学位与研究生教育发展中心主办的全国研究生创新实践系列竞赛，获得12 个奖项，其中一等奖3 项。

中国研究生电子设计竞赛

技术赛团体一等奖：一种教室多媒体可移植智能投影手写方法

设计依据当今社会所提倡的智能人机交互的理念，利用红外摄像头的交互式电子白板，提出了基于体感传感器的交互式投影手写系统。系统由红外传感器、红外发光笔、蓝牙模块、计算机和投影仪组成。红外传感器实时捕捉到红外发光笔光源的位置，再将位置信息通过它的蓝牙模块发送给计算机，然后映射为鼠标光标位置信息和点击事件，以实现电子白板的功能。系统设备搭建简单，具有跨平台（Windows, Linux, Mac OS）功能，兼有字迹平滑处理、多种教学辅助工具以及体感游戏功能，具有较强的实用性和先进性。

研究生移动终端应用设计创新大赛

一等奖：海洋水产品毒素现场快速检测的移动平台FSBox

生物毒素经富集作用进入食品原材料后对人们的健康和食品安全造成了很大威胁。我国对生物毒素的检测手段目前仍存在着大量动物实验和检测成本高等缺点，并且其依赖的检测平台依靠国外进口，只能在实验室完成检测，不利于大规模推广使用。海洋水产品毒素现场快速检测的移动平台包含基于移动终端的检测装置、高通量半自动的前处理装置和检测用的试剂盒和试纸条，能够满足现场检测、监测和养殖户自检的需要，快速、准确、操作简便且能用于现场，具有创新性和较高的实际应用价值。

怀念徐瑞云老师

王元

今年是徐瑞云老师百年华诞。我是徐老师六十五年前的一个老学生。在这个时候，不由得我思绪万千，过去的事，历历在目，一清二楚。

我是1949年夏由英士大学转学来浙江大学数学系二年级学习的一个插班生。我能到著名的浙大数学系就读，既感到万分荣幸，又十分好奇。对于系里的老师，更是非常敬仰，我常常跟年轻助教与高年级同学谈到他们。

我曾在图书馆的一本解放前出版的旧杂志上见到一篇介绍中国数学的文章，上面有一段话，大意是：“中国有两个出色的女数学家徐瑞云与彭佩云，她们二人是中国撞进‘男人世界——数学’的最早巾帼英雄”。由于她们的名字都沾了一个“云”字，所以好记，至今一直未忘。徐瑞云老师就在系里。其实当时她才三十五岁，但在我们的心目中，她已是一位令人崇敬的老前辈了。

浙大数学系擅长分析与微分几何。这两门学问的“开山祖师爷”分别是陈建功老师与苏步青老师。系里的老师都出自他们二人的门下。浙大数学系的课程也是围绕这两个方面开设的。但仅仅这两个方面显然是不全面的。至少“抽象代数”是务必要补上的。

〉2015年王元院士在老师徐瑞云教授诞辰100周年纪念座谈会上的书面发言的首页

1〉程序设计赛现场

2〉由浙江大学X 创新平台发起成立的ROBOY 车队获得国际电动赛车大奖赛（International evGrand Prix）最佳团队奖

3〉工业设计专业学生毕业展

4〉2016 年机器人足球比赛冠军颁奖典礼

5〉2014 年浙大小型足球机器人被芝加哥科学与工业博物馆（MSI）收藏

International Competitions 国际赛场

国际大学生数学建模竞赛

-

国际大学生数学建模竞赛（MCM）由美国国家科学基金会、美国数学协会、美国运筹与管理学会及其应用联合会联合举办，每年一届。竞赛的题目都来自生产和科研中的实际问题，需要参赛团队相互配合，综合运用数学、计算机技术等相关知识，创造性地分析问题、解决问题。浙江大学学生共获国际特等奖7 项（其中INFORMS 奖2 项、SIAM 奖2 项）、国际一等奖102 项、国际二等奖120 项。

国际大学生程序设计竞赛

-

国际大学生程序设计竞赛由美国计算机协会(ACM）主办，以团队参赛、限时集中竞赛的方式进行，要求选手在压力下编写程序、分析和解决问题，每年一届。2011 年，浙江大学获第35 届国际大学生程序设计竞赛全球总冠军，2009 年夺得全球第6 名并获银奖。浙江大学学生共获亚洲赛区金奖54 项、银奖39 项、铜奖23 项。

4
5

国际机器人足球比赛

-

浙江大学为浙江省大学生机器人竞赛秘书处单位

国际机器人足球比赛（RoboCup）分为仿人组和小型组等赛项。1993 年创办，1997 年首次举办后每年举办一次。2011 年起，浙大机器人学生团队每年受邀参加美国麻省理工学院与日本工业大学等联合发起的IDC Robocon 机器人创新设计国际比赛。浙江大学学生在国际大赛中共获冠军7 个、亚军7 个、季军4 个。

红点设计奖

-

红点设计奖（Red Dot Design Award）由德国北莱茵—威斯特法伦州设计中心（Design Zentrum Nordrhein Westfalen）创立，设有产品设计、传达设计以及设计概念等三类竞赛，每年都有数十个国家的近万件作品投稿参赛，是世界知名设计竞赛中规模最大最具影响力的一项赛事。在国际红点与iF 概念设计竞赛中，浙江大学学生共获奖67 项。

放松=绿色
紧张=红色
意念情绪灯
戴上脑电波信号采集设备
深呼吸，让你的大脑放松下来
灯光色彩与你此刻的情绪同在
戴上脑电波信号采集设备
通过调节大脑的注意力和放松度等
实现对游戏的控制
意念软件
用意念控制潜水艇摆脱鲨鱼的追捕
意念大逃亡
用意念控制气球的升降和爆破
意念大爆炸
专注力
回车科技

日内瓦发明金奖

-

第40届

基于呼出气体及冷凝物检测的早期肺癌快速筛查仪

本发明通过检测人呼出特征性气体和冷凝物中蛋白分子标志物来快速筛查肺癌病人，是一种新颖、无创、无损、无标记的快速分析仪器。该仪器结合新型传感技术与呼吸气体及冷凝物快速检测技术实现了肺癌病人的早期快速筛查。

项目组成员：王镝、王平、王怡珊、余凯

第41届

图易三维动漫玩具设计软件

本产品是一个三维动漫玩具设计软件，采用草图式的设计方法，将复杂的三维设计转化为二维平面的操作，可快速实现动漫玩具的设计。与传统的3D软件相比，本软件界面友好，操作简单，容易学习，即使是没有经验的用户也可以在很短的时间内学会软件的使用。解决了传统的基于手工的动漫玩具设计方法速度慢与精度低的问题，提高了动漫玩具的设计效率，缩短了产品设计周期，满足个性化玩具定制的需求。

项目组成员：张东亮、刘永进、王进、陆国栋、邢世海

黄体酮在制备治疗重症脑中风和脑损伤的药物中的应用

据统计，全世界每年有超过200万人死于脑血管意外。至今世界上还没有一种有效的治疗方法能改善急性脑损伤和脑溢血的功能及其死亡率。本项目提出了黄体酮（PROG）这种自然分泌激素对该疾病的药物应用，经过动物和临床研究，结果显示：PROG属于神经甾体激素，是一种对中枢神经系统生长发育产生广泛影响的神经调质。中枢神经系统能自身合成和分泌PROG及其衍生物，脑内广泛分布特异性PROG受体，通过受体发挥明显的作用，促进脑伤后的功能恢复，并显著减低死亡率。

项目组成员：肖国明、严伟琪

WiserOcean 水上“食”油精灵

近年来，海上原油泄漏事故频频发生，造成了巨大的环境污染和经济损失。本发明针对上述问题设计并制作出了一种新型溢油回收装置——WiserOcean 水上“食”油精灵。装置仅重4kg，但每小时可回收25kg原油，是自身重量的6倍左右。“食”油精灵主要由三部分构成，图像识别技术实现低成本溢油检测识别；新型吸油棉无污染地吸附溢油，通过辊筒装置进行挤压，回收高纯度的原油；多个机器之间通过协同控制算法实现大规模应用“食”油精灵高效清理溢油。

项目组成员：卢建刚、骆玮璐、王昊飞、魏谦笑、王拓

〉空气洗手装置在日内瓦国际发明展上吸引了很多参观者

第42届

无线能量完美接收表面

本项发明与传统的整流天线系统相比，能将入射到其表面的无线电波完全吸收，并通过交直流转换电路将无线电波的能量转化为直流电能，不仅能实现对电子设备的充电，消除人们对电池的依赖，延长电子设备的续航时间，还能运用到空间太阳能电站等新兴能源领域，缓解能源紧张的局面。

项目组成员：冉立新、王崃、叶德信

多关节气动蛇形机器人

AirDancer 作为一种新型蛇形机器人，在该领域率先提出了气动驱动传动方式和并联的机械结构形式。虽然没有使用传感器，但是可以完成避障、越障，具有环境适应性和顺应性。通过对于气压和流量的调节控制机器人的行走速度和输出力量，实现无级调节。充分发挥气动元件小型化和并联结构紧凑的优势，半径仅仅在90mm 之内。

项目组成员：陈高翔、方诗麟、李德俊、刘昊、汪文广、张京韧

第44届

空气洗手装置

在人们洗手过程中，溶解污渍所需水量仅占总用水量的不到5%，而95% 以上的水只起到了冲刷的作用，这造成了水资源的大量浪费。本作品针对上述问题，提出“空气洗手”的概念：基于流体可携带污物的共性，采用高速气流代替冲走污渍的水，实现了近90% 的节水率。同时，通过利用人体自身重力压缩空气，提供动力源，实现了整个过程的完全无能耗，节能环保效益显著。

项目组成员：陈璞阳、程伟、高翔、金京、李启章、史煜昆、吴旭宁、郑成航、郑瑞芮、朱智勇

国际合唱奖

-

哈巴涅拉奖

2012 年7 月，浙江大学文琴合唱团赴西班牙参加第五十八届国际哈巴涅拉及复调合唱比赛（Certamen Internacional de Habaneras y Polifonia），最终荣获哈巴涅拉组别第三名。这是我国合唱团第一次在国际赛事中获得这一组别的奖项，也是浙大文琴合唱团建团70 年来首次登上国际合唱大赛舞台。比赛中，浙江大学文琴合唱团的表演不仅继承了哈巴涅拉音乐的传统风格，更融入了本民族的特色，以东方人特有的细腻精致和音色的通透唯美，打动了评委和观众。世界哈巴涅拉大师Mario Bustillo 连称“浙大文琴合唱团的演绎非常奇妙”。

世界合唱奖

2016 年7 月，浙江大学文琴合唱团赴俄罗斯参加在索契举办的第九届世界合唱比赛（World Choir Games）青年混声组和无伴奏民谣组两个组别的比赛，双双获得金奖。文琴合唱团的参赛作品风格迥异，既有国际化的现代派音乐，又有中华民族音乐的经典曲目，向世界展现了中国人、浙大人的独特魅力。

1〉原创舞蹈《致青春》获2013 年浙江省大学生艺术节金奖

2〉浙大有许多学生文艺社团。图为竺可桢学院灵韵音乐剧社2014 年音乐剧《吉屋出租》

3〉全国科协项目、全部由浙大学生担纲的话剧《求是魂》2012 年编排完成，在全国已演出二十余场

3

〉2012 年，浙江大学文琴合唱团在西班牙举行的国际哈巴涅拉及复调合唱比赛中获得哈巴涅拉组别第三名

〉2016 年，浙江大学文琴合唱团在俄罗斯索契举办的第九届世界合唱比赛青年混声组和无伴奏民谣组两个组别的比赛中获得金奖

体育赛事

武术

2006 年以来，浙江大学体育系武术队、武术与民族传统体育专业的同学参加了100 余场全国及国际标志性赛事，包括亚运会、世界武术锦标赛、亚洲武术锦标赛和全运会等，在南刀、剑术、枪术、棍术、拳术等个人与集体项目中获得500 余枚奖牌，其中金牌300 余枚。主教练林小美曾应邀担任第十六届亚运会裁判长并多次荣获优秀裁判员荣誉。有12 位同学应邀参加了2017 年春晚武术节目《中国骄傲》表演。

艺术体操

2009 年成立的浙江大学艺术体操队由体育系运动训练专业同学组成。自2010 年以来，在世界大学生运动会、全国青少年艺术体操锦标赛、中国大学生艺术体操锦标赛等赛事中表现出色，在圈、球、棒、带等个人项目与集体项目比赛中陆续赢得67 枚奖牌，其中金牌40 枚。在第28 届世界大学生运动会上代表中国大学生参赛并获艺术体操集体项目全能和两个单项第5 名。主教练单亚萍老师连续3 届荣获中国大学生艺术体操锦标赛“优秀教练员”。

ZJU·120
求是创新 2017

CREATING EXCELLENCE

造就卓越

国以才兴，业以才旺。
科教兴国和人才强国战略正是党和国家
面对新世纪、新阶段的发展任务和时代挑战
提出的一项重大战略。
人才队伍，是浙江大学在教学、科研、地方服务取得辉煌办学成就的根本所在。
造就和培养高素质教师队伍与打造高水平科技创新人才队伍相结合，
教学与科研相结合。
2007 年至 2016 年间，浙江大学教师队伍结构发生了重大变化。

Big Data: Profile of the Faculty

2007—2016
大数据：教师队伍建设

2007
-
2016

2007—2016 年教师相关数据变化列表

-

	专任教师数	女性	正高	副高	高职比	博士	博士比
2007	3539	855	1157	1436	73.27%	2170	61.32%
2008	3570	872	1190	1514	75.74%	2247	62.94%
2009	3471	855	1203	1519	78.42%	2212	63.73%
2010	2965	735	1176	1240	81.48%	2203	74.30%
2011	3117	758	1239	1320	82.10%	2372	76.10%
2012	3221	807	1288	1347	81.81%	2514	78.05%
2013	3302	836	1344	1363	81.98%	2630	79.65%
2014	3419	859	1418	1390	82.13%	2787	81.52%
2015	3562	903	1498	1422	81.98%	2959	83.07%
2016	3502	836	1631	1357	85.3%	3145	90%

长江学者讲座教授和国家杰出青年科学基金获得者

-

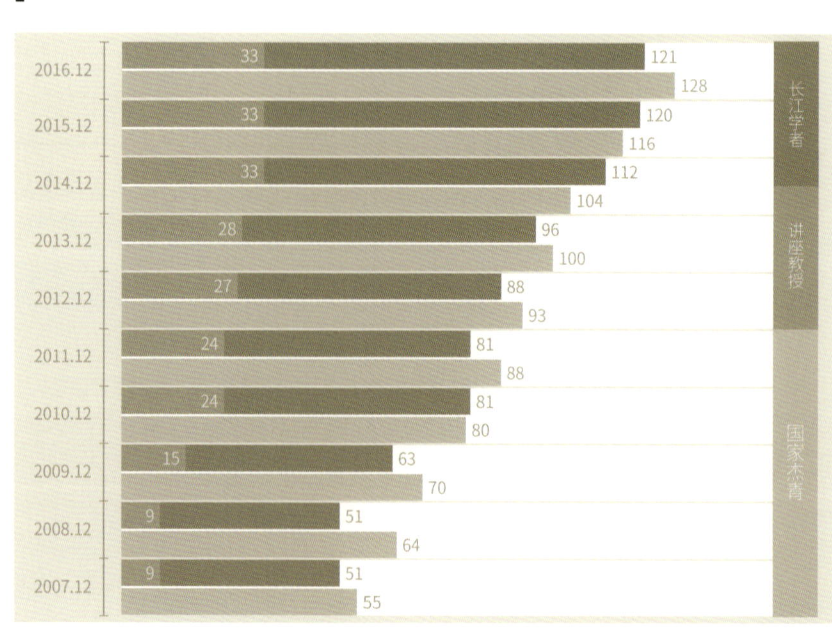

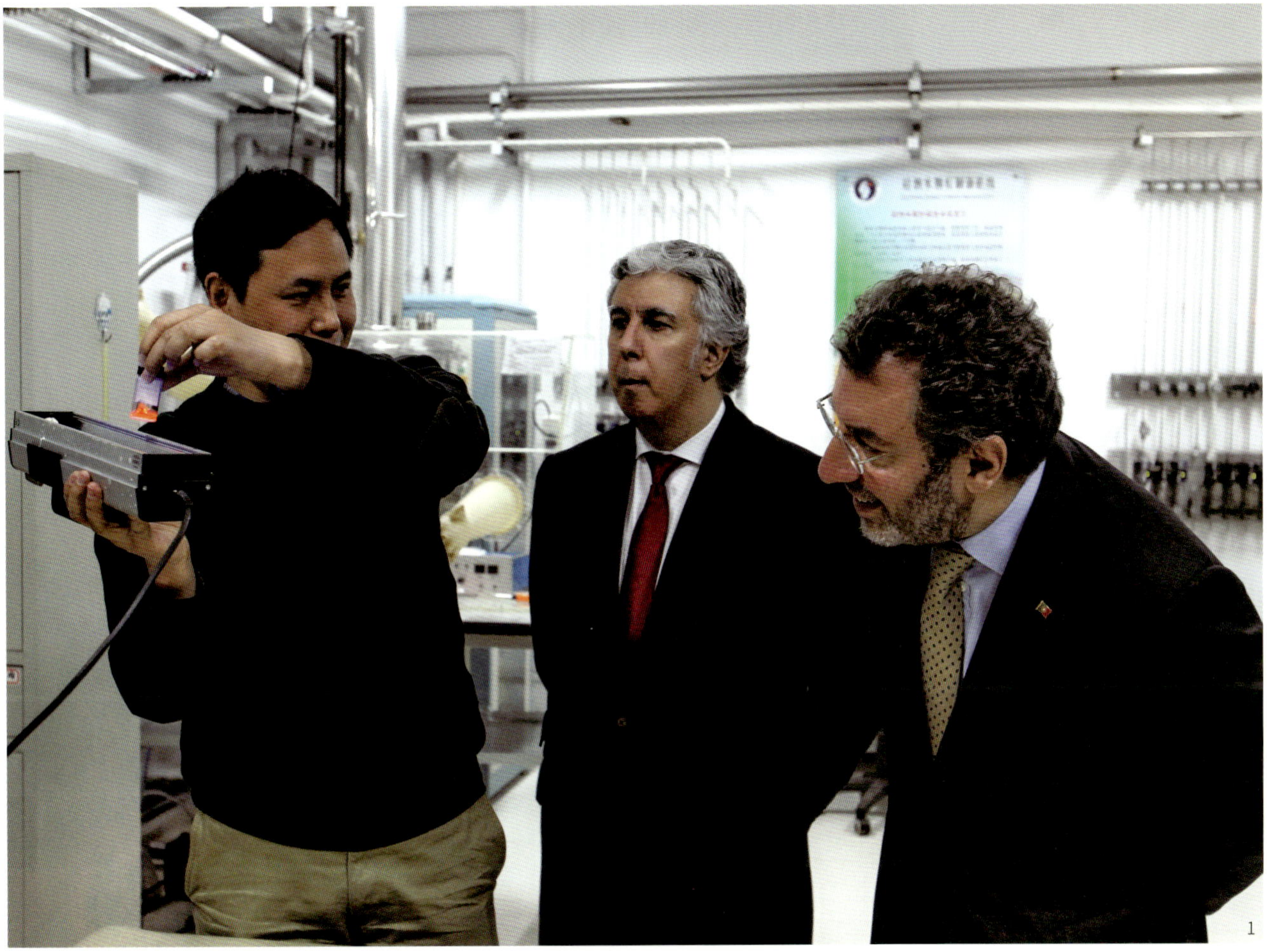

1〉葡萄牙教育科学部部长参观硅材料国家重点实验室

2〉浙大青年教授联谊会经常邀请政产学研各界人士为青年教师上课

Systems and Initiatives
建章立制

2006
设立研究生导师资助制度

-

2006 年7 月，浙江大学成为教育部第二批实行研究生培养机制改革试点单位。学校在改革中始终坚持科研主导、导师主责、激励相容、协同创新的理念，以统筹和优化资源配置为手段，以建立和完善导师资助制度作为突破口，全面推进研究生招生机制、培养模式和导师队伍建设等方面的改革，积极促进研究生教育规模、结构和质量的协调发展，切实提高研究生培养质量。

浙江大学研究生培养机制改革方案设立和明确了新的研究生培养的导师资助制和负责制，进一步明确了导师与研究生之间的关系，增强导师对研究生培养的责任感，确保研究生的培养有项目和经费支持。方案实施后，国务院学位委员会办公室和教育部将浙江大学研究生培养机制改革方案作为样本之一向全国高校推荐。

1〉文科资深教授张文显
2〉文科资深教授田正平

2008
实施教师岗位分类管理改革

-

作为深入学习实践科学发展观活动试点工作，2008 年学校凝练提出今后要重点抓好的“八大行动计划”和20 件实事，改革教师考核评价机制、实施岗位分类管理为其中之一。为构建“人尽其才，才尽其用”的科学用人机制，学校于2010 年5 月出台《浙江大学教师岗位分类管理实施意见（试行）》，在国内高校中率先启动教师岗位分类管理改革，设立教学科研并重、研究为主、教学为主、社会服务与技术推广、团队科研/ 教学等岗位，引导全校教师围绕学校要求和个人潜能科学定位，实现教师职业的多通道发展，为学校更好地引才育才、科学评价奠定扎实基础。学校根据岗位职责和任务要求，为进入各类岗位的教师设置不同的职业发展通道和评估要求，建立多元化教师业绩评估体系和分类发展配套体系，积极拓展教师职业发展空间。在教师岗位分类管理改革基础上，学校启动实施教师队伍定编定岗工作，真正落实院系自主权，推动管理重心下移和责权利下放。在学校统一领导，学部指导协调，院系组织实施下，进一步巩固教师岗位分类管理改革成果，核定2017 年和2020 年院系阶段性创新教师队伍规模，并由院系研究制订未来教师队伍发展规划及分年度实施计划。

2010

设立文科资深教授

-

学校根据人文社会科学相关学科的特点和发展规律，依据浙江大学《关于加强文科教师队伍建设的若干意见》，建立健全符合文科特点和发展要求的高端同行评审机制，加大文科人才的引进和培养力度，进一步推进文科人才队伍建设。学校2010 年设立浙江大学文科资深教授岗位，并研究制订《浙江大学文科资深教授评选暂行办法》，2011 年正式启动评选工作。经过5 年的改革实践，学校已遴选产生了9 位文科资深教授。

文科资深教授

管理学院 企业管理	王重鸣
教育学院 教育史	田正平
人文学院 中国古典文献学	张涌泉
光华法学院 法学理论	张文显
传媒与国际文化学院 文艺学与美学	徐　岱
经济学院 西方经济学	史晋川
公共管理学院 劳动经济学	姚先国
光华法学院 国际法学	王贵国
外国语言文化与国际交流学院 外国语言文学	许　钧

〉岑可法院士在授课间隙与学生交流

2011
建设“五好”导学团队

-

浙江大学重视导师在全面育人方面的作用，2011 年开创性启动研究生“五好”导学团队评选活动，面向全校研究生导师（或导师组）及其所指导的研究生共同构成的导学团队，将导师和所带领的研究生团队作为整体进行评价，凝练提出“爱生如子好、尊师重道好、同学互助好、文化建设好、团队业绩好”的“五好”标准，强调导师对学生智育与德育并重、团队科研业绩和文化建设齐抓，营造教学相长、导学和谐的团队文化氛围。

活动至今已连续评选6 届。学校每年对选拔评选出的10 个“五好”导学团队进行表彰。其中以第一、二两届获奖团队为蓝本的专题书籍《青蓝辉映求是路——浙江大学优秀研究生导学团队掠影》已于2014 年1 月正式出版。

2011
构建本科教育评价和奖励体系

-

结合教师岗位分类管理改革办法的实施，学校构建完善了本科教学量化考核和绩效评价体系，首次使教学成为和科研一样可量化、可评估的对象。学校从教学基地、教学队伍、课程及教学、学生国际交流与创新能力培养、教学改革及成果、毕业生情况和教学异常情况等七个方面指标，对各学院首次发布了院系教学量化考核与绩效评估报告，激发院系进一步加大本科教学投入力度。与此同时，学校逐步构建了面向本科教育的教师奖励体系，以“永平奖教金”“优质教学奖”和“教学促进津贴”为主，分层次奖励在教学工作第一线“立德树人”的优秀教师。

ZJU·120
求是创新 2017

永平奖教金

〉浙江大学永平奖教金2011 年由校友段永平捐资设立。奖教金分为杰出教学贡献奖、教学贡献奖和教学贡献提名奖三类，用以表彰长期工作在教学一线、功底扎实、业务精湛、教学效果卓优、关爱学生成长的优秀教师。至2016 年，有6 位教师荣获永平奖教金杰出教学贡献奖。

图为永平奖教金杰出教学贡献奖得主：
郁建兴 张振跃 姚缨英 苏德矿 王岳飞 方富民

1〉2012 年11 月，为期一周的“德国浙江大学周”在德国柏林工业大学举行

2〉与哈佛大学等联合成立“佛教资源研究中心”，启动建设“佛教通用数字档案馆”

2011
实施海外一流学科伙伴计划

-

为实施“战略性、实质性和可持续性”的国际化发展战略，浙江大学于2011 年设立专项经费，启动“海外一流学科伙伴计划”，对标国际一流学科，开展多元的、多层次的国际合作与交流。2015 年，在第一期工作基础上，启动实施了“海外一流学科伙伴提升计划”，以“学校设计”和“学科自主”为主要建设机制，结合学科发展战略布局，提升学科的国际竞争力和影响力。“海外一流学科伙伴提升计划”立项23 个学院27 个学科，对标40 余所世界一流大学一流学科，建立稳定的机制化合作关系，提升本科课程教育教学水平、组建联合研究中心、合作举办高水平国际学术会议。

2012
启动育人强师计划

-

2012 年6 月，浙江大学启动实施“育人强师”全员培训，面向全校干部教师深入开展理想信念和师德师风教育，增强立德树人、教书育人的荣誉感、使命感和责任感。“育人强师”计划涵盖专任教师和管理干部两个群体。在实施过程中，学校把专任教师队伍特别是骨干教师队伍的培训作为全员培训的重中之重，引导专任教师更好地肩负起培养中国特色社会主义事业建设者和接班人的重要使命。截至2016 年底，共举办培训班38 期次，累计培训2498 人次。

2014
实施百人计划

-

浙江大学在院系教师队伍定编定岗基础上，重点推出校“百人计划”。借鉴国际高水平大学教师聘任的学术标准和程序，试行教师长聘制（Tenure - Track）和国际化评估，重点瞄准与国际高水平大学助理教授或副教授相当水平的优秀青年人才，着力打造一支能担当学科未来发展重任的高水平教师队伍，加快提升教师队伍整体水平和层次。通过实施校“百人计划”，新引进青年教师的整体水平和层次得到进一步提高，更有利于吸引“青年千人计划”入选者及相当人才加盟。自实施校“百人计划”两年来，学校“青年千人计划”等申报人数和入选人数均得到较大幅度增长。近两年新聘的130 位校“百人计划”中，“青年千人计划”等人才计划入选者达68 人，占52.3%，“百人计划”成为学校未来事业发展高水平高质量的人才资源库。

〉获得优秀青年科学基金支持的部分青年教师

2016
学术大师汇聚计划

-

结合学校“十三五”学科与人才队伍建设规划，浙江大学2016 年启动实施学术大师汇聚计划。加强科学谋划布局，围绕学科建设，对标国际一流。2016 年至今，已全职引进许钧、朱诗尧、杨文采、Philip T. Krein 院士等海内外学术大师。英国皇家科学院院士Donald Grierson、美国科学院院士Michael Thomashow、Harry Klee、新西兰皇家科学院院士Ian Ferguson、欧洲科学院院士Mondher Bouzayen 等5 位海外学术大师以团队方式加盟，结合“园艺学”高峰学科建设组建联合工作室，持续推动教学科研的国际深度合作和学科建设国际化发展。

〉施泰恩米勒教授是浙大聘请的外籍院长，曾担任浙大外国语言文化与国际交流学院院长。
图为2014 年他接受海外名师大讲堂的邀请，与柏林工大校长一同又一次来到浙江大学

2016
博士后计划

-

浙江大学启动“博士后千人队伍三年建设计划”，于2017 年起三年内每年增加1 亿元预算支持博士后队伍建设，计划三年内在站博士后达到1000 人。建设计划实施多项改革，大幅度提高博士后待遇。主要包括：改革博士后流动站设站方式，优化博士后招收条件；放宽博士后在站时间，开通专业技术高级职务申报通道；加大博士后资助力度，提高博士后收入待遇；完善博士后职业发展通道，鼓励博士后参加国际交流等。

〉2015 年7 月国际知名学者白谦慎教授（右一）辞去美国波士顿大学终生教职，正式出任浙江大学文化遗产研究院教授

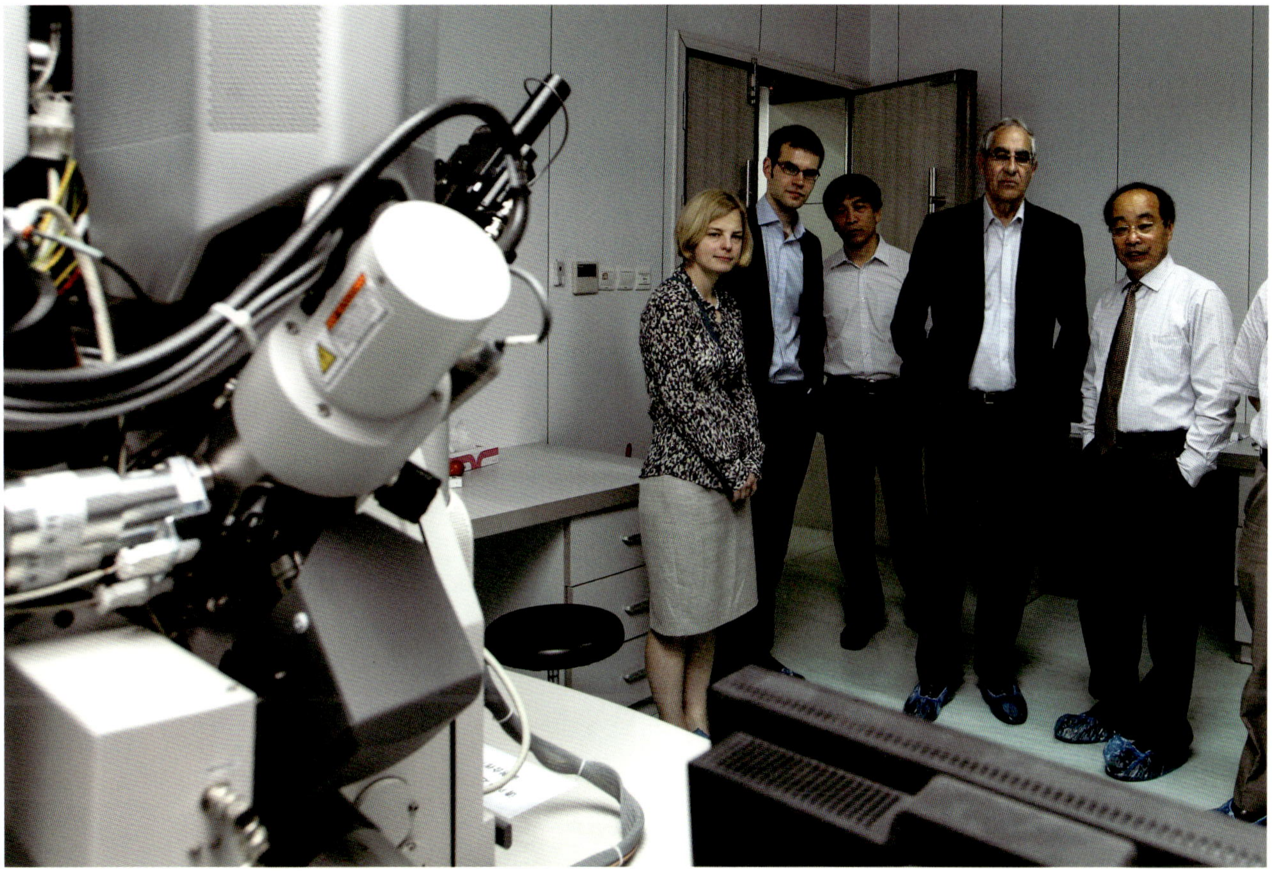

浙江大学电镜中心

2012年5月，一台型号为Chem-STEM的电子显微镜在浙江大学玉泉校区正式投入使用，这是中国第一台带有球差矫正的具有原子级别成分分析水平的透射电镜。同日，浙江省电镜中心暨浙江大学电镜中心正式成立。经过五年的建设，浙江大学电镜中心已经成为我国南方地区最具实力的材料微结构研究中心，以张泽院士为带头人的研究团队聚集了6位青年科学家和8位高级工程师，在承担国家重大科研仪器专项的同时，为高校和研究机构相关学科的研究人员提供了世界最先进的研究平台。

浙江大学医学院冷冻电镜中心

〉浙江大学医学院冷冻电镜中心是国内研究手段最为齐全的生物电镜中心，目前中心具有用于生物大分子三维结构重建的冷冻电镜系统、细胞及亚细胞三维结构重建系统、光电关联研究系统和细胞组织冷冻样品制备系统等。

畅想2030

〉2016年9月，浙江大学启动“畅想2030”系列学术活动，列入学校“高峰学科建设支持计划”“一流骨干基础学科建设支持计划”的学科依据自身特点，通过讨论，凝练学科发展的标志性方向和目标，强化基础前沿学科和学科交叉会聚引领，提升原始创新以及跨领域融合创新能力，形成学科重点发展方向的共识、规划实施路径。

2015
启动高峰学科建设支持计划

-

为落实国家“双一流”建设工作部署，全面实施学校“六高强校”战略，提升内涵发展能力，浙江大学经过深入调研和多次专题讨论研究，于2015年12月正式启动“高峰学科建设支持计划”。该计划提出，浙大将在2016—2020年重点支持20个学科的发展，作为“双一流”建设计划的有机组成部分，通过重中之重的支持，催生重点方向、重点人物、重点成果、重大项目，打造一批在国内具有领先地位，在国际上具有卓越影响力，能够发挥引领作用的品牌学科，建设形成高峰凸显、高原崛起的学科布局，为建设进入世界一流大学奠定坚实基础。

2016
启动一流骨干基础学科建设支持计划

-

2016年4月，“一流骨干基础学科建设支持计划”启动，分设文科和理科两大类计划。前一类计划主要支持文史哲学科以及社会学学科，具体包括中国语言文学、外国语言文学、中国史、世界史、考古学、哲学和社会学，共七个一级学科；后一类计划主要支持数理化等学科，具体包括数学、物理学、化学、力学、地质学、心理学，共六个一级学科。计划通过对骨干基础学科实施长期稳定的经费和政策支持，经过两个五年时间的建设，提升学科实力水平，实现浙江大学基础学科的全面复兴。

1〉浙江省委宣传部与浙江大学签署协议共建马克思主义学院
2〉浙江大学与中国平煤神马集团签署科技创新驱动发展战略合作框架协议

2007
-
2016

Teacher Honors and Awards

征程扬帆

新增院士

-

许庆瑞　2007 年当选中国工程院院士

谭建荣　2007 年当选中国工程院院士

龚晓南　2011 年当选中国工程院院士

杨华勇　2013 年当选中国工程院院士

罗民兴　2015 年当选中国科学院院士

杨树峰　2015 年当选中国科学院院士

陈云敏　2015 年当选中国科学院院士

陈　纯　2015 年当选中国工程院院士

中国科学院院士张　泽　2010 年加盟浙江大学

中国科学院院士段树民　2010 年加盟浙江大学

中国科学院院士朱诗尧　2016 年加盟浙江大学

中国科学院院士杨文采　2017 年加盟浙江大学

〉许庆瑞

〉谭建荣

〉龚晓南

〉杨华勇

〉罗民兴

〉张 泽

〉杨树峰

〉段树民

〉陈云敏

〉朱诗尧

〉陈 纯

〉杨文采

〉苏德矿教授给学生上课

2016
全国优秀共产党员苏德矿

-

浙江大学数学科学学院教授苏德矿1986年6月加入中国共产党。2016年7月，获“全国优秀共产党员”称号。

苏德矿在教育一线默默耕耘30余年，是深受学生喜爱的好老师。他潜心教学，总结出形象教学法、探索发现式教学法、先练后讲教学法和团队合作学习法等独具特色的教学方法，把生涩难懂的微积分课程变得妙趣横生。为解答好学生学习中遇到的疑问，他在课外开辟“微博课堂”，不顾自己患有超高度近视的眼睛，每天长时间在手机上进行微博答疑。3年多来他发布或转发的微博有24507条，微博粉丝已超过50000人。他积极参加学生活动，把正确的人生观、价值观传递给学生。

〉汪自强教授在田间为农民上课

2016
全国优秀教师汪自强

-

2016 年，教育部授予浙江大学农业与生物技术学院教授、浙江大学农业技术推广中心培训部主任汪自强“全国优秀教师”荣誉称号。

汪自强从事大豆育种和作物栽培生理方面研究数十年，在教学中将教学、科研与科技扶贫相结合，以农业生产实践需要为基础，创新开设农业资源学等三农课程，深受学生好评；他常年担任学生德育导师，关注学生思想政治教育，注重提高学生创新精神和实践能力。从2005 年被选派为泰顺县万排乡的科技特派员起，他每年都有100天左右的时间待在乡下。11 年来，“九山半水半分田”的泰顺，在汪自强的努力下，农民的年收入增加了5 倍，当地农户人均年收入增加了1000 元。

全国先进工作者

-

2010 刘 承 光电科学与工程学院 全国先进工作者
2015 彭笑刚 化学系 全国先进工作者
2015 金静芬 医学院附属第二医院 全国先进工作者

2008 马建青 马克思主义学院 全国抗震救灾模范

全国五一劳动奖章

-

2008 樊建人 能源工程学院 全国五一劳动奖章
2009 刘 承 光电科学与工程学院 全国五一劳动奖章
2011 喻景权 农业与生物技术学院 全国五一劳动奖章
2012 陈 纯 计算机科学与技术学院 全国五一劳动奖章
2015 郑春燕 光华法学院 全国五一劳动奖章
2016 杨德仁 材料科学与工程学院 全国五一劳动奖章

全国模范教师

-

2007	能源工程学系	骆仲泱
2009	生物系统工程与食品科学学院	应义斌

全国优秀教师

-

2007	人文学院	沈　坚
2007	农业与生物技术学院	喻景权
2009	管理学院	黄祖辉
2009	生命科学学院	吴　敏
2014	材料科学与工程学院	叶志镇

国家级教学团队

-

2007	工程图学教学团队	陆国栋
2007	化学基础课程教学团队	王彦广
2008	数学建模方法与实践教学团队	杨启帆
2008	生命科学导论教学团队	吴　敏
2009	中国现当代文学系列课程教学团队	吴秀明
2009	生物系统工程专业核心课程教学团队	应义斌
2009	程序设计系列课程教学团队	陈　越
2009	能源与环境系统工程专业系列课程教学团队	岑可法
2010	机械制造基础实践教学团队	潘晓弘
2010	电类专业基础课程教学团队	韦　巍
2010	生理科学实验课程教学团队	来茂德 / 夏 强

国家级教学名师

-

2003	人文学院	吴秀明
2003	数学科学学院	林正炎
2006	外国语言文化与国际交流学院	何莲珍
2006	机械工程学院	陆国栋
2006	数学科学学院	杨启帆
2008	生物系统工程与食品科学学院	应义斌
2008	生命科学学院	吴　敏
2009	生物系统工程与食品科学学院	何　勇
2011	光电科学与工程学院	刘　旭
2011	农业与生物技术学院	朱　军

国家级教学成果奖

国家级教学成果奖是与国家科学技术奖并列的国家级奖励，展现高校教学建设、教学改革和人才培养工作所取得的成绩，代表目前中国高等教育教学工作的最高水平。2006 年以来，浙江大学共有22 项成果获得高等教育国家级教学成果奖，其中一等奖2 项，二等奖20 项。

2009 年国家级教学成果奖一等奖

完成人：应义斌　王剑平　何勇等

“多学科融合—国际化拓展—复合型培养”的工程创新人才培养新模式，创设了能较好体现多学科交叉融合特征的课程体系，实施“优秀本科生一对一教授辅导计划”和多层次科研训练计划，为我国农业工程类本科专业教学内容与课程体系的改革和创新人才培养开辟了一条新途径。

2014 年国家级教学成果奖一等奖

完成人：应义斌等

“以生为本多元融合——依托紧密型团队的农业工程研究生培养的探索与实践”项目，针对农业工程学科的交叉融合特色，通过建设紧密稳定的学术团队，构建多元融合、优势互补的指导载体，实施自主选题、因材施教的育人方法，进行研究生综合素养全面培养的探索和实践，在人才培养等方面取得显著成果，为紧密型团队建设和交叉性学科研究生培养探索了一条新途径。

ZJU·120
求是创新 2017

杰出成就奖

1998“中国心理学会终身成就奖”陈立

陈立教授（1902—2004）是我国最早从事工业心理研究的工业心理学家。1935 年留学回国，1939 年起任教浙江大学，他回国后撰写并出版了我国第一部工业心理学专著——《工业心理学概观》，他的研究《配对测验的校正公式》《一套智力测验在不同教育水平的因素研究》等奠定了他在国际心理学界的地位。陈立深入企业开展深度的调查，分析劳动环境对生产活动的影响，研究成果在生产实际中得到广泛应用。1998 年，中国心理学会分别授予陈立先生“中国心理学会终身成就奖”和“中国人类工效学会终身成就奖”。

〉陈立教授

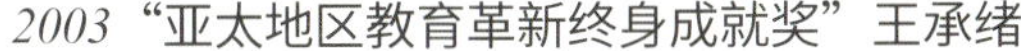

2003“亚太地区教育革新终身成就奖”王承绪

王承绪教授（1912—2013）是我国比较教育学科创始人之一。1946 年11 月，作为中国代表团成员参加在巴黎举行的联合国教科文组织成立大会。1947 年回国任教浙江大学。主编新中国第一部《比较教育》教材，出版的专著和编著包括《伦敦大学》《比较教育学史》《中外教育比较史纲》《英国教育》等，主持翻译的“汉译世界高等教育名著丛书”是我国高等院校比较教育学、高等教育学专业的经典教材。2003 年，联合国教科文组织授予他“亚太地区教育革新终身成就奖”。2010 年获中国高等教育学会“高等教育科学研究特殊贡献奖”。

〉王承绪教授

2004“昆虫学杰出成就奖”刘树生

浙江大学农业与生物技术学院刘树生教授是浙江省特级专家、国家自然科学基金“农业害虫生物防治的基础研究”创新研究群体学术带头人。刘树生长期从事昆虫生态学、蔬菜病虫综合治理的教学研究。在揭示生物入侵行为和种间互作机制、构建蔬菜病虫害综合治理技术体系，促进蔬菜安全生产方面取得重要原创成果，2004 年被国际昆虫学会授予“昆虫学杰出成就奖”，是首位获此荣誉的中国昆虫学家。

〉刘树生教授

2013“中国地理科学成就奖”陈桥驿

陈桥驿教授（1923—2015）是著名历史地理学家，是我国当代最负盛名的《水经注》研究学者，被国内外学术界公认为当代郦学研究的泰斗。70 年中，他笔耕不辍，共出版涉及通识地理学、郦学、吴越文化、方志学等方面著作75 部，共2000 万字。1991 年获国务院授予的“为发展我国高等教育事业作出突出贡献的学者”称号，1994 年获聘浙江大学地球科学系终身教授，2010 年获浙江大学最高教师荣誉奖——“竺可桢奖”，2013 年荣获中国地理学会颁发的“中国地理科学成就奖”。

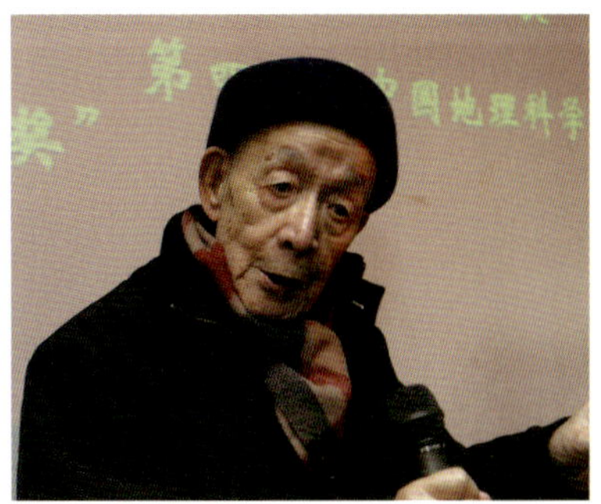

〉陈桥驿教授

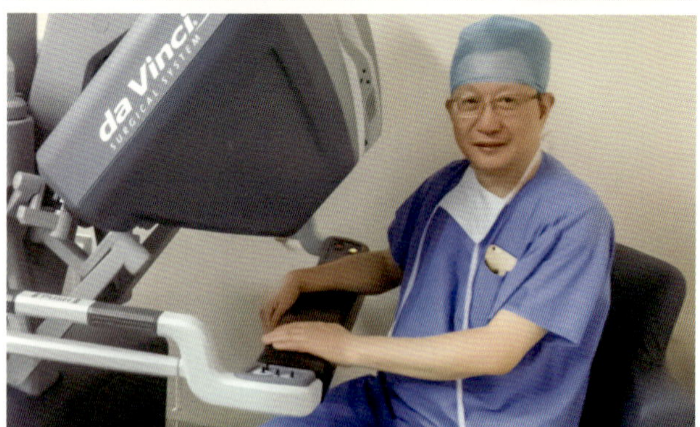

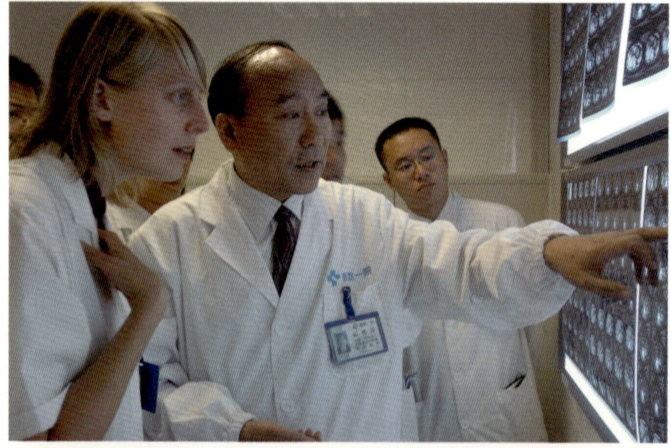

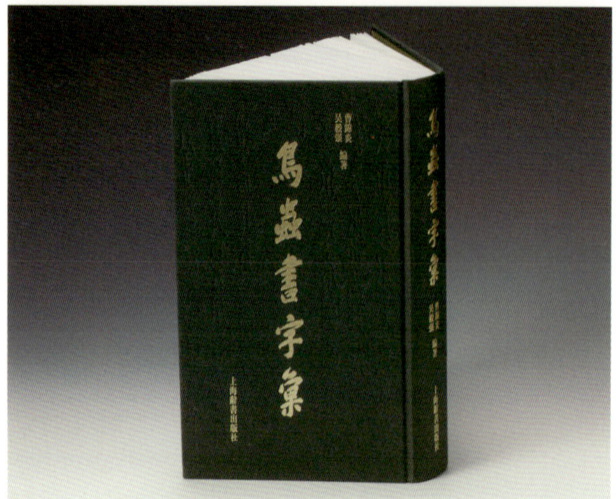

何梁何利基金

-

何梁何利基金是香港爱国金融实业家共同创建的香港社会公益基金。由何善衡慈善基金会有限公司、梁銶琚博士、何添博士、利国伟先生之伟伦基金有限公司出于崇尚科学、振兴中华的热忱，各捐资1 亿港元于1994 年3 月30 日在香港注册成立，也是目前国内规模最大的民间科技奖励基金。奖励“中国的杰出科技工作者”，设何梁何利基金科学与技术进步奖、何梁何利基金科学与技术创新奖、何梁何利基金科学与技术成就奖。

何梁何利基金科学与技术创新奖

2007	蔡秀军	医学院附属邵逸夫医院
2011	吴朝晖	计算机科学与技术学院

何梁何利基金科学与技术进步奖

2007	孙优贤	控制科学与工程学院
2008	杨 卫	航空航天学院
2013	郑树森	医学院附属第一医院
2013	杨华勇	机械工程学院
2014	李兰娟	医学院附属第一医院

全国优秀古籍图书奖

〉全国优秀古籍图书奖是中国古籍图书类的最高奖项。2014 年，曹锦炎、吴毅强完成的《鸟虫书字汇》获得了一等奖。鸟虫书亦称“虫书”，是篆书的变体，流行于春秋战国之际，大都铸或刻在兵器和钟镈上。文化遗产研究院曹锦炎教授和吴毅强博士新考释出的疑难鸟虫书单字达数十字之多，并且对全部器物的每件鸟虫书铭文逐一释文，不仅刊布拓片，同时一并刊布彩色器形照片。图版出处、著录经过、参考和引用书目及论文索引等详细数据，也详加注明，开创了学术资料整理出版的新模式。

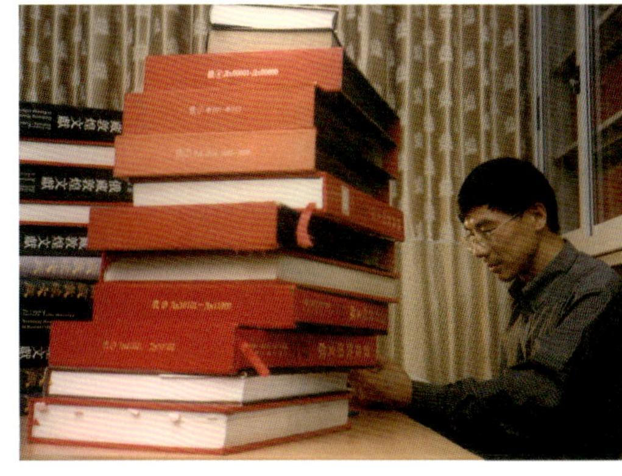

〉文科资深教授张涌泉2000年获胡绳青年学术奖，他的《汉语俗字丛考》获教育部高等学校科学研究优秀成果奖（人文社会科学）二等奖

2007
-
2016

人文社科获奖成果

-

教育部高等学校科学研究优秀成果奖（人文社会科学）一等奖：

2009 曹锦炎 《甲骨文校释总集》(20 卷本)

2012 郁建兴 《在参与中成长的中国公民社会：基于浙江温州商会的研究》

2015 郁建兴 《从行政推动到内源发展：中国农业农村的再出发》

〉2010 年浙大文科大会上，学校为获得优秀研究成果的教授和团队颁奖

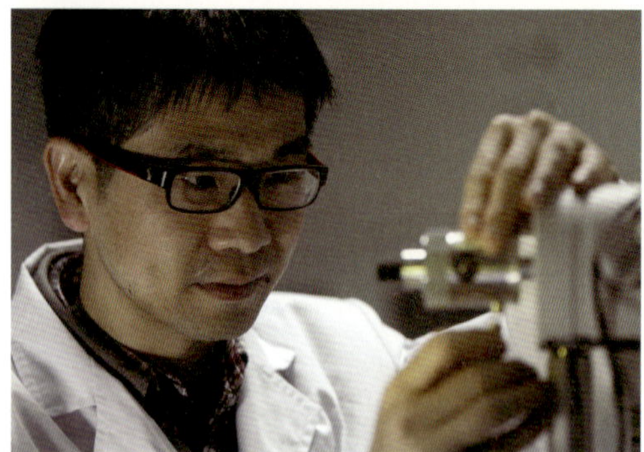

求是科技奖·求是杰出青年学者奖

-

王　勇　化学系
宋吉舟　航空航天学院
柏　浩　化学工程与生物工程学院
王立铭　生命科学研究院
余　倩　材料科学与工程学院
金一政　材料科学与工程学院

2013
-
2016

2011
年度全球顶尖青年科技创新人物

-

浙江大学CAD & CG 国家重点实验室周昆教授凭借“在GPU 高清绘制方向的杰出成就”入选麻省理工学院《技术评论》“2011 年度全球顶尖青年科技创新人物”。周昆还获得了2016 年陈嘉庚青年科学奖。

全国高校青年教师教学竞赛

-

2012 第一届全国高校青年教师教学竞赛理科组一等奖　吕镇梅
2014 第二届全国高校青年教师教学竞赛文科组一等奖　郑春燕
2016 第三届全国高校青年教师教学竞赛工科组一等奖　英　兰

浙大感谢您

〉“浙大感谢您”是学校自2012 年以来设立的“浙大欢迎您”“浙大祝贺您”等3 项典礼仪式之一。一年一度的仪式上，学校向即将离开工作岗位的教职工表示感谢，感谢他们为学校的发展所付出的辛勤劳动。而在“欢迎您”和“祝贺您”的仪式上，校领导向或是新加盟浙大、或是新获得荣誉奖项的教师表示欢迎和祝贺。

在课堂上诞生的《物理化学》

〉“为本科生授课”，是浙江大学“千人计划”教授彭笑刚2009 年回国任教时提出的一项申请。彭笑刚开设的物理化学课程，成为化学系师生都非常喜爱的课程。历时3 年，彭笑刚在授课的同时完成了教科书《物理化学》的写作和修改，试用3 年后才正式交付出版，目前，该教科书已是教育部高等学校化学类专业教学指导委员会向全国大学化学系教师的推荐教材。

“广济之舟”志愿者

〉“广济之舟”志愿服务联盟正式成立于2011 年4 月。四年时间，“广济之舟”已有注册志愿者5000 余人，从最初的3 个服务点到如今21 个岗位，从简单的咨询引导到心理支持专业组、造口支持专业组、骨髓移植支持专业组、IBD（炎性肠病）专业组等专业化服务。“红马甲”服务了600 万人次，累计达35 万小时。医院志愿服务成功实现了由院内服务到跨院服务的转变。

1〉“致青春·阳光驿站”志愿者定期参加工疗站服务工作

2〉G20 峰会期间，浙江大学共有500 多名师生参与峰会志愿服务工作

校园志愿者

〉浙江大学目前共有34000 余位注册志愿者。2015 年，亚洲物理奥林匹克竞赛在浙江大学进行。近200 位来自亚洲各国各地区的选手和教练们在杭州度过了愉快的一周。浙江大学数十位志愿者为他们提供了贴心的服务。图为闭幕式上，志愿者受邀与选手一起上台祝贺大赛圆满成功。

优秀志愿者

-

2012 第九届中国青年志愿者优秀个人奖 王承超

2012 第九届中国青年志愿者优秀项目奖 医学院附属第二医院“广济之舟”志愿服务联盟

2015 第二届中国青年志愿服务项目大赛“阳光助残”类公益项目金奖 “志青春·阳光驿站”工疗站助残志愿服务项目

Reflecting Integrity
彰显明义

2008
深入学习实践科学发展观活动试点

-

浙江大学是全党深入学习实践科学发展观活动试点单位。学校坚持把“解放思想、明目扩胸”大讨论贯穿活动始终，提出浙江大学教授应该成为战略科学家，即依靠良好的科技基础和实力，在国家关注的众多科技领域，首先提出和设计起引领作用的大项目，取得自主创新的大成果。通过世情、国情、党情、民情、校情等“五情教育”，围绕国家和区域重大需求，积极主动参与国家和地方的创新体系建设，服务经济社会发展，通过内涵发展提高研究型大学的办学质量和水平，在国家重大科技专项参与面和承担任务总量上得到显著提升，均处于国内高校前列。

2011
创建“五好”党支部

-

浙江大学党委高度重视党支部建设，2011 年，学校党委就提出了建设“领导班子好、党员队伍好、工作机制好、工作业绩好、群众反映好”的“五好”党支部的总体目标，制订了“五好”党支部创建标准及验收方案。至2016 年年底，学校已开展了10 批“五好”党支部达标验收工作，全校在职教工党支部已基本全部建成“五好”党支部。浙江大学不断探索党支部建设“达标—创优—争先进”的晋位升级机制，从2015 年开始，学校每年4 月开展一次创建优秀“五好”党支部活动，至2016 年，共有两批219 个优秀“五好”党支部通过评审。

2012
全国创先争优先进基层党组织

-

2010 年4 月以来，各地区各部门各单位认真贯彻落实中央的统一部署和要求，以深入学习实践科学发展观为主题，按照“推动科学发展、促进社会和谐、服务人民群众、加强基层组织”的目标要求，深入开展创先争优活动。浙江大学围绕“服务发展争创一流”主题，把创先争优活动作为调动和激发基层党组织和广大党员积极性创造性、推动学校事业科学发展的有效载体和有力抓手，营造组织创先进、党员争优秀、学校奔一流的良好氛围，取得了显著成绩。2012 年6 月，中共中央组织部对2010—2012 年全国创先争优先进基层党组织、优秀共产党员和创先争优活动先进县（市、区、旗）党委予以了表彰，浙江大学党委荣获全国创先争优先进基层党组织称号。

教代会提案办理

〉近五年来，教代会共收到代表以提案形式提交的意见、建议635 件，经提案工作委员会审理，正式立案438 件，其余作为意见、建议转相关部门处理。近年来，浙江大学建立了教代会提案办理领办督办和检查体系，以师生满意作为办理提案的标杆，以提案工作推进学校民主管理、改进机关作风建设和效能建设。图为落实教代会代表提案建设的“飘萍步行道”。

2012
完善教代会民主管理制度

-

浙江大学以完善教代会制度为抓手，不断创新载体、拓宽渠道，逐步形成了“凝心聚力、民主和谐”的教代会工作文化。学校党委明确提出，凡是涉及学校改革发展的重大问题都要提交教代会讨论，学校改革发展的重大事项都列入教代会主要议题进行审议讨论。各院级单位凡属学院的重大决策、发展规划、规章制度、奖惩办法、岗位聘任、财务条例等事项都要经过院级教代会讨论审议。二级教代会制度已经成为学校基层民主政治建设和依靠广大教职工办学的重要内容，成为构建和谐校园的重要途径和院务公开的主要载体。

ZJU·120
求是创新 2017

1〉行政服务办事大厅的服务满意率达到99%
2〉2014 年教代会对《浙江大学章程》等进行了审议

2016
实施先锋学子全员培训计划

-

为进一步加强学生党员经常性教育培训工作，提高学生党员素质，充分发挥先锋模范作用，2016 年起，浙江大学面向全校学生正式党员启动实施“先锋学子”全员培训计划。“先锋学子”计划以本科生和研究生正式党员为对象，以党的理论教育和党性教育为重点，由各院级党委负责实施。学生正式党员每年参加集中培训累计不少于4 天或32 学时，其中院级党委安排的集中培训累计不少于2 天或者16 学时。“先锋学子”计划致力于建设一支信念坚定、素质全面、充满活力的学生党员队伍，已成为浙江大学学生党员经常性教育培训的重要抓手。

2016
实施“事业之友”制度

-

为落实全面从严治党要求，推动党员联系服务群众工作制度化、常态化、长效化，切实开展好“两学一做”学习教育，学校党委自2016 年开始实施“事业之友”党员教职工与非党员教职工联系结对制度。通过实施“事业之友”制度，进一步加强党组织对群众思想上的关怀、学习上的指导、工作上的帮带和生活上的关心，强化党员宗旨意识，充分发挥基层党组织的战斗堡垒作用和广大党员的先锋模范作用。截至2016 年底，全校党员教职工已结对非党员教职工10000 余人，35 个院系党委已结对非党员教职工1639 人，已结对比例达74.26%。

VALUING SERVICE

服务为本

浙江大学始终围绕扎根中国大地办世界一流大学的建设目标，
秉承“以服务为宗旨，在贡献中发展”的办学理念，
坚持“六高强校”战略，
把社会服务作为服务国家和区域经济社会发展的重要使命，
不断优化布局、增强能力、提高质量、扩大影响，
取得了丰硕的工作成果，赢得了广泛的社会声誉，
基本形成了“立足浙江、面向全国、走向世界”的社会服务战略格局。

Innovative Models
创新模式

顶天立地 服务经济社会发展主战场

近20年来，浙江大学以"顶天立地"为服务社会的基本点，在社会服务中"政产学研四位一体构筑服务社会大平台"，被教育部誉为高校服务经济社会发展"浙大模式"。目前，浙江大学立足浙江，努力推进"两边两路一核心"的战略规划：学校与新疆、内蒙古、黑龙江等边疆大省，与天津、山东、江苏、上海、福建、广东等濒海强省深入合作，协同互动，服务国家"一带一路"战略，促进区域间经济、科技、人才、教育等全面发展；系统串结联通浙江大学"西迁之路"办学地的合作，以文化宣扬、精神传承为先导，共进共赢。

〉浙江大学与衢州市签署工作框架协议，共建高水平医疗联合体，推进医疗卫生体制改革

1〉浙江大学与湖州市的科研合作中，以水面源污染的治理为课题，利用生态修复的方法治理蓝藻，效果显著
2〉浙大教授提出"降解固结理论"，对城市垃圾的"无害化和资源化填埋"方法已在全国各地得到应用

产学研合作技术转移平台：

浙江大学持续推进了政产学研紧密结合的综合性科技中介机构建设。目前，技术转移中心建立了93 家区域技术转移服务分支机构，以专业化服务为支撑，引入国际化资源，形成六条合作主线，构建了"2小时对接应答，4小时辐射响应"的全国服务网络。2009 年浙江大学工业技术转化研究院成立，在全国范围内逐步建成了9 家产学研创新服务区域平台，建设资金总额近20 亿元。2015 年与浙江大学科技园管委会合署，成为集成浙江大学研发优势，瞄准和围绕国家和区域重大共性关键技术及先进集成技术需求，着力推进技术开发与创业孵化及技术转移与风险投资的紧密结合，致力于构建一流的创新创业生态系统的新型政产学研合作平台。

高水平医疗服务体系建设：

依托高端医疗资源，浙江大学医学院附属医院积极探索"双下沉"可持续帮扶模式，六家合作医院已建立12 个院士工作站、82 个专家工作站。2016 年，附属一院拨付下沉资金3000 万元推进浙中肿瘤中心、浙中心血管中心、浙中泌尿外科中心的建设。附属二院在建德洋溪新城区块新建浙西国际心脏中心，投入5000 万购置仪器设备。附属邵院下沉资金8000 万元在武义分院成立浙中微创医学中心。学校以医学院附属医院为龙头，协同市级医院，联合县级医院，扶持乡镇卫生院和村卫生所（站），建设集预防、治疗、康复、健康管理与促进等功能于一身的医疗联合体。

1+1+N 农业技术推广体系：

浙江大学农业技术推广中心是学校为发挥科技人才优势，全面推进服务“三农”工作建设的服务平台。学校创造了高校服务地方的“1+1+N”服务型农业技术推广新模式：由1 个首席专家团队、1 个地方农技推广服务小组和N 个现代农业经营主体组合，将科研、推广、生产应用三个环节紧密结合，保证新技术、新成果能够快速到达农民手中。浙江大学长兴农业科技园、湖州现代农业技术推广联盟、湖州农民学院新型职业农民养成模式，成为大学服务三农的典范。农业技术推广中心在湖州、嘉兴、金华等地合作共建了12 个分中心，在全省建立了一批农业专家创业园和农业科技示范基地等合作载体，服务浙江省新农村建设。

〉严力蛟教授在湖州农民学院基地指导学员

湖州农民学院

2006 年5 月21 日，浙江大学与湖州市正式签订合作协议，双方在湖州共建省级社会主义新农村实验示范区，探索在新农村建设过程中如何进行体制、机制和政策创新。坚持不懈，十年探索，硕果累累。湖州农民学院是其中之一。这一公益性质农民教育、培训管理机构，由湖州市、浙江大学和湖州职业技术学院联合组办，学院下设德清、长兴、安吉分院，南浔、八里店等直属教学点，将教育培训送到田间地头。学院致力于打造新农村高学历、高技能人才培育基地。截至2017 年4 月，湖州农民学院在籍学员总数达到3033 人，毕业生总数达到6500 余人。2011 年以来，农民学院与浙江大学合作开发了农推硕士培养项目，全市农推硕士培育总数累计达到95 名。

智库建设助力国家发展战略：

浙江大学依托综合型大学学科齐全的优势，开展战略研究、提出决策建议、参与社会发展规划，将学术研究与智库建设相结合，在区域协调发展和“一带一路”战略研究、农业与农村现代化发展、民营经济政策、浙江经验与浙江发展战略、国土资源战略、国家科技和高等教育发展战略等方面重点布局智库建设。近两年中，有5篇专家的决策咨询报告刊发于国家社科基金《成果要报》，3篇决策咨询报告刊发于《教育部简报（高校智库专刊）》；4篇决策咨询报告刊发于国家推进“一带一路”建设工作领导小组办公室《工作简报》；19项研究成果获党和国家领导人批示，80余份研究成果获得省部级采纳或领导批示。

中国西部发展研究院

2006年10月，国家发展和改革委员会与浙江大学共建成立中国西部发展研究院。十年来，西部院以服务“一带一路”建设、深入实施西部大开发战略和促进区域协调发展为宗旨，全力打造党和政府用得上的国家高端智库，实现政府决策和智库研究的互动、东部和西部建设的互动。先后参与多个中共中央、国务院重要文件的起草，10项规划项目获国务院印发或批复；承担国家部委委托或批复的重要课题20多项；为地方政府提供相关规划和研究报告300多份。

〉中国西部发展研究院成立十年，已成为国家决策的重要智库

文化遗产保护区域联盟

〉国家文化遗产保护科技区域创新联盟成立于2010年5月，浙江省人民政府和国家文物局共建，浙江大学、浙江理工大学、浙江省博物馆、中国丝绸博物馆、浙江省文物考古研究所、浙江省古建筑设计研究院等单位是盟员单位。六年来，政府部门、高校、科研院所联合，共同推动和提高文化遗产保护的科技区域创新。相关文博单位将其管理的文物样品与高校科研机构开放共享，形成了“开放共享”的工作机制。

继续教育服务学习型社会建设：

按照学校总体部署，浙江大学继续教育实现转型，高层次教育培训得到快速发展，为推进学习型社会建设作贡献。

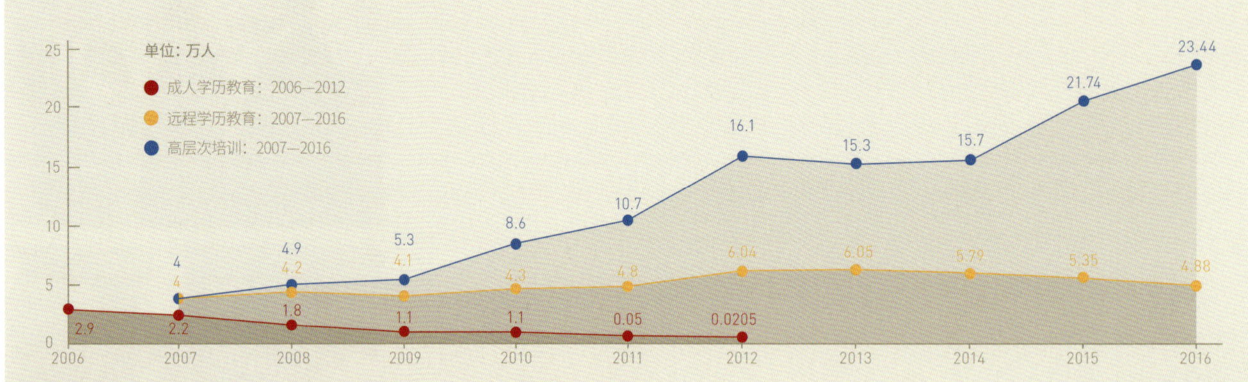

2015
建设工程师学院

-

为服务国家和区域创新驱动发展战略和《中国制造2025》，推进国家和区域经济社会发展和产业转型升级，培养造就更多高层次工程科技人才，在教育部和浙江省委省政府的关心支持下，浙江大学于2015年7月开始筹备浙江大学工程师学院（浙江工程师学院），2016年9月12日正式成立。

工程师学院按照“高层次、高素质、国际化”的人才培养理念，探索形成应用型、复合型、创新型的工程科技人才培养体系。2016年，工程师学院首期招录300名硕士研究生，涉及机械工程、电气工程、建筑与土木工程、动力工程、电子与通信工程、集成电路工程、计算机技术、控制工程、化学工程等9个工程硕士领域，以及工程管理硕士类别。根据资源条件，拓展新的领域，初步规划研究生层次在校生规模2017年达到1000人、2020年达到3000人。

ZJU·120
求是创新 2017

2015
紫金众创小镇建设启动

-

浙江大学紫金众创小镇依托浙江大学紫金港校区，辐射主城空间，规划面积3.96平方公里，总面积约为0.91 平方公里的核心区块位于小镇西侧。小镇以浙江大学产学研理念，集聚海内外创新创业资源，专注于师生创新创业、校友企业发展及合作企业转型升级，集众创空间、产业孵化、企业加速、研发总部、风险投资等多种创新形式，打造集产业技术研发、人才汇聚、公共服务、金融资本、知识产权交易、创意休闲等功能为一体的创新创业生态社区。

一 带 一 路
一 带 一 路
浙 大 西 迁 之 路

Service Circles

大学的服务地图

- 战略合作协议113 个
- 转移中心93 个
- 新农村发展研究院（含农业技术推广中心）区域分中心16 个
- 新农村发展研究院（含农业技术推广中心）基地21 个
- 与地方共建科技创新平台11 个
- 科技园分园4 个
- 主导产业研究院5 个
- 对口支援大学3 个
- 定点扶贫地区3 个
- 农推中心2 个

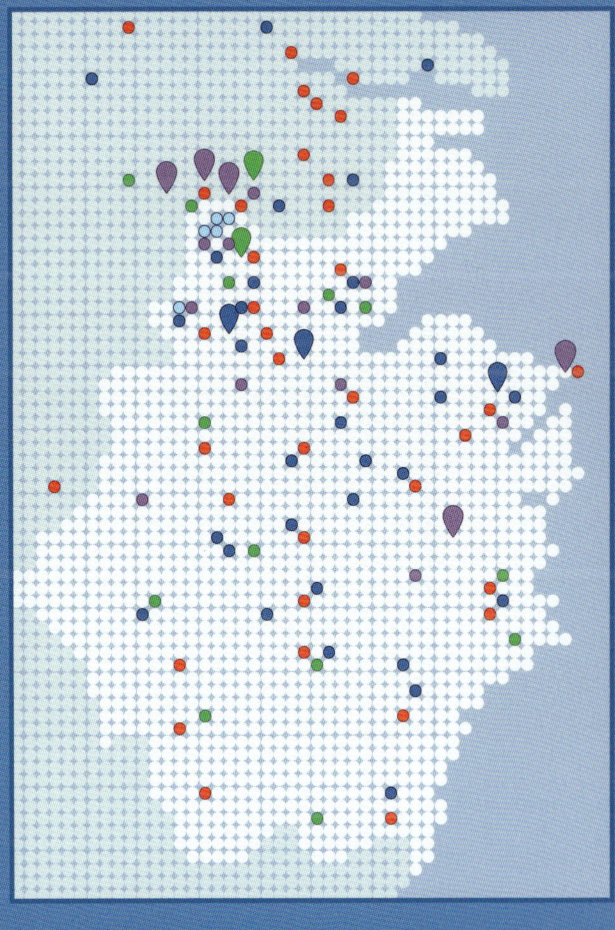

高水平医疗服务体系

六家地市合作医院

-

为积极推进优质医疗资源均衡化，2010 年10 月浙江大学开启了合作医院建设步伐。目前，已与绍兴、金华、宁波、丽水、湖州、衢州6 地市人民政府签订医学战略合作协议。医学院及其附属医院以重点学科建设为抓手，通过发挥医学学科的品牌、人才、技术和管理优势，优化合作医院的医疗资源配置，强化合作医院的人才队伍建设，增强合作医院的医疗水平和服务能力，与地方政府共同打造区域性医疗卫生中心。

二十二家基层“双下沉”合作医院

-

浙江大学医学院各附属医院响应浙江省委、省政府“双下沉、两提升”重大决策部署，2013 年7 月起，全面铺开与基层医院合作办医，目前已与省内22 家县级公立医院建立了以托管为主的紧密型合作办医关系。通过不断推进优质医疗资源下沉，提升县域医疗服务能力，逐步缓解基层群众“看病难”问题。

三百家对口支援协作医院

-

医学院各附属医院充分发挥学科和人才优势，与全省近300 家县级医院建立了长期稳定对口支援的协作医院关系，并辐射国内其他省份。同时，各附属医院也把对外援助工作当己任，选派业务骨干赴中非地区，马里、纳米比亚等国家及贵州、青海、新疆、西藏等地，直接提升当地的医疗服务和医院管理水平。

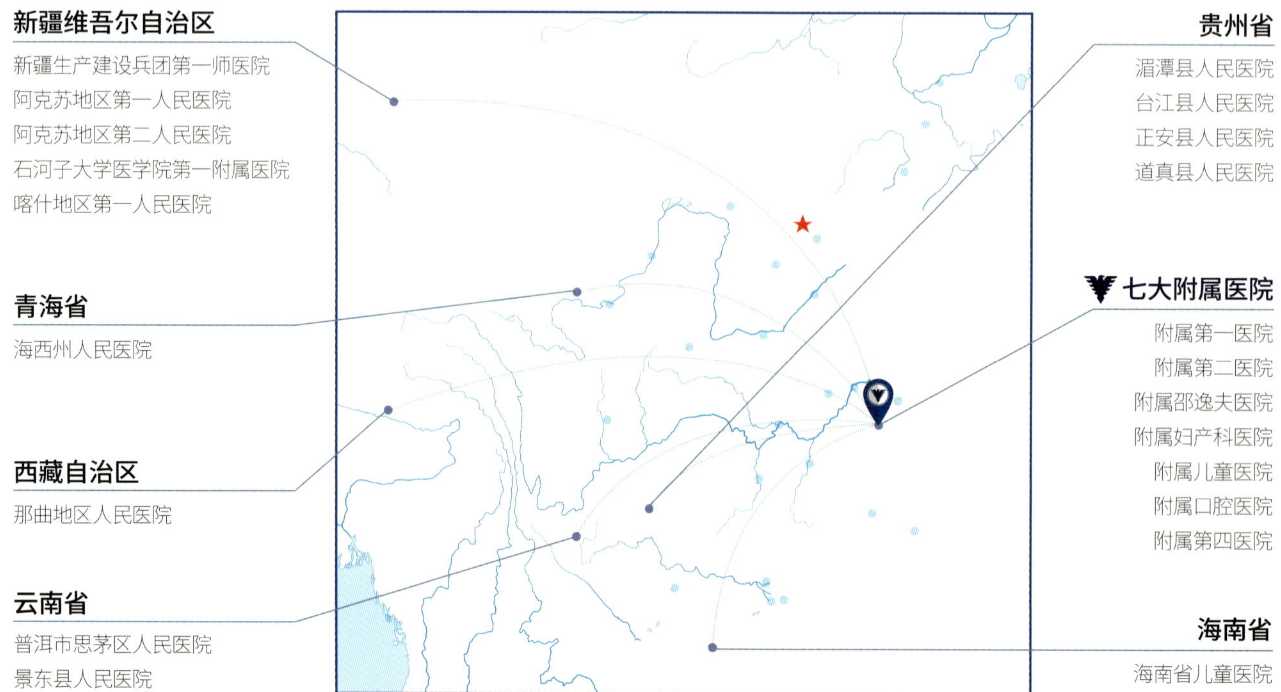

湖州市中心医院
宁波市第一医院
绍兴市人民医院
金华市中心医院
衢州市人民医院
丽水市中心医院
地方合作医院
双下沉医院

七大附属医院

-

附属第一医院

浙江大学医学院附属第一医院建于1947 年，现有庆春、城站和大学路三个院区，在建余杭、之江院区，共有床位3700 张。在《中国医院科技影响力排行榜》中排名全国第5 位，SCI 论文数连续两年进入全国医疗机构前3。医院荣获国家科技进步奖一等奖2 项，二等奖8 项。

医院拥有中国工程院院士2 人，“973 计划”首席科学家3 人，国家杰出青年科学基金获得者2 人，国家有突出贡献中青年专家3 人，卫生部有突出贡献中青年专家4 人，“百千万人才工程”国家级入选1 人，“长江学者”奖励计划特聘教授5 人，国家千人计划入选者3 人、青年千人计划入选者2 人，国家科技进步奖创新团队1 个，国家自然科学基金创新研究群体1 个，科技部创新人才推进计划重点领域创新团队1 个，教育部创新团队1 个。

医院拥有国家感染性疾病诊治协同创新中心1 个、国家重点学科2 个、国家临床重点专科22 个、国家重点实验室1 个、省部级重点实验室10 个，国家国际科技合作基地1 个，省级国际科技合作基地2 个。

附属第二医院

浙江大学医学院附属第二医院的前身是创建于1869 年的广济医院，是浙江省临床学科的发源地，是国内首家三级甲等综合性医院，全球首家JCI 学术医学中心。

医院现有解放路和滨江两个院区，床位3200 张；拥有国内唯一的英法美欧四国荣誉院士1 人、“973 计划”和国家重大项目负责人3 人、国家“千人计划”入选者1 人、长江学者特聘教授6 人、国家杰出青年科学基金获得者5 人、求是特聘学者及讲座教授22 人、优秀青年科学基金获得者4 人；拥有数十个国家临床重点专科、重点学科及省部级重点实验室，尤以经导管心血管介入治疗、复杂白内障诊治、大肠肿瘤多学科诊治以及急诊创伤救治全国领先；拥有国内首家最大的国际远程医学中心，以及国际认可的联合专科医师培训基地。

附属邵逸夫医院

附属邵逸夫医院创立于1994 年，分设庆春和下沙2 个院区，占地285.5 亩，核定床位数为2400 张，开设32 个临床科室，77 个护理单元，9 个辅助科室。是中国大陆首家并连续四次通过JCI 评审的国际化医院，以独创的“邵医模式”成为业内公认的医院管理典范，蝉联“中国医疗机构最佳雇主”，引领国内“互联网+ 医疗”模式。从建院初就致力于微创外科技术在临床的推广和应用，多项技术和手术方式国际首创，腔镜手术量占总手术量的70% 以上。拥有多个国家级、省级临床重点专科，获得多项国家级、省级科学技术奖，有多位“千人计划”入选者、长江学者、教学名师。医院与美国梅奥诊所等国外多个顶尖医疗机构建立了长期合作关系，是海外医学生及住院医生轮转培训在中国首选的医疗机构。

ZJU·120
求是创新 2017

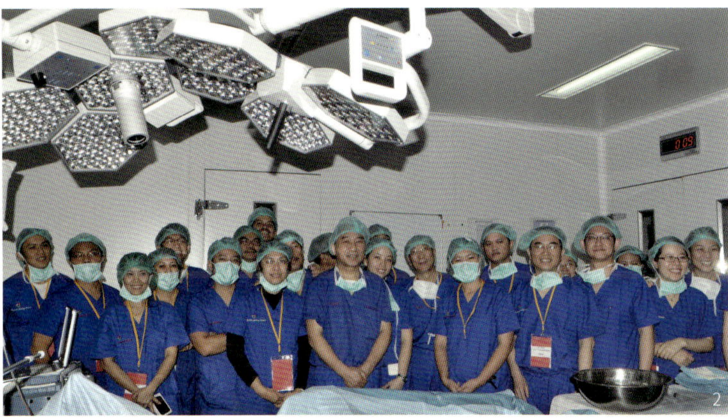

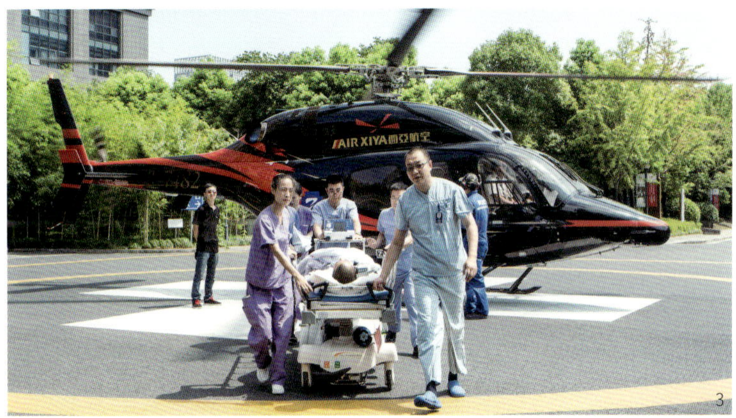

1〉2017 年1 月浙江大学“医工信结合”平台启动

2〉附属第一医院肝脏移植团队受邀赴印度尼西亚，成功开展印尼历史上首5 例活体肝脏移植

3〉2016 年附属第二医院空中急救平台投入使用

4〉2014 年4 月30 日，附属邵逸夫医院建院20 周年，邵逸夫先生铜像落成

附属妇产科医院

浙江大学医学院附属妇产科医院创办于1951 年，是浙江省妇产科医疗、教学、科研及计划生育、妇女保健工作的指导中心。学科优势突出，位列《中国医院最佳专科声誉排行榜》第3 ～4 名，专业特色鲜明，享有较高声誉。

附属妇产科医院妇科、产科均为国家临床重点专科，是国家重大科学研究计划首席单位。拥有教育部创新团队1 个、浙江省医学重点学科群1 个、浙江省医学重点学科7 个（其中重点支撑学科4 个、创新学科3 个）、国家级青年文明号2 个。拥有浙江大学—加拿大不列颠哥伦比亚大学生殖医学联合研究中心等三大联合研究平台。是英国皇家妇产科学院Part1 考试全球第24 个考点。

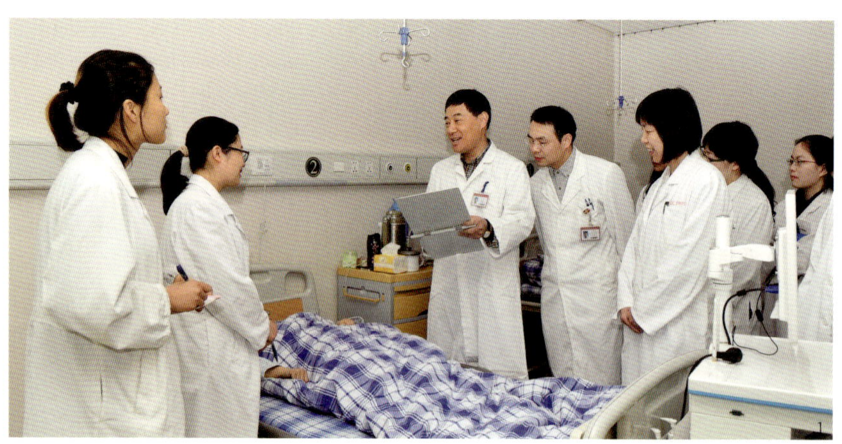

1

附属儿童医院

浙江大学医学院附属儿童医院创办于1951 年，医院小儿内科位居复旦大学医院管理研究所中国最佳医院排行榜前三，小儿外科排名前十。医院儿科学是国家重点学科，儿科重症专业、新生儿专业、小儿消化专业、小儿呼吸专业为国家临床重点专科。

医院现设有滨江和湖滨两个院区，是国家住院医师规范化培训、继续教育和国家级儿童早期发展示范基地，拥有国内首个遗传性出生缺陷疾病国际联合实验室。

医院创办国内首个全英文儿科期刊*World Journal of Pediatrics* 最高IF1.236，位居亚洲同类期刊第一。获国家科技支撑、国家重点研发、国家自然科学基金重点项目等重大项目8 项、宋庆龄儿科医学奖3 项，浙江省科技进步奖一等奖5 项。多位专家在中华医学会儿科学分会、小儿外科学分会等学术组织，以及国内外知名相关学术期刊担任主委、常委、秘书长、副主编、编委等职务。

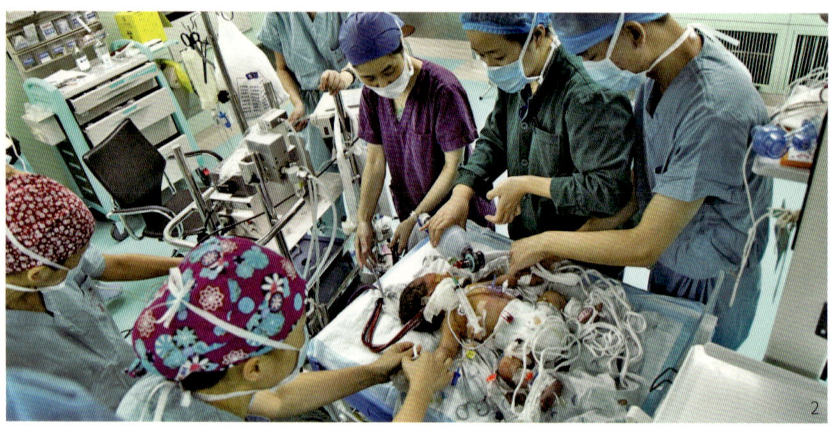

2

附属口腔医院

浙江大学医学院附属口腔医院创办于1999 年，是浙江省唯一一家三甲口腔专科医院，现共有三大院区，是国家住院医生规范化培训基地和国家执业医师考试基地。作为全省口腔医疗、教学、科研中心，医院拥有国家临床重点专科2 个、省级重点学科1 个、省级医学重点学科2 个。近五年来，承担国家级科研项目30 项，发表SCI 论文100 余篇，授权国家级专利13 项。医院设有浙江省口腔生物医学重点实验室及浙江大学口腔医学研究所。浙江大学口腔医学中心附属口腔医院扩建工程已于2016 年底动工。

3

附属第四医院

浙江大学医学院附属第四医院是经省卫计委批准、按照综合性三级甲等医院标准设计建设的省级医院。医院位于义乌市商城大道N1 号，床位920 张。

医院于2015 年全面开业，开放25 个科室、49 个专病门诊。医院坚持“均质化”服务理念，开创门诊分时段全预约等新模式，依托浙江大学人才和学科优势，吸收和借鉴国际先进医院管理模式，采用行业领先的医疗质量安全管理体系，秉持“求是、合作、仁爱、卓越”核心价值观，致力于打造一所人文特色鲜明的高品质医学中心，提供优质、安全、高效、公益的医疗服务和健康管理。

4

1〉附属妇产科医院的国家精品课程“妇产科学”入选国家级精品资源共享课和教育部“来华留学英语授课品牌课程”
2〉附属儿童医院运用体外膜氧合（ECMO）转运救治危重患儿
3〉附属口腔医院负责实施浙江省适龄儿童窝沟封闭项目
4〉附属第四医院主办了中国微笑行动首次走进义乌的公益活动

A Journal of the Gesellschaft Deutscher Chemiker

Angewandte Chemie

GDCh

International Edition

www.angewandte.org

2016–55/38

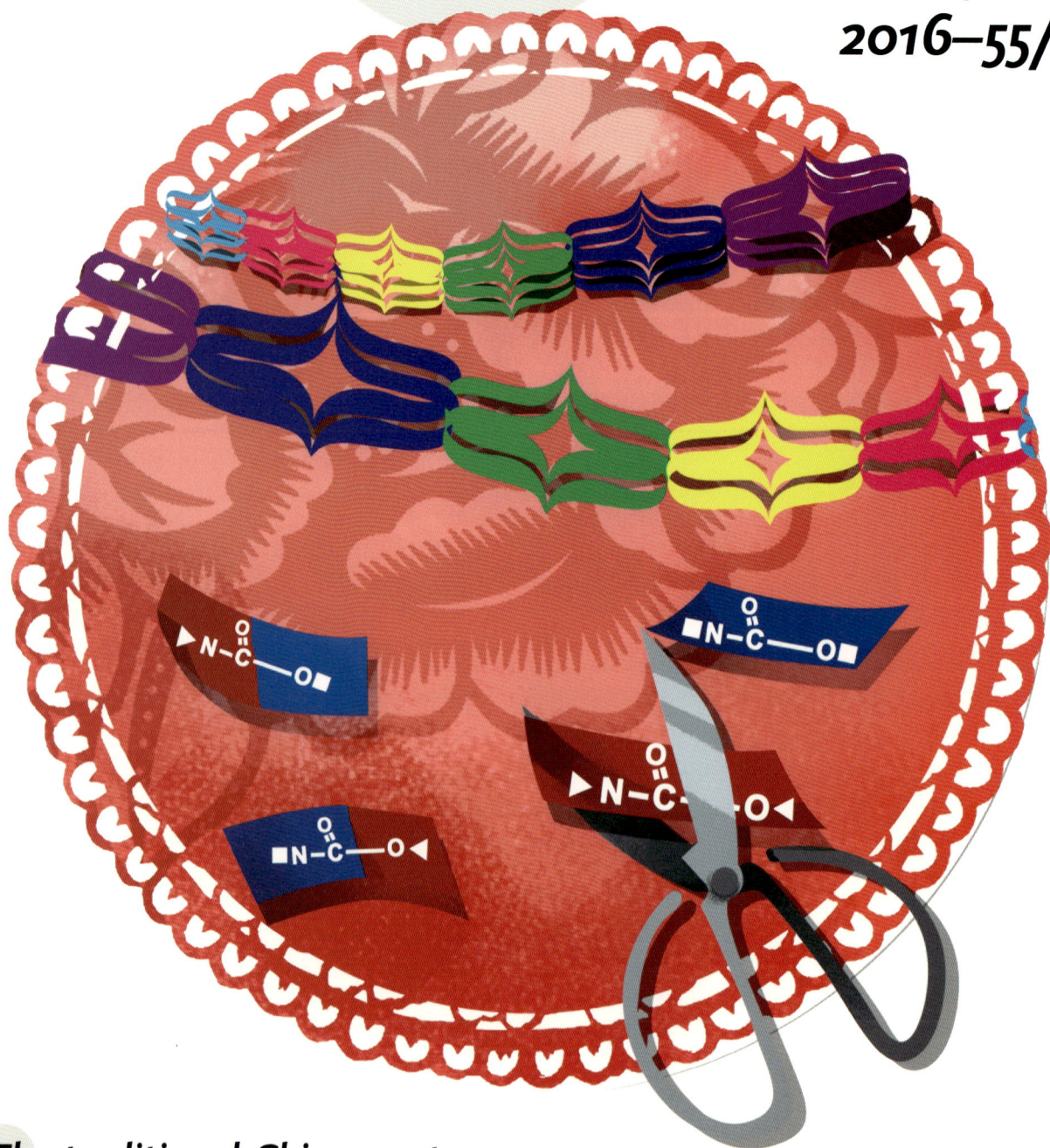

The traditional Chinese art ...

... of paper cutting, Jianzhi, also known as kirigami, generates beautiful and sophisticated patterns. In their Communication on page 11421 ff., Q. Zhao, T. Xie et al. made use of the Jianzhi technique to obtain classical thermoset polyurethanes with complex three-dimensional shapes. The thermoset polymer has intrinsic plasticity and can be permanently and repeatedly reshaped in the solid state through a topological network rearrangement that is induced by transcarbamoylation.

WILEY-VCH

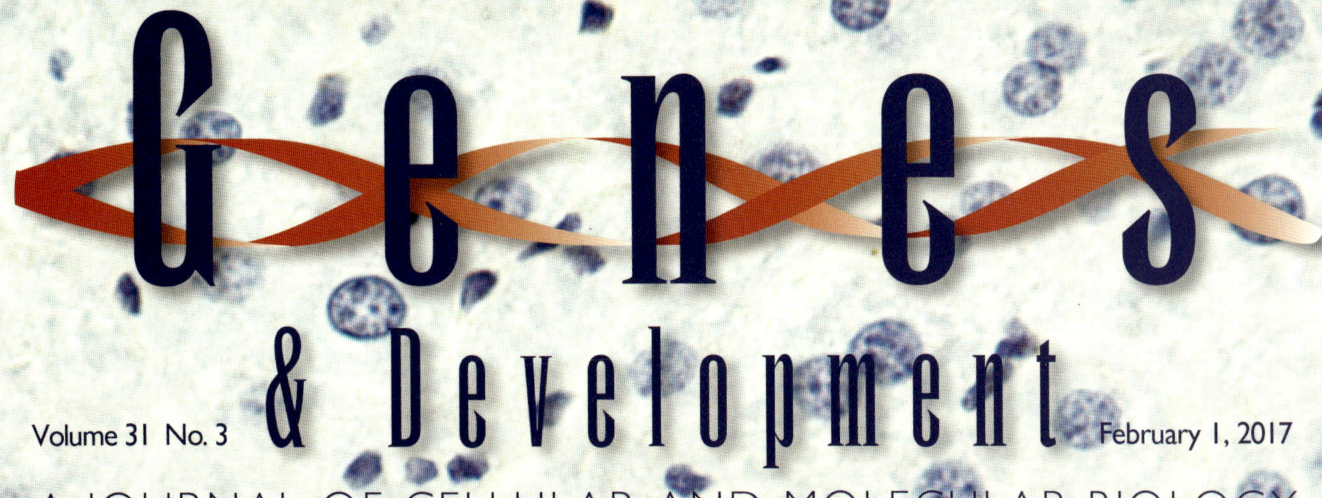

Volume 31 No. 3 February 1, 2017

A JOURNAL OF CELLULAR AND MOLECULAR BIOLOGY

Role of macrophage recruitment in tumor initiation

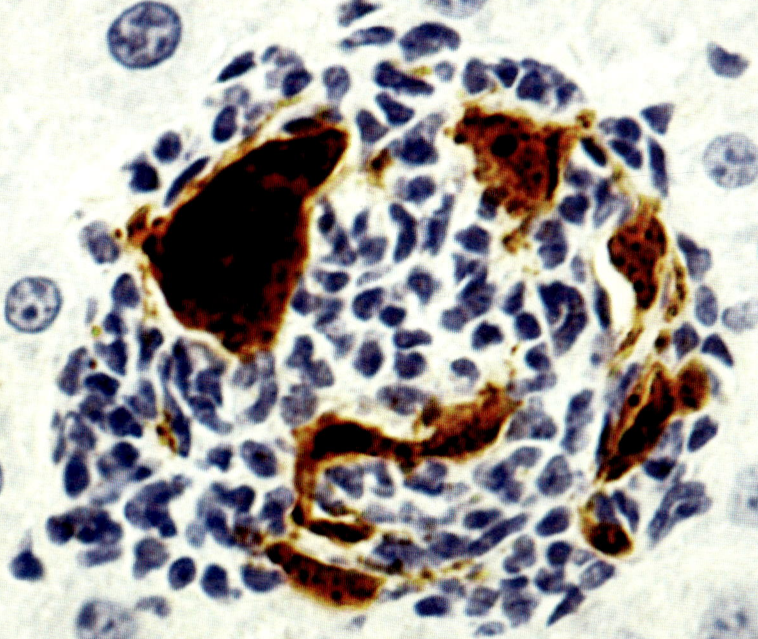

Also in this issue:

- E3 ubiquitin ligase $CRL2^{Lrr1}$: a master regulator of replisome disassembly
- Crossover frequency variation in plants

G&D 2017

Cold Spring Harbor Laboratory Press

浙江大学区域科技创新平台
浙江大学包头工业技术研究院
浙江大学滨海产业技术研究院
浙江大学常州工业技术研究院
浙江大学苏州工业技术研究院
浙江大学自贡创新中心
浙江大学宁波工业技术研究院
浙江大学昆山创新中心
浙江大学转化医学研究院
浙江大学华南工业技术研究院

BIG DATA OF SCIENTIFIC RESEARCH FROM THE LAST DECADE

10 年间科研大数据

科研经费
自然科学在研千万级项目数
授权发明专利数及高校排名
人文社会科学纵向经费和项目

CHANGES IN 10 YEARS

Annual Scientific Research Funding

2007—2016 年度科研经费

总经费
纵向
横向
单位：亿元

35.18
33.16
31.21
30.90
30.78
28.17
27.52
20.41
16.97
13.32

36
35
30
25
20
15
10
5
0

2005 2006 2007 2008 2009 2010 2011 2012 2013 2014 2015 2016

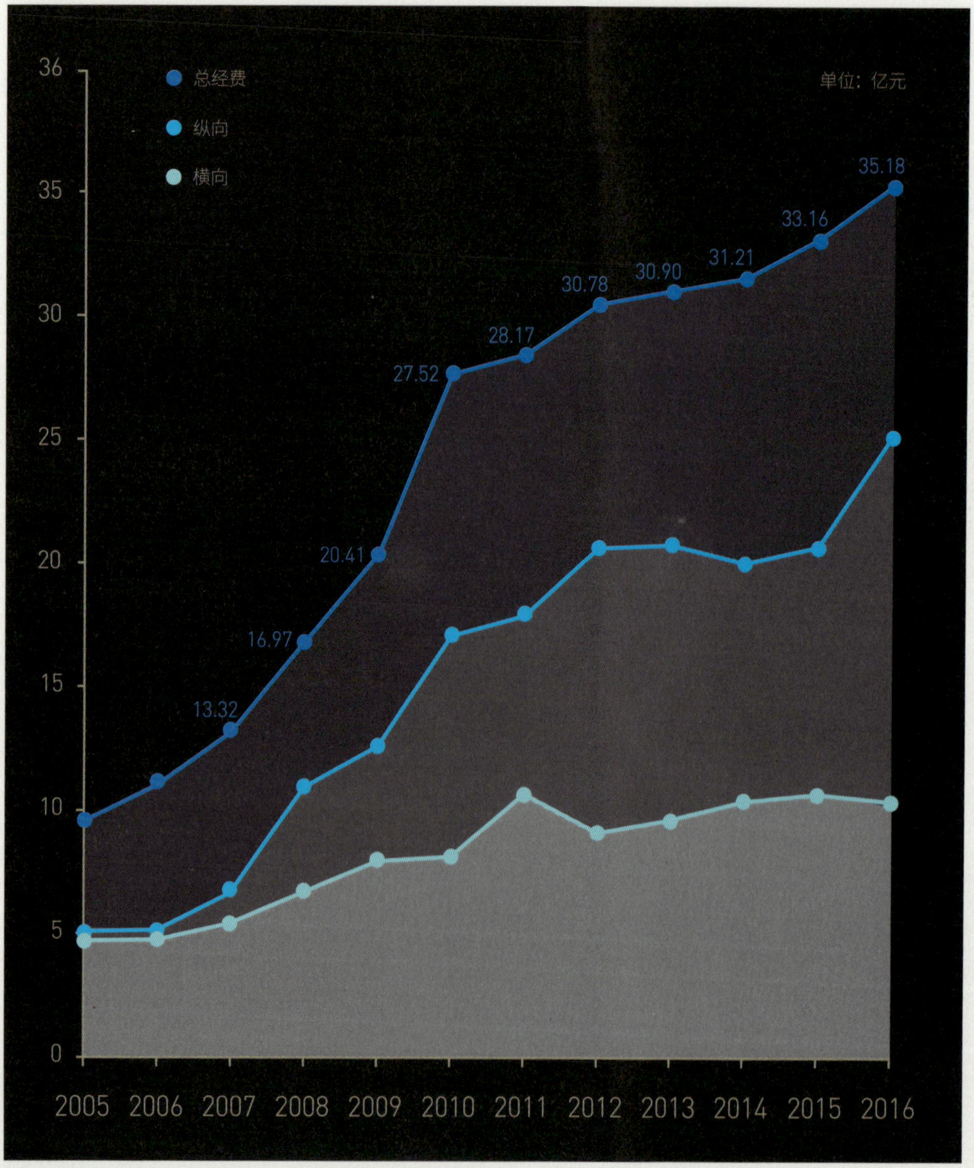

2007 - 2016

Number of Projects over 10 Million Yuan Supported by NSFC

2007—2016 年自然科学在研千万级项目数

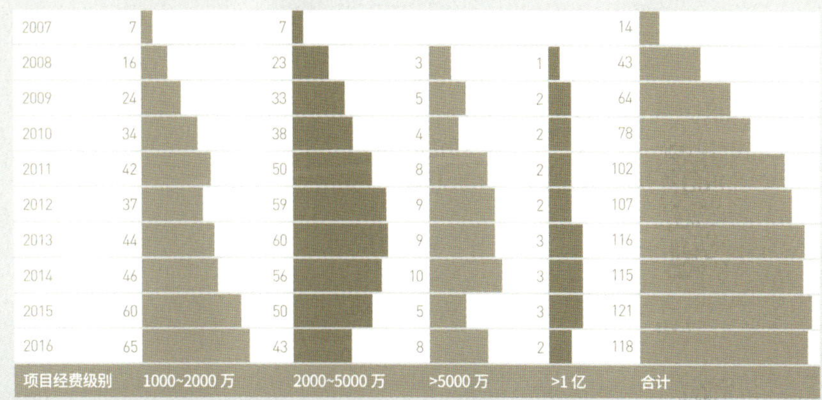

2007 - 2016

Number of Accredited Patents and University Rankings

2007—2016 年授权发明专利数及高校排名

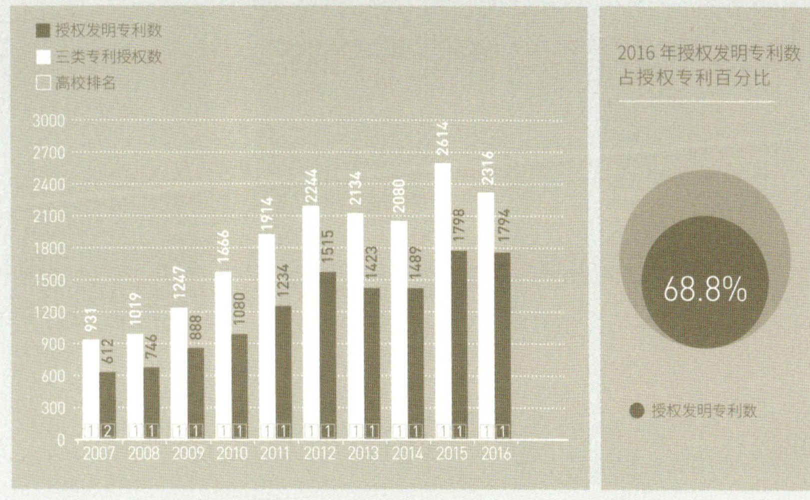

2007
-
2016

Research Funding in Humanities and Social Science

2007—2016 年人文社会科学纵向项目经费

单位：万元

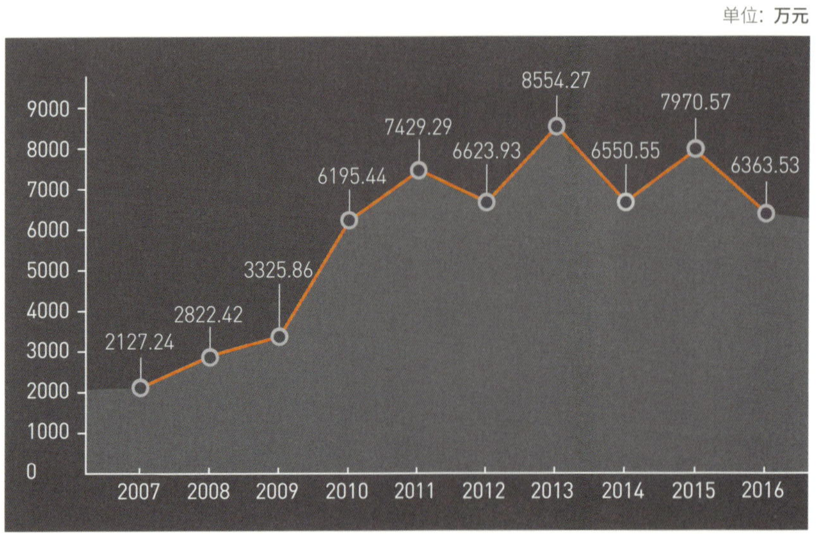

Number of Research Programs in Humanities and Social Science

2007—2016 年人文社会科学纵向项目一览表

单位：项

	国家社科重大招标	国家社科重点课题	教育部重大攻关
2007	2	6	1
2008	3	3	2
2009	1	3	4
2010	7	8	0
2011	3	8	1
2012	6	3	2
2013	7	10	2
2014	11	11	2
2015	7	8	0
2016	2	4	2
合计	49	64	16

SCI-TECH ACHIEVEMENTS FROM THE LAST DECADE

10 年间科研成就

执行国家第十一个和第十二个五年规划期间，
正是浙江大学实施建设世界一流大学三步走战略的第一阶段。
浙大人以加倍的努力，为国家富强和民族振兴贡献自己的力量。
2007 年至 2016 年这十年间，浙江大学师生取得了丰硕的研究成果，
获得国家科学技术奖一等奖 5 项，二等奖 58 项，
另有 5 项成果入选国家或科技部、教育部年度十大科技进展，
国家科学技术奖获奖项目数是前一个十年的三倍。

国家科学技术奖一等奖
国家科学技术奖二等奖
年度科技进展入选项目

National Science and Technology Awards First Class Award

国家科学技术奖一等奖

盾构装备自主设计制造关键技术及产业化

-

2012

国家科技进步奖一等奖

电液驱动和控制系统是盾构隧道施工中出现“失稳、失准、失效”三大国际难题的关键所在。在国家“863”和“973”计划的支持下，浙江大学攻关团队与企业的技术人员经过数年的共同研究，发明了密封舱压力动态平衡控制系统，有效避免了施工掘进围堰地面的坍塌或隆起；首次提出盾构掘进系统载荷顺应性设计方法，减少了突变载荷对装备的冲击，提高了施工的速度和效率；提出了基于油缸压力检测的姿态预测性纠偏方法，成功攻克了因掘进方向失准而造成的盾构掘进偏离设计轴线较大的难题，从根本上解决了盾构国产化的技术瓶颈。

〉盾构装备设计制造 杨华勇院士科研团队

〉高端控制装备及系统 孙优贤院士科研团队

高端控制装备及系统的设计开发平台研究与应用

-

2013

国家科技进步奖一等奖

浙江大学孙优贤院士团队面向国家重大需求，经过10 年的技术开发和应用研究，解决了高端控制装备及系统的高安全性、高可靠性、高适应性、大规模化等四大难题，取得重大创新成果，并研制成功高端控制装备及系统的设计开发平台，形成自主知识产权的完整技术体系，为重大工程控制装备和控制系统的设计开发提供硬件平台、软件平台、先进控制与优化平台及其设计支撑，起到了不可替代的作用。

重症肝病诊治的理论创新与技术突破

-

2013

国家科技进步奖一等奖

20 世纪80 年代，我国重型肝炎肝衰竭的病死率高达80%。1986 年，浙江大学李兰娟院士从青年科研基金起步探索“人工肝治疗重型肝炎”的路径和方法，历经10 年，解决了人工肝方法上的许多技术问题和难关，创建了一套比较独特有效的具有自主知识产权的人工肝治疗系统。研究团队在连续30 年的时间里，持续瞄准一个方向，创立的人工肝支持系统使急性、亚急性重症肝炎治愈好转率从过去的11.9% 提高到78.9%，慢性重型肝炎治愈好转率从15.4% 提高到43.4%。

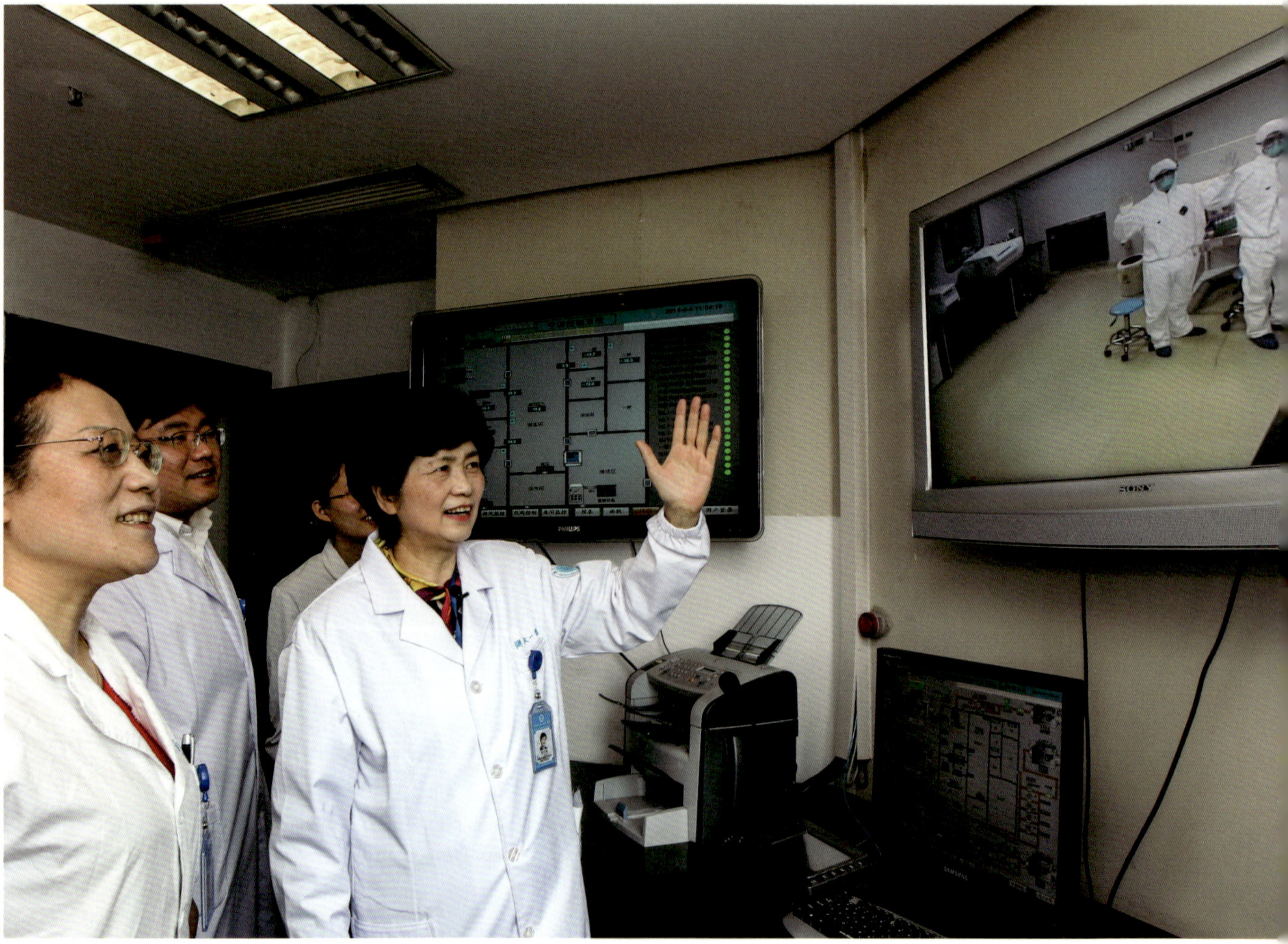

〉肝病综合诊治 郑树森院士和李兰娟院士科研团队

浙江大学医学院附属第一医院终末期肝病综合诊治创新团队

-

2015

国家科技进步奖创新团队

浙江大学医学院附属第一医院郑树森院士和李兰娟院士共同领衔的“终末期肝病综合诊治创新团队”项目，起步于1986 年开展的人工肝研究；1993 年开展的肝移植，开创了人工肝联合肝移植治疗终末期肝病的新模式；1994 年开展肝病微生态研究；2008 年提出肝癌肝移植“杭州标准”。历时30 年，肝移植治疗新技术新体系、肝癌肝移植新标准、人工肝治疗新方法、终末期肝病发生发展新机制等方面的技术突破和理论创新，提高了终末期肝病的诊治水平。

浙江大学能源清洁利用创新团队

-

2016

国家科技进步奖创新团队

自20世纪80年代起，由倪明江、严建华、骆仲泱领衔的团队就以提高煤炭能源利用效率、开发废弃物和生物质等低碳能源、降低能源利用过程的污染物排放、实现可持续发展为目标，坚持协同创新和集体攻关，引领该领域的理论创新与技术突破，是国内外公认的领先团队。

根据我国以煤为主的能源格局，团队研发了煤炭高效清洁发电技术，开创了煤炭清洁发电和资源化利用相结合的新型发电方式；针对各类废弃物不当处置造成的污染和生态破坏，研发了废弃物及生物质燃烧发电技术，为我国生活垃圾和工农业废弃物的能源化利用发电提供了系统解决方案，主导了国内市场；针对我国电站锅炉排放带来的大气污染问题，研发了电力生产过程污染控制技术，实现了燃煤电厂烟气污染物排放优于天然气机组排放标准；提出了能源转化过程计算机辅助优化数值试验（CAT）理论与先进测试方法，探明了工程气固两相流动中若干关键基础问题，为动力设备的优化设计和安全运行提供重要的理论依据。团队共获得国家技术发明奖和国家科学技术进步奖二等奖9项。3项核心专利获中国专利优秀奖。

超低排放

〉浙大能源清洁利用团队多年来坚持“洁净燃烧”和“超低排放”研究，与企业合作攻关，取得了多项成果。2014年，与浙能集团合作，首次实现了燃煤电厂烟气污染物排放优于天然气机组排放标准，推动了我国全面实施燃煤电站污染物超低排放的升级改造。

National Science and Technology Awards Second Class Award
国家科学技术奖二等奖

2007-2016

2007

国家自然科学奖二等奖	ZnO 基材料生长、P 型掺杂与室温电致发光研究	叶志镇
国家自然科学奖二等奖	复杂非线性电力系统的稳定控制与智能优化理论与方法的研究	曹一家
国家技术发明奖二等奖	纺织品数码喷印系统及其应用	陈　纯
国家科技进步奖二等奖	新型有机膨润土及其在污染控制中的应用	朱利中
国家科技进步奖二等奖	感染微生态学建立及应用研究	李兰娟
国家科技进步奖二等奖	白内障发病的相关机制与防治研究	姚　克

2008

国家技术发明奖二等奖	电厂锅炉多种污染物协同脱除半干法烟气净化技术	骆仲泱
国家技术发明奖二等奖	基于计算机视觉的水果品质智能化实时检测和分级技术与装备	应义斌
国家科技进步奖二等奖	肝移植技术创新体系的建立与推广应用	郑树森
国家科技进步奖二等奖	纳米硅复合薄膜的快速沉积及节能镀膜玻璃产业化关键技术	韩高荣

2009

国家技术发明奖二等奖	新一代控制系统高性能现场总线——EPA	褚　健
国家技术发明奖二等奖	食品功能因子高效分离与制备中的分子修饰与吸附分离耦合技术	任其龙
国家科技进步奖二等奖	深海极端环境探测与采样装备技术	陈　鹰
国家科技进步奖二等奖	水煤浆代油洁净燃烧技术及产业化应用	岑可法
国家科技进步奖二等奖	结构性软弱土地基灾变控制关键技术与工程应用	陈云敏
国家科技进步奖二等奖	畜禽养殖废弃物生态循环利用与污染减控综合技术	陈英旭
国家科技进步奖二等奖	腹腔镜技术在肝胆胰脾外科的临床研究及应用	蔡秀军
国家科技进步奖二等奖	低温共烧片式多层微波陶瓷微型频率器件产业化关键技术	杨　辉
国家科技进步奖二等奖	自主知识产权32 位嵌入式CPU 系列及其数字电视等领域SOC 产业化应用	严晓浪

2010

国家技术发明奖二等奖	脂溶性维生素及类胡萝卜素的绿色合成新工艺及产业化	李浩然
国家科技进步奖二等奖	面向大规模城域监控的流媒体关键技术及装备	陈耀武
国家科技进步奖二等奖	面向现代服务业的钱塘平台软件研制及产业化应用	吴朝晖
国家科技进步奖二等奖	百万册数字图书馆的多媒体技术和智能服务系统	庄越挺
国家科技进步奖二等奖	提高出生人口质量的生殖技术创建、体系优化与临床推广应用	黄荷凤

2011

国家科技进步奖二等奖	复杂装备与工艺工装集成数字化设计关键技术及系列产品开发	谭建荣
国家科技进步奖二等奖	跨行业的嵌入式系统软件平台SMART 及其应用	陈　纯
国家科技进步奖二等奖	急性髓细胞白血病生物学特征研究及化疗新方案的创建和推广应用	金　洁
国家科技进步奖二等奖	卵巢癌进展机制及其阻遏策略的研究与应用	谢　幸

2012

国家技术发明奖二等奖	全有机溶剂中化学-酶法高效制备手性菊酯关键技术及产业化	杨立荣
国家科技进步奖二等奖	湿法高效脱硫及硝汞控制一体化关键技术与应用	高　翔
国家科技进步奖二等奖	城市固体废弃物填埋场环境土力学机理与灾害防控关键技术及应用	陈云敏
国家科技进步奖二等奖	心肌梗死后心肌组织修复和功能重建的机制研究及临床应用	王建安
国家科技进步奖二等奖	炼油化工重大工程自动化控制与优化一体化系统关键技术研究	褚　健

2013

国家自然科学奖二等奖	典型有机污染物多介质界面行为与调控原理	朱利中
国家自然科学奖二等奖	复杂对象的几何表示和计算理论与方法	鲍虎军
国家自然科学奖二等奖	一维纳米半导体材料的可控生长及其机理	杨德仁
国家技术发明奖二等奖	传染性法氏囊病的防控新技术构建及其应用	周继勇
国家技术发明奖二等奖	钕铁硼晶界组织重构及低成本高性能磁体生产关键技术	严　密
国家技术发明奖二等奖	飞机数字化装配若干关键技术及装备	柯映林
国家科技进步奖二等奖	杨梅枇杷果实贮藏物流核心技术研发及其集成应用	陈昆松
国家科技进步奖二等奖	长期循环动载下饱和软弱土地基灾变控制技术及应用	蔡袁强
国家科技进步奖二等奖	支气管哮喘分子发病机制及诊治新技术应用	沈华浩

2014

国家自然科学奖二等奖	双生病毒种类鉴定、分子变异及致病机理研究	周雪平
国家技术发明奖二等奖	汽车电子嵌入式平台技术及应用	吴朝晖
国家技术发明奖二等奖	深低温回热制冷关键技术及应用	陈国邦
国家科技进步奖二等奖	污泥搅动型间接热干化和复合循环流化床清洁焚烧集成技术	严建华
国家科技进步奖二等奖	终末期肾病肾脏替代治疗关键技术创新与推广应用	陈江华

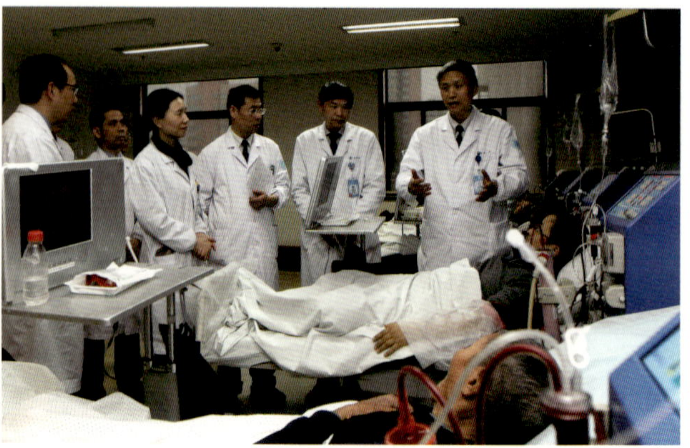

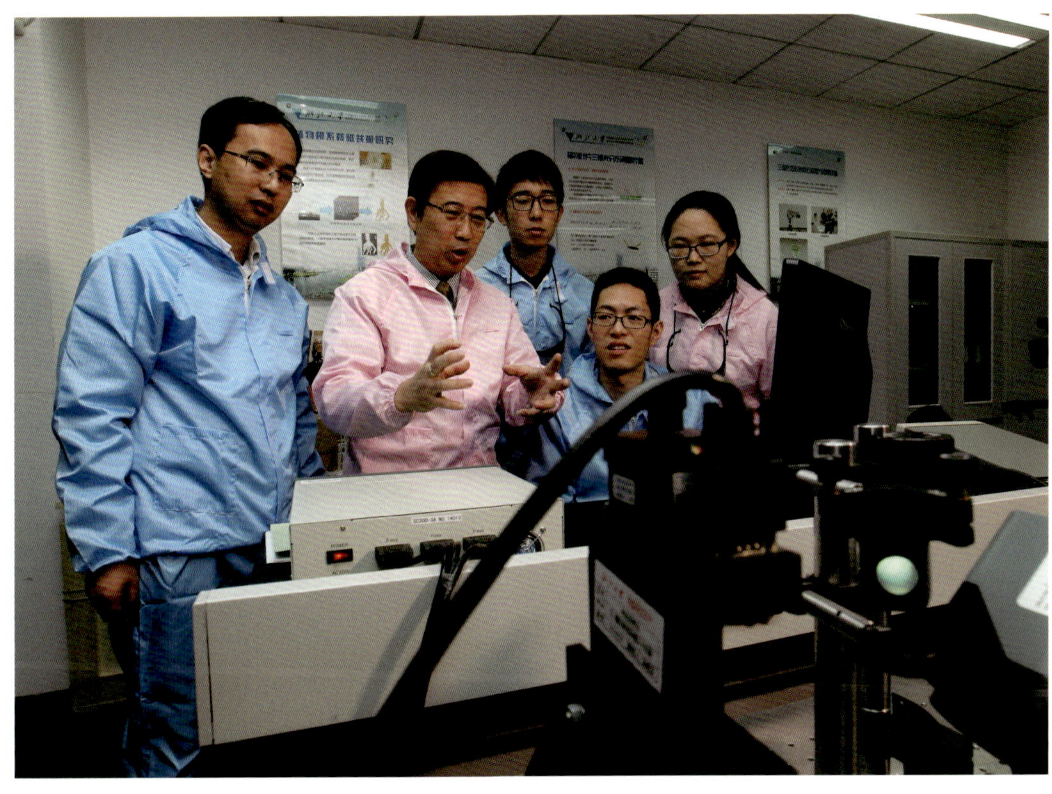

2015

国家自然科学奖二等奖	混凝土结构裂缝扩展过程双K断裂理论及控裂性能提升基础研究	徐世烺
国家科技进步奖二等奖	异基因造血干细胞移植关键技术创新与推广应用	黄　河
国家科技进步奖二等奖	植物-环境信息快速感知与物联网实时监控技术及装备	何　勇

2016

国家自然科学奖二等奖	荧光传感金属-有机框架材料结构设计及功能构筑	钱国栋
国家自然科学奖二等奖	高增益电力变换调控机理与拓扑构造理论	何湘宁
国家技术发明奖二等奖	重要脂溶性营养素超微化制造关键技术创新及产业化	陈志荣
国家技术发明奖二等奖	基于声发射监控的聚烯烃流化床反应器新技术	阳永荣
国家技术发明奖二等奖	低功耗高性能软磁复合材料及关键制备技术	严　密
国家科技进步奖二等奖	大功率船用齿轮箱传动与推进系统关键技术研究及应用	童水光
国家科技进步奖二等奖	高安全成套专用控制装置及系统	王文海
国家科技进步奖二等奖	设施蔬菜连作障碍防控关键技术及其应用	喻景权

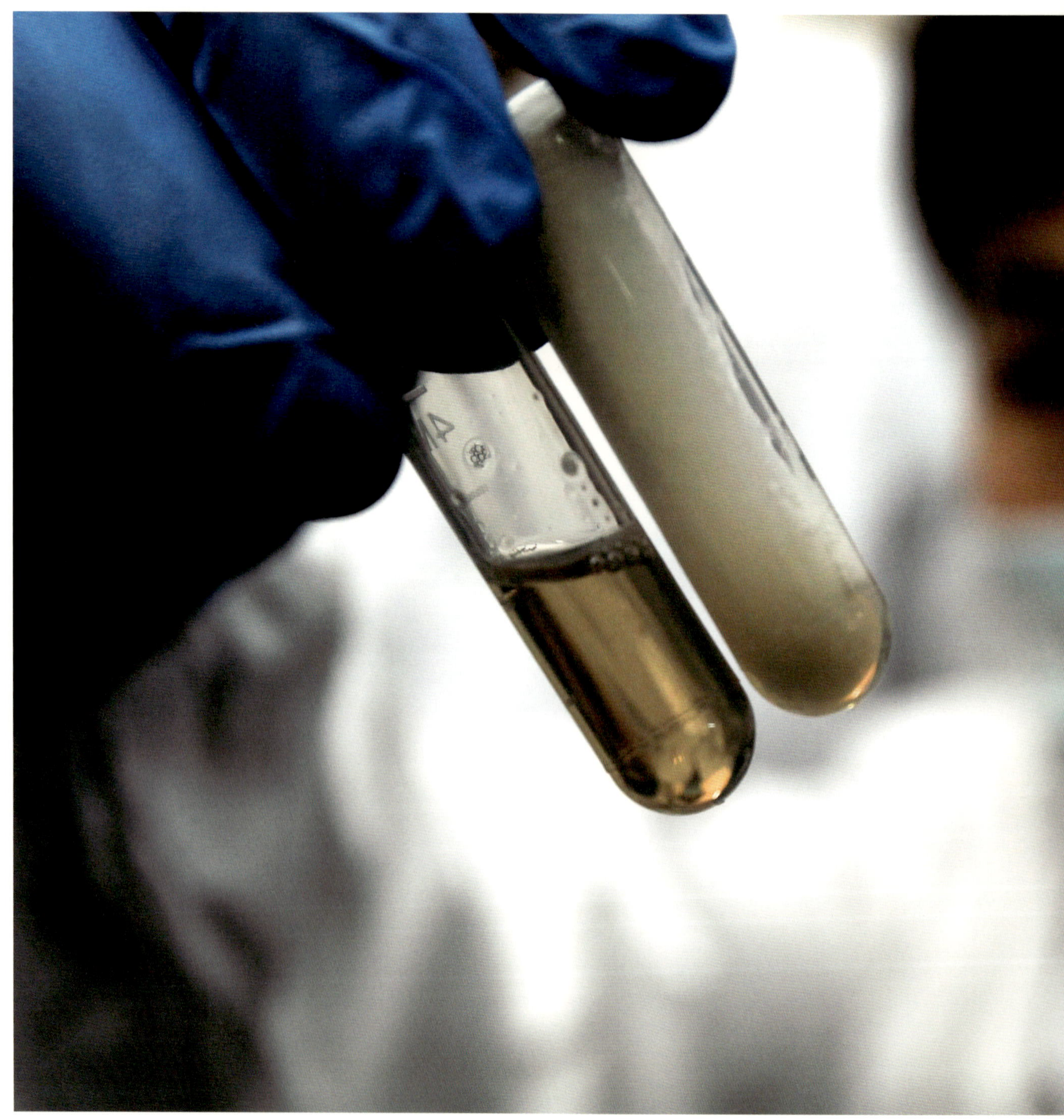

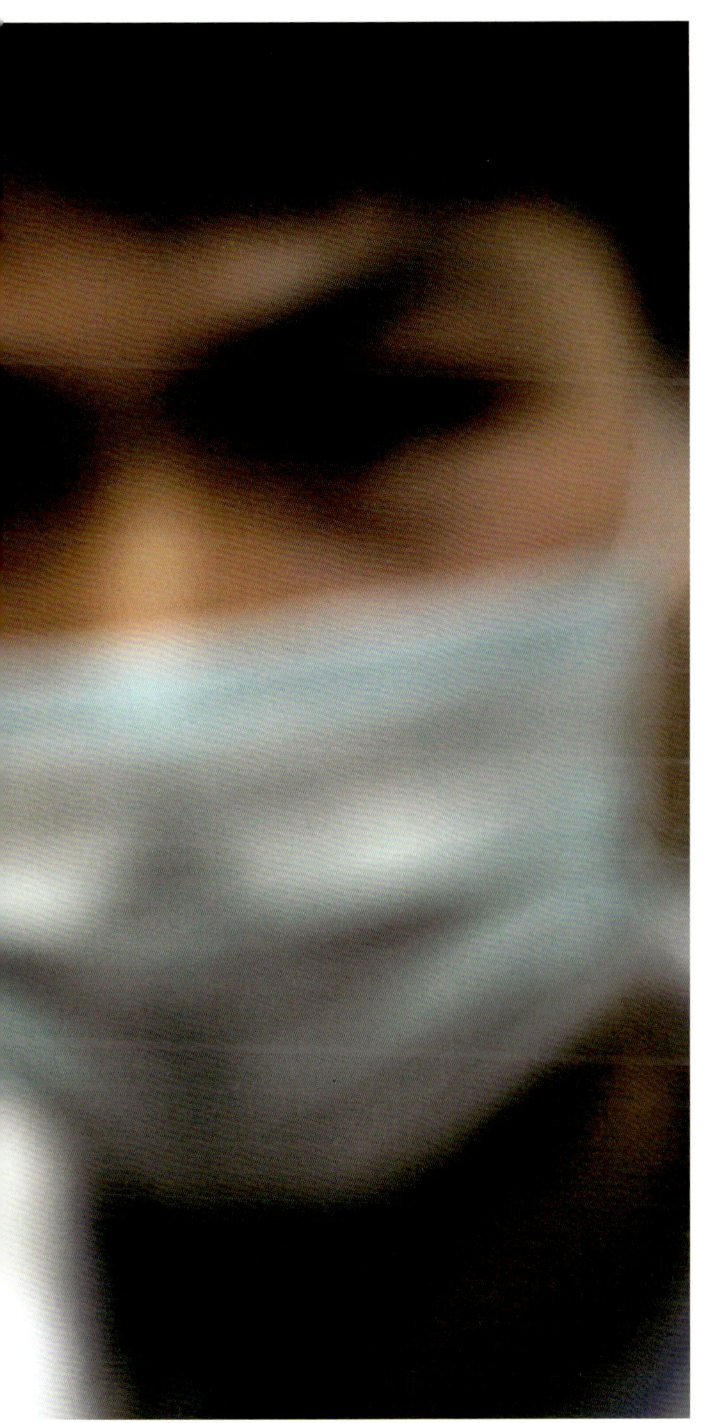

Top Science and Technology Projects
年度科技进展入选项目

制出人感染H7N9 禽流感病毒疫苗株

-

入选2013 年度中国十大科技进展

浙江大学传染病诊治国家重点实验室联合香港大学新发传染病国家重点实验室等多家单位协同攻关，研究证实了活禽市场是H7N9 禽流感的源头；发现了H7N9 关键基因突变导致病毒从禽向人传播；明确了“细胞因子风暴”是导致H7N9 感染重症化的关键原因；揭示了H7N9 禽流感的临床特征和发病规律；提出了“四抗二平衡”治疗策略；成功研制出人感染H7N9 禽流感病毒疫苗株，也是我国自主研发的首例流感病毒疫苗株，改写了我国流感病毒疫苗株依赖进口的历史。该项目同时入选当年年度中国高等学校十大科技进展。

用溶液法制备高性能量子点发光二极管

-

入选2014 年度中国科学十大进展

浙江大学化学与材料跨学科合作研究课题组彭笑刚研究小组与金一政研究小组等合作发明了一种全溶液法制备（除顶电极外）的基于量子点发光二极管的LED，并将使用亮度条件下的寿命推进到10 万小时的实用水平。该LED 具有非常优异的性能，且重复性好。器件寿命达到实用要求，是迄今溶液法制备的性能最好的红光LED。该LED 的优异性能在于特殊设计的最新量子点，以及在量子点层和电子传输层间插入绝缘层。该工作从实验上验证了量子点发光二极管实用化的可行性，有望引领下一代电子显示和固态照明产业。

建立肝病肠道菌群基因集

-

入选2014 年度中国高等学校十大科技进展

浙江大学传染病诊治国家重点实验室联合法国农业科学研究院，开展了肝硬化肠道菌群的深度测序及关联分析研究，以揭示肠道菌群变化与肝硬化之间的关联。该研究用宏基因组学的研究方法，建立了世界上第一个肝硬化肠道菌群基因集，包含269 万个基因，其中97 万个基因为首次发现；通过基因标记物的聚类分析，发现了28 种细菌与肝硬化密切相关，其中多种细菌是在肝硬化患者中首次发现，38 种与健康人密切相关，从而确定了肝硬化的生物标记物；首次发现肝硬化患者口腔菌可侵入肠道。

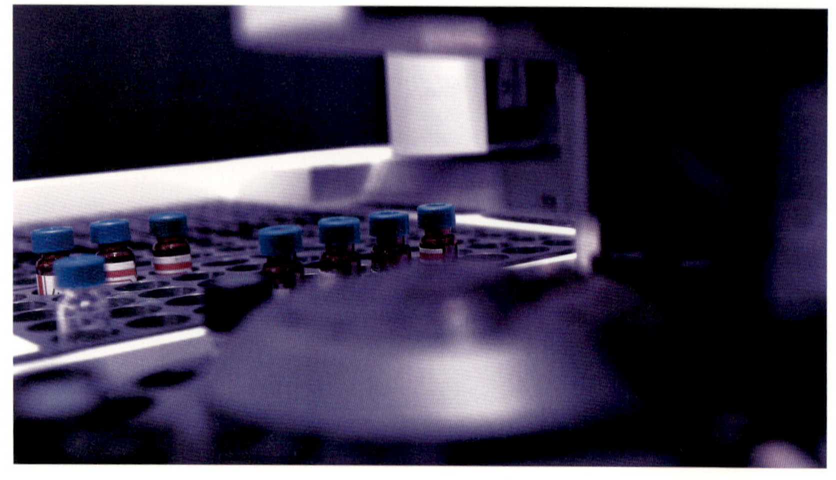

〉脑机融合研究团队正在进行机器控制的大鼠行动测试

脑机融合的混合智能理论与方法——生物智能与人工智能的融合

-

入选2016 年度中国高等学校十大科技进展

浙江大学吴朝晖与郑筱祥牵头的计算机、生仪、医学等多学科交叉研究团队围绕脑机融合问题潜心研究十余年，在国际上率先提出“混合智能”的研究范式——生物智能与人工智能的融合，形成了一系列理论突破与技术创新。在国际上首次实现将计算机的听视觉识别能力“嫁接”到生物体上，构建了听视觉增强的大鼠机器人；在国内实现首例人意念控制机械手；实现了用机器智能增强大鼠自身的学习能力，回答了脑机融合是否能使生物体获得学习增强的疑问。这一探索在残障康复、抢险救灾、国防安保等领域具有重大应用前景。

肝癌肝移植新型分子分层体系研究

-

入选2016 年度中国高等学校十大科技进展

国际上最常用的肝癌肝移植受者选择标准是意大利米兰标准：适合做移植的肿瘤直径为小于5cm。在此标准下，我国有许多肝癌患者将失去以肝移植的方法治疗疾病的机会。郑树森院士团队于2008 年提出了适合中国患者的肝移植“杭州标准”。“杭州标准”首次引入肿瘤生物学特征及病理学特征，确定甲胎蛋白水平小于400ng/ml、肿瘤组织学分级为中、高分化、肿瘤累计直径小于8cm 或肿瘤直径大于8cm 的肝癌患者，适合肝移植手术。同时，“杭州标准”进一步细化，实现了肝移植受者的精准筛选和个性化治疗。2016 年，该团队对全国进行了6012 例全球最大样本的研究，发现“杭州标准”使肝癌病人增加了52% 的移植机会，同时5 年存活率高达72.5%，居国际领先水平。

CULTURAL ICONS

文化符号

民族的才是世界的。

浙江大学的成长，与国家和人民共同经受了风雨和彩虹。

十年间，

校园文化丛林花繁叶茂，生长出的新枝，层染叠翠，

大学的文化，在一百二十年的岁月中，深深地浸染了中华民族的华彩，

在实现中华民族伟大复兴中国梦的今天，闪耀出光芒。

University Classics
大学经典

校训

浙江大学立“求是”为校训，是浙大西迁办学过程中最重要的历史事件。1938 年 11 月19 日，竺可桢提议，经浙大校务会议讨论，正式确定以“求是”为浙江大学校训。竺可桢阐述“求是”精神核心：不只是做学问的态度和方法，而是涉及理想、责任、立身处世的要义，是“只问是非，不计利害”的科学精神。

1988 年5 月5 日，时任校长路甬祥主持校务会议，决定以“求是创新”为新时期浙江大学校训，强调“求是系治学之本，创新乃科技之源”。

2015 年，经过师生“我们的价值观”大讨论活动，经学校党委常委会讨论通过，学校确立了共同价值观核心词及浙大精神。2015 年11 月27 日，学校正式公布了校训、共同价值观核心词及浙大精神的最新系统表述。浙大校训为“求是创新”，共同价值观核心词为“勤学”“修德”“明辨”“笃实”，浙大精神为“海纳江河、启真厚德、开物前民、树我邦国”。

最美校歌

抗战期间，西迁办学宜山时期，敌机轰炸、经费短缺、师生饱受疾病折磨，学校办学遭遇了极大的困难。1938 年11 月19 日，竺可桢校长主持校务会议时，确定以“求是”为浙江大学校训，并决定请著名国学家马一浮先生写校歌歌词。

西迁时期，马一浮曾在浙江大学任教，这是其一生中唯一的从教经历。马一浮的代表作《泰和会语》和《宜山会语》即为这一时期的讲课记录。马一浮所作歌词文理艰深且含义深远，经著名作曲家、当时的国立中央音乐学院教授应尚能谱曲，并经校务会议通过，正式确定为浙江大学校歌，并传唱至今。

在2015 年教育部组织的全国高校校歌网络推荐评选中，浙江大学校歌位列榜首，被评选为“最美校歌”。

校歌
马一浮 詞
应尚能 曲
Andante
大不自多 海纳江河 為學 無际 际于天
地 形上謂道 兮形下為器 礼主别異 兮
知其不二 兮尔聽斯聡
國有成均

UNIVERSITY CLASSICS

竺校长两问

-

“诸位在校，有两个问题应该自己问问：第一，到浙大来做什么？第二，将来毕业后做什么样的人？”竺可桢校长的经典两问，出自1936年9月18日他与新生谈话会上的讲话，记载于1936年《国立浙江大学日刊》第18期，竺校长在讲话中对自己提出的问题给出了明确的回答。

今天的浙大校园里，所有浙江大学的学生，入学伊始，都会被提问：到浙大来做什么？将来毕业后做什么样的人？

于子三烈士墓

-

于子三（1925—1947）1944年9月考入浙江大学农学院农学系，是进步学生社团“新潮社”成员、“新民主青年社”的负责人。1947年，于子三被推选为浙大学生自治会主席，中华人民共和国成立前夕，在全国性的“反饥饿、反内战、反迫害”的爱国民主学生运动中，又被选为罢课执行委员会主席。1947年10月在国民党浙江保安司令部监狱被秘密杀害。于子三事件在全国引起了强烈反响，形成了1947年的第三次全国学生运动高潮，史称“于子三运动”。

于子三烈士墓坐落于凤凰山北麓的万松岭南坡，是浙大师生开展爱国主义教育的重要基地。

费巩灯

-

浙江大学西迁贵州遵义办学期间，条件十分艰苦，尤其是在湄潭的学生，用的是桐油，灯光极其灰暗，而且油烟很大，既影响视力又影响呼吸。1939 年，竺可桢校长委托物理系教授束星北对传统的油灯作了改进设计，效果很好。时任学校训导长的政治学教授费巩用自己的训导长津贴请匠人制作了800 多盏分送给学生。学生们称这种油灯为“费巩灯”。如今，在每年的新生开学典礼上，新生代表从教授手中接过“费巩灯”已成为一个重要的固定环节。

2000
竺可桢纪念馆

-

浙江大学玉泉校区的竺可桢国际教育大楼于2000 年落成，在大楼内，设有竺可桢纪念馆，陈列着竺可桢生前的许多办公、生活用品，例如办公桌、书橱、箱柜、衣帽架、幻灯机、怀表等。这是一幢校友捐建的大楼，捐建人是浙江大学工学院毕业生刘奎斗。

刘奎斗（1914—2008）1935 年入学，1942 年毕业于浙江大学工学院电机系。在校期间，刘奎斗曾两度投笔从戎，参战抗日。每次走，竺可桢送他；每次回来，竺可桢为他接风。数十年后，刘奎斗先生将自己一生的积蓄以“无名氏”的名义捐建了竺可桢国际教育大楼。

1〉话剧《求是魂》中费巩教授赠送油灯一幕
2〉浙大师生公祭于子三烈士
3〉刘奎斗校友

1

2

3

2002
毅行

-

浙江大学飘渺水云间BBS 站在2002 年参照“毅行者”发起并组织了首次以“健康、环保、团队、非商业、非竞技”为活动理念的民间远足活动。从此，一年春、秋两次的毅行吸引了越来越多的师生、校友和市民参与。这条起点为玉泉老和山，终点为之江校区，途径北高峰、美人峰、石人亭、法喜寺、仰峰岭、龙井村、九溪十八涧、九溪路、之江路的毅行线路，山路崎岖，风景优美。截至2016 年上半年，毅行已成功举行27 届，并且已成为杭州市的一项城市文化活动。“毅行”获教育部2007 年高校校园文化建设优秀成果评选二等奖。

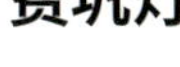

2008
大学之声新年音乐会

-

“大学之声”新年音乐会由浙江大学、浙江大学校友总会主办，浙江大学公共体育与艺术部、杭州浙江大学校友会承办。自2008 年以来，音乐会每年1 月1 日在杭州剧院举行，迄今已经成功举办了十届。音乐会全部演职人员均由在校师生担任，在诠释百年学府深厚的文化底蕴的同时，向关心支持浙江大学发展的社会各界人士和校友致以最真挚的新年祝福。

2012
校友集体婚礼

-

“缘定浙大”校友集体婚礼由浙江大学校友总会主办，自2012 年启动以来，越来越多的浙大师生和校友选择以集体婚礼来完成自己的人生大事。校友集体婚礼已经成为学校每年校庆期间最隆重盛大的庆祝活动之一。五年来，共有来自海内外的1200 余对浙大校友新人重回校园，让母校见证“浙里”的恒久爱情。

2013
浙江大学星

-

经国际天文联合会小行星提名委员会批准，2013 年5 月21 日，学校在庆祝浙江大学建校116 周年晚会上宣布：236743、224888 号两颗小行星分别命名为浙江大学星和竺可桢星。浙江省邮协为此发行了两枚纪念签名封。这是天文爱好者、浙江大学建筑工程学院2008 届毕业生郑存怀向母校献上的厚礼。

ZJU·120
求是创新 2017

University Classrooms
大学课堂

1993
登攀节（DMB）

-

登攀节（DMB）是由浙江大学博士生会、研究生会共同主办的大型综合性校园科技文化节。从1993年起，一年一度的登攀节是浙江大学博士生（Doctor）、硕士生（Master）和本科生（Bachelor）共同参与的大型综合性校园科技文化节，是求是人最为关注的校园文化活动之一。登攀节的主要活动内容由名人演讲、学术讲座、博士生创新论坛和主题沙龙几大板块组成，为浙大师生提供了一个扩展视野、博采众家的机会。在历届登攀节上，中科院院长路甬祥、国际奥委会委员何振梁、国际儒学大师杜维明、学者余秋雨、经济学家张五常等知名人士都曾参加登攀节的活动。近年来，登攀节围绕建设“学术生态圈”的目标，注重增强学术文化活动的浸润性、民间性和实践性，“百川归海”名家讲堂系列讲座，博士生创新论坛，“学术小咖”平台建设，“博士生青年说”演讲活动以及博士生报告团公益实践活动成为登攀节的主题活动。

主讲人：唐睿康教授
二〇一二年三月七日

1995
KAQ 培养模式

-

浙江大学于1995年率先提出知识（Knowledge）、能力（Ability）和素质（Quality）并重的KAQ本科教育模式，经过长期的探索和实践，KAQ 1.0教育模式已逐渐演化为具有浙大特色的本科教育教学模式——“宽、专、交”的人才培养体系和3M（多规格、多通道、模块化）人才培养框架。在此基础上，形成了“一年级特别培养计划”“二年级确认专业”以及“本科生科研训练计划”“长时间实习”等富有浙大特色的研究型大学本科培养体系。经过20年的发展和三次全校性的教育教学大讨论，2016年，学校确定了“知识、能力、素质、人格”四位一体的KAQ 2.0培养模式。

1998
本科生科研训练计划

-

1998年，浙江大学在全国高校率先启动了本科生科研训练计划（Student Research Traning Program，简称SRTP），并将其正式纳入本科生培养体系，通过引导学生参与教师的科研活动来促进科研提升教学以及强化全方位、全过程育人环境建设的目的。SRTP鼓励学生通过立项申请，经历从发现问题、提出解决路径到实现设想，以及从申请立项到开展研究、总结和答辩等全过程的科研训练，由学校给予一定额度的科研经费资助。每年参与SRTP的本科生已超过同级学生人数的7成，是学生参与面最广的课外学术活动。2009年至2015年本科生发表学术论文数逐年增加，7年间共发表论文1396篇，获专利1196项。

1999
创新创业管理强化班

-

1999年，浙江大学管理学院突破惯常的专业培养模式，学习借鉴国际知名大学的先进经验，以“未来企业家”为培养目标，在全国大学中率先创建了“创新与创业管理强化班”，构建了面向本科优秀学生的“未来企业家培育工程”，面向大三优秀学生，在完成本专业学习任务之外研习管理课程，探索全新的高科技产业化企业家人才培养模式。在此后的近18年中，竺可桢学院和管理学院等集中优势资源，创造多学科交叉的环境，探索项目化管理方式，使课程中的管理理念在项目实施中得以运用，也使每一位成员都能得到充分的实践训练。在学习中培养锻炼学生强烈的创新意识和能力，关注企业家精神、产业知识和卓越的全球化视野。

2002
未来企业家俱乐部

-

浙江大学未来企业家俱乐部，简称“未企”，成立于2002年5月20日，是由浙江大学党委研究生工作部和浙江大学国家大学科技园管理委员会共同支持创办的全校第一个创业主题学生社团，以培养创业人才和具有优秀职业素质的精英为宗旨，提供自我教育（Self-education）和相互教育（Co- education）的平台。会员主要由各个学科的硕士生、博士生和优秀的高年级本科生组成。俱乐部开展了一系列创新创业相关的项目，与国内外知名企业家进行交流，在学校内举办多次商业和非商业性质的活动。15年来，有不少浙大学生经由“未企”成长为真正的企业家。

University Red Carpets
大学红毯

1986
竺可桢奖学金

竺可桢奖学金是浙江大学学生最高荣誉奖学金，设立于1986 年，由浙江大学教育基金会支持，并以此纪念竺可桢校长，激励学生发扬“求是创新”精神，培养品学兼优、富有开拓创新精神的优秀人才。目前每年评选24 名，其中研究生、本科生各12名。获奖学生由学校颁发竺可桢奖学金荣誉证书、竺可桢奖学金奖章和奖学金，奖学金额度为研究生30000 元、本科生20000 元。获奖学生名单列入学校年鉴。

ZJU·120
求是创新 2017

1〉王承绪先生2009 年获浙江大学竺可桢奖，2010 年获中国高等教育学会“高等教育科学研究特殊贡献奖”
2〉陈桥驿教授获授竺可桢奖后与学生们合影
3〉学校每年在教师节举办教书育人先进表彰颁奖晚会

1987
竺可桢奖

-

竺可桢奖是浙江大学教职工的最高个人荣誉，设立于1987 年，以学校教学、科研、管理等方面作出重大贡献的教职工为评选对象，表彰奖励长期工作在教育教学、科研、服务第一线，受到广大师生的敬重和信赖，在校内外具有较大影响的浙江大学教职工。竺可桢奖自设立以来，已有31 人获此殊荣。

2002
三育人标兵

-

2001 年，校学生会联合各个院系学生会共同发起“我最喜爱的浙大老师”评选活动。2002 年开始，浙江大学教代会“三育人”工作委员会延续这一活动，并进一步扩大外延，在全校举办浙江大学教书育人、管理育人、服务育人“三育人”标兵评选活动。评选活动由校教代会“三育人”工作委员会组织，校工会、校团委、校学生会、校研究生会、校博士生会共同承办，每两年举办一届。通过“三育人”标兵评选——育人典范引领师德、“三育人”事迹报告团——领航求是师生、标兵领航师徒结对计划——领航新教师，全面营造和构建浙江大学全员、全过程、全方位的育人体系。

2011
永平奖教金

-

永平杰出教学贡献奖、永平教学贡献奖和永平教学贡献提名奖，是2011 年由校友段永平先生捐资设立的浙江大学教师荣誉奖，面向浙江大学教学一线教师，表彰功底扎实、业务精湛、教学效果卓优、关爱学生成长的优秀教师。每年通过自荐和组织推荐等方式产生8 位提名人，通过网络投票产生的前4 名为永平杰出教学贡献奖候选人，并由永平奖教金管理委员会委员以实名投票方式，确定1~2 名正式候选人报校务会议审议、党委常委会批准。

〉一年一度的大学生科技创新成果展是学生节上非常吸引师生关注的活动项目
〉每年的学生节都吸引了大批在校学生参加

1〉浙江大学年度十大学术进展颁奖现场

2〉首届医德医风奖颁奖现场当选医生代表发表感言

3〉“启真杯”的选手

4〉2016年首届“浙大制造·科技生活展”

2012
年度十大学术进展评选

-

自2012 年开始，浙江大学学术委员会每年组织开展“年度十大学术进展”评选活动，面向以浙江大学为主完成的研究进展或由浙江大学教师为主参与的国内外合作研究所取得的研究进展开展评选，要求具有创新性和良好的社会影响。这进一步宣传展示了学校研究实力和学术水平，激发了广大教师学术热情和创新能力，且活跃了校园学术文化气氛，推动学术建设与学科发展。经过几年的实施推进，入选“年度十大学术进展”的成果越来越成为学科和院系评价教师的标志性成果。

2013
“启真杯”学生十大学术新成果评选

-

为充分调动学生学术科研积极性，鼓励学生开展跨学科交流与研究，营造浓厚的校园学术氛围，自2013 年开始，浙江大学每年面向全日制在校学生，组织开展“启真杯”学生十大学术新成果评选活动，包括学生原创的论文著作类、应用设计类和创意研究类等成果，鼓励学生学术创新，提升学生学术自信。同年，人文社科研究院面向全校学生设立了“人文社科学生研究成果奖”，鼓励研究性学习和交叉性学习。

2014
医德医风奖

-

浙江大学于2014 年设立“医德医风奖励基金”，将来自社会捐赠的3000 万元作为留本基金，旨在倡导优良的医德医风，提升医患沟通水平及医疗服务质量，且每年评选并重奖“好医生、好护士”。评选产生的10 名浙江大学好医生、好护士，由医院推荐和评委会专家投票产生，评选范围包括浙江大学医学院7 家附属医院和浙大校医院的医生和护士。

〉杨振宁院士受邀在求是大讲堂演讲

University Forums
大学讲坛

2009
求是大讲堂

-

求是大讲堂是浙江大学最高层次的综合类讲座，邀请海内外著名专家学者、中央和省部级领导及其他领域的杰出人士作讲座。每学期初确定本学期的讲座计划。求是大讲堂自2009 年5 月设立以来，已先后邀请潘云鹤、陈锡文、厉无畏、路甬祥、杜维明、杨利伟、丁仲礼、钟掘、金灿荣、吴建民、李培根、许智宏、钟南山等来校作报告，师生反响热烈。

〉唐孝威院士在西湖学术论坛上做报告

2005
西湖学术论坛

-

作为浙江大学的系列学术会议，西湖学术论坛由浙江大学科学技术研究院发起，本着秉承浙江大学“求是创新”校训，在营造、弘扬学术风气的同时，通过广泛而深入的研讨，促进学科交叉与融合，启迪创新思想，凝聚科学问题及重大技术关键问题，整合大项目大成果。基础研究科学的前沿问题、重大工程技术领域中的科学问题均可作为会议主题。2005 年10 月以来，已举办100 余次会议。

〉余光中先生在东方论坛演讲

2003
浙大东方论坛

-

浙大东方论坛是学校人文社会科学领域系列学术活动，由校文科发展领导小组直接领导，文科相关院所联合承办。在浙江大学人文社会科学“创新性、交叉性、国际性”的发展理念的引领下，以“开放、前沿、交叉、综合”为宗旨，以评述报告、专题演讲和深入的自由讨论为基本方式，遵循学科发展规律，发挥学科门类齐全的优势，聚焦重大理论和现实问题研究，激发新的学科生长点。自2003 年开办以来，至2016 年年底已举办199 场学术活动。

1〉国旗班同学在清晨升国旗

2〉诺贝尔奖获得者罗泰在海外名师大讲堂演讲后与学生交流

3〉诺贝尔奖获得者杰拉尔德·埃德尔曼在海外名师大讲堂上与学生交流

4〉著名建筑设计师安德鲁与建筑系学生讨论建筑结构设计

2003
博士生创新论坛

-

博士生创新论坛是由浙江大学博士生会主办的全校性学术交流活动，是博士生们的学术盛会，2003 年设立。论坛以“启迪智慧，激励创新，交流学术，博采众长”为主旨，充分发挥学校多学科、综合性、交叉性的优势，增进博士生之间的学术交流与互助，增强创新意识，提高创新能力。经过多年的发展和传承，博士生创新论坛已成为浙江大学独具特色，广受师生欢迎的大型学术交流活动。

2003
先进性教育试点

-

2003 年2 月，浙江大学被党中央确定为保持共产党员先进性教育活动试点单位，是全国17 所试点单位中唯一一所高校试点单位。在中央和省委试点工作领导小组的正确领导下，在中央和省委蹲点组的精心指导下，学校党委围绕人才培养和教学、科研、社会服务工作，结合学校实际，针对高校基层党组织和教师、学生党员的特点，扎实开展教育活动，全校964 个党支部17000 多名党员受到了一次深刻的教育，基层党组织建设和各项事业发展取得了明显成效，顺利完成了先进性教育活动试点工作的各项任务，得到了中央的充分肯定。

2014
海外名师大讲堂

-

海外名师大讲堂设立于2014 年，定期邀请国际著名人士开设面向浙江大学师生的系列公众讲座。受邀教授与师生进行面对面的学术交流，就社会热点和科学前沿问题进行深入探讨。截至2016 年年底，海外名师大讲堂共邀请了包括11 位诺贝尔奖得主、1 位诺奖基金会主席、1 位普利策奖得主、2 位图灵奖得主和7 位知名大学校长等66 位海外知名人士，举办了60 场公众讲座，12000 余名师生受益。

ZJU·120
求是创新 2017

2010
重走西迁路

-

浙江大学抗战西迁办学史被誉为“文军长征”。进入新世纪以来，学校以重走西迁路为主题，将求是精神主题教育活动与校园文化建设、大学生社会实践、挂职锻炼、服务社会紧密结合，形成了“社会实践＋科技帮扶”“主体活动＋辅助活动”等主次结合、类型多样的活动体系。重走西迁路成为国情教育、校史教育、实践教育的大平台，同时也是推动学校与西迁办学地合作发展的重要桥梁和纽带。2010年，“重走西迁路”获得教育部高校校园文化建设优秀成果特等奖。

2011
红色寻访

-

2011年1月，为纪念中国共产党成立90周年，深入开展创先争优活动，浙江大学团委组织青年学生开展红色革命教育基地寻访调研实践活动，1000多名大学生走访了全国208个红色教育基地，足迹遍布30个省、自治区、直辖市。在此基础上，2011年暑期，全校有400余支团队5000多名大学生以“红色寻访，青春报国”为主题，以“寻访老革命、老党员，采访典型人物”为任务，赴全国12个重点红色基地区域的300个红色教育基地开展实践教育活动。

2013年，“红色寻访”主题实践活动荣获高校校园文化建设优秀成果特等奖，入选中组部全国组织工作改革创新案例。

1〉红色寻访活动中，浙大学生寻访浙江省长兴县泗安镇新四军苏浙军区旧址
2〉红色寻访活动中，浙大学生赴遵义会议旧址接受革命传统教育
3〉“重走西迁路感悟求是情”，浙大研究生院每年组织竺可桢奖学金获得者赴湄潭“寻根”
4〉校史教育是新生始业教育中的第一课

1

3

2

4

〉建在校园内的植物园

University Museums

大学博库

第一个大学植物园

浙江大学植物园由著名植物学家钟观光教授于1927 年8 月创建，原址杭州笕桥，前身称“国立第三中山大学劳农学院植物园”，1929 年1 月改称“国立浙江大学农学院植物园”，1933 年搬至华家池，1960 年更名为“浙江农业大学植物园”，植物园在“文革”中遭到破坏，1980 年得以恢复。

钟观光（1868—1940）是我国近代植物学的开拓者、植物分类学的奠基人。1927 年任劳农学院副教授兼仪器标本部主任，商得谭熙鸿院长同意，于经济困难中创办植物园，历时2 年，辟地约50 亩，搜集植物2000 余种，成为我国近代第一个植物园，并创建植物标本室。目前植物园占地面积约15 亩，植物按各类群以科为单位种植，栽培植物种类170 科1500 余种，其中有蕨类植物20 科45 种，裸子植物8 科70 余种，双子叶植物127 科1085 种，单子叶植物15 科300 余种，还有国家重点保护的一、二、三级珍稀濒危植物60 余种。

ZJU·120

求是创新 2017

亚洲最完整的寄生蜂昆虫标本库

浙江大学昆虫标本室始建于20 世纪20 年代，现馆藏有30 余万号标本，主要用于昆虫学相关的教学和科研任务，目前有农生环A342 和C1104 两个分馆。标本库保存了跨度70 年的我国各个时期的农业害虫的标本，包括曾任浙江大学农学院院长14 年的蔡邦华院士等老一辈科学家自20 世纪20 年代起采集的标本，其中包括西迁过程中采集的标本，以及历届本科生、研究生和教师在教学实习、暑期实践和科研训练项目中采集制作并积累起来的标本。作为亚洲最大的寄生蜂资源库，无论是种类还是数量都居于亚洲首位，保存有2000 多号模式标本。标本馆6000 余件标本符合可移动文物自然类藏品标准，包括昆虫模式标本，中国新记录种标本，国家一、二级保护动物标本，昆虫化石标本，西迁时采集标本和1950 年至今的农业昆虫生活史标本。

植物标本馆

-

浙江大学植物标本馆（国际代码：HZU），包括原杭州大学生命科学学院植物标本室（HZU）和原浙江农业大学生物科学系植物标本室（ZAU），是浙江省四个最大的植物标本馆之一，馆藏腊叶标本约9 万份，包括约200 份浙江大学西迁时在贵州湄潭等地采集的珍贵历史标本，其中年代最久远的标本采自1910 年。

植物标本馆的前身最早可追溯至1927 年著名植物分类学家钟观光先生在国立第三中山大学劳农学院创建的植物标本室。1929 年9 月，国立浙江大学生物系成立后，建立了生物系植物标本室（HU）。植物标本馆于2006 年迁入生物学实验教学中心辅楼，在加入科技部国家科技基础条件平台国家标本平台教学标本子平台后，目前正在开展标本整理和数字化工作。

〉植物标本馆馆藏的西迁时采集的标本

土壤标本馆

-

朱祖祥院士是我国著名的土壤学家和农业教育家，他所创立的诸多理论与技术在土壤科学领域具有里程碑意义。作为一位教育家，他非常注重土壤学教材建设，以及与此密切相关的专业实验室和土壤标本馆建设。原浙江农业大学的土壤化学实验室、土壤物理实验室、恒温室以及土壤标本陈列馆等，都是在朱祖祥亲自参加、领导下建成的。他和其他教师一起，收集了全国各主要土类的整段标本，还结合土壤普查收集了我省上千个土壤样本。他对土壤标本陈列馆的建立，从标本征集、陈列柜装饰、房舍修建，乃至经费申请等，事无巨细，无不躬亲。该陈列馆在20 世纪80 年代前曾被誉为“宏大完备的土壤实习馆”。

地质博物馆

-

浙江大学地球科学学院地质博物馆建设于1996 年，现展出标本约1600 件，待展标本500 多件，其中包括矿物标本、岩石标本、古生物化石标本、构造标本、宝石和工艺品等，大部分由教师们野外考察采集而得，积累过程达40 年。博物馆年接待量10000 人次以上。浙江大学地球科学学院拟新建浙江大学地质博物馆，新馆将涵盖地球运动展区、矿物展区、岩石展区、史前生物展区等，总计建筑面积300 平方米，将新增各类标本500 余件。

ZJU·120
求是创新 2017

真菌标本库

-

2010 年10 月，浙江省庆元县林文飞先生将多年采集收藏的近3000 份野生真菌标本捐赠浙江大学生命科学学院。这些标本较系统地涵盖了全国各地区2000 余种野生大型真菌，隶属于21 目、72 科、290 多属，其中包括了我国的部分新种和特有种。生命科学学院在生物实验中心建立了真菌标本室，用于教学展示和科普教育。标本室每个品种均有中文名称和拉丁学名，对其形态特征、生物习性、地理分布和产地进行了描述，并对其食用、药用、毒性特征进行了标注说明，并附有图示。标本室还另建有大型真菌子实体标准化栽培大棚作为活体教研基地。

人体博物馆

-

浙江大学医学人体博物馆的建设凝聚了几代浙大医学人的心血，是浙江省内唯一一座人体医学博物馆，新馆建成于2012 年，对公众开放。博物馆按人体构造将标本按运动系统、内脏系统、循环系统、神经系统和感觉器官分区，有局部解剖、断层标本、全身人体等分类，共有2500 余件人体标本，其中，包括对医学研究很有价值的病理学解剖标本，有些标本源自20 世纪四五十年代。

浙大文库

-

浙大文库占地700余平方米，集典藏、借阅、展示等功能为一体。2005年4月由西溪校区迁至紫金港校区图书馆基础分馆，是浙江大学教职工和校友学术著作的永久性典藏、展示馆。文库现有藏书12000余册，年均增加藏书1500余册。藏书中有1940年复性书院刻本《复性书院讲录》四卷（存三卷）、20世纪30年代土纸油印本《湄江吟社诗存》、1927年桐乡卢氏刻本《桐乡劳先生遗稿》等珍贵文本；民国版《浙江大学农学院丛刊》、油印本《国立浙江大学师范学院院刊》等早期浙大文献；马叙伦、胡士莹等已故著名学者的签名、签章本等善本图书。

〉人文学院历史系珍藏的历史文献

Bettering the World

智慧引擎 Engine of Intelligence

师之传承 Spiritual Legacy

大国『公』匠 Social Responsibility

开放共享 Opening and Sharing

智慧引擎

文化存珍

教学启章

师之传承

育人新域

国际标点

大国“公”匠

人文大家

匠心独具

厚积薄发

创新脉动

开放共享

大学文化与学术国际交流合作网

全球同庆

大学，是国家的创新源、是人才泵、是思想库。“为往圣继绝学，为万世开太平”，是一代又一代中国知识分子的报国理想。以天下事为己任，为世界文明与发展作出实质性贡献，是世界一流大学的基本特质，也是大学发展成长的基本路径。在建设世界一流大学进程中，参与并解决区域和国际重大问题，培养具有全球竞争力与世界担当、具有国际视野的未来领导者，在国际舞台上的影响力和话语权不断提升——这就是浙江大学呈现在世界面前的身影。

—

丰厚的文化积淀，是岁月留存的“财富”，犹如参天大树，荫泽后世；是用历史打磨的钻石，无论是战火硝烟还是天灾人祸，依然还让眼中存藏寻找星光的渴望和梦想。浙大人，永远都在努力践行“求是”的路上。

百廿求是

浙江大学建校一百二十周年

The 120th Anniversary of Zhejiang University

1897-2017

求是書院

ENGINE OF INTELLIGENCE

智慧引擎

时光的流逝，会带走曾经的喧哗，
但不会消散宝石的光芒。
历久弥新的人和事，在岁月中沉淀于厚土，而当我们拾起，
它依然让人怦然心动。

Cultural Preservation
文化存珍

1937
保护《四库全书》

-

浙江大学西迁办学过程中，还完成了一项重要使命——文澜阁本《四库全书》的转移和保护。《四库全书》共有7 部，3 部毁于清末。西迁途中，竺可桢派出专人，经过5 个月的跋涉，历尽艰难波折，终于将原存于杭州文澜阁的一部《四库全书》140 箱，成功转移至贵阳黔灵山公园北的地母洞存放。之后，先是每年一次晾晒，后又改为春秋两次，连续6年，直至战后运回杭州。

1966
保护灵隐寺

-

“文革”期间，在极“左”思潮的影响下，全国出现了“破四旧”“横扫牛鬼蛇神”的风潮，国家重点文物保护单位灵隐寺也陷入危急。1966 年8 月24 日清晨，浙大学生在听闻灵隐寺可能不保的信息后，分两批来到灵隐寺，与红卫兵辩论。校园中的师生从校园广播中得知“灵隐寺告急”的消息后，迅速响应，千余人急速通过山路赶往灵隐寺，在与冲击者的激烈对峙中坚守了三天两夜。浙江省委立即电告国务院请示，直到27 日凌晨，杭州市市长现场传达了周恩来总理保护灵隐寺的指示，红卫兵全部撤离。随后，杭州市政府将灵隐景区全部封闭，直到“文革”结束后重新开放。

2010
第一套《宋画全集》

-

《宋画全集》编纂工作始于2005年，由浙江大学汇集多方面专家形成研究和工作团队完成，是一部具有工具书性质的大型宋画资料总集，反映存世宋画总貌，展示有宋一代绘画之盛，全面汇集了古今中外具备较高学术、研究价值的宋画文献资料。绘画收录范围为两宋、五代、辽、金，卷帙分列故宫博物院藏品、上海博物馆藏品、辽宁省博物馆藏品、台北故宫博物院藏品、中国其他文化机构藏品、欧美国家藏品、日本藏品、宋画文献汇编，总八卷。第一卷于2010年12月首发，现已完成六卷23册的出版。《宋画全集》填补了中国宋画整理汇编的历史空白，开创了中国绘画历史大型断代集成的先河，是迄今最权威、最完整的宋画编纂集成，也是继《全宋词》《全宋诗》《全宋文》等大型宋代典籍之后，对宋代文化艺术的一次大规模专题性研究成果。《宋画全集》为"中国历代绘画大系"之一，目前，《元画全集》业已完成五卷16册的出版，《先秦汉唐画全集》《明画全集》《清画全集》计120余册编纂出版工作正在紧张进行。

2014
第一次高精度数字全整记录敦煌壁画

-

浙江大学综合计算机等学科力量，长期致力于文物高保真数字化研究。2014年，基于浙江大学与敦煌研究院长达10余年的合作，浙江大学文化遗产研究院在浙江大学紫金港校区采用数字化技术复制了敦煌220窟。同时，对于敦煌壁画的数字化记录持续推进。2015年，数字化考古团队又远赴西藏，对阿里地区的古壁画进行系统采集，浙江大学出版社汇集采集的高保真数据印刷出版了《阿里壁画：托林寺白殿》大型画册，获得第九届上海出版印刷大奖、2016年美国印制大奖优异奖。

1〉宋画国际学术会议2014年在浙大举办
2〉位于紫金港校区的敦煌220窟高保真复制窟

1

2

文化遗产数字化保护研究

〉浙江大学与敦煌研究院在10 余年的合作中，共同对敦煌壁画的数字化保护进行了创新性研究。浙江大学计算机学院开发的数字记录系统设备在高保真记录壁画原貌中起了重要作用。

Enlightenment in Teaching and Learning
教学启章

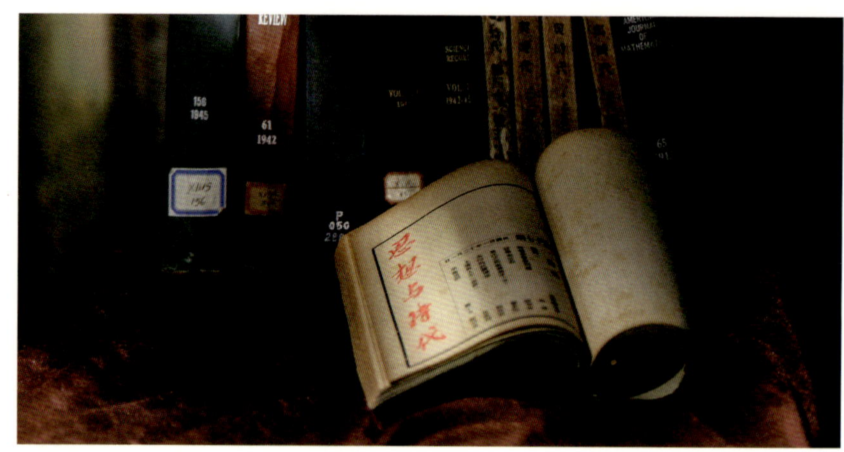

1931
中国第一本《毒物分析化学》教科书

-

由黄鸣驹教授编著的《毒物分析化学》是我国第一本相关专业学科的教科书和专业参考书，于1931 年出版，此后两次修订再版。毒物分析主要研究毒物的物理性质和化学性质的鉴别，以及毒物的化学组成等，多用于裁判案件和检测毒物，故也称为“裁判化学”或“毒物鉴识学”。

黄鸣驹（1895—1990）是中国近代毒物分析化学奠基人和开拓者、毒物分析化学家和药学教育家，长期从事药学教学和毒物分析化学的科学研究工作。他1918 年毕业于浙江公立医药专门学校药科，1924 年任浙江省公立医药专门学校药科主任、教授，1949 年至1951 年任浙江省立医学院院务委员会主任，行院长职责，创建了药物分析与药物代谢实验室的前身——毒物分析实验室，为国内最早的药物和毒物分析研究机构。

1936
抗日战争中的刊物《国命旬刊》与《思想与时代》

-

抗日战争时期，浙江大学于1936 年到1946 年出版了《国立浙江大学季刊》等近三十种学术刊物。《国命旬刊》和《思想与时代》在知识界颇具影响力。《国命旬刊》创刊于1937 年，宣传抗日救国，鼓励民族的自信心，认为当时中国存亡的关键在于提升民族精神，对中国文化与国民道德等问题也做了研究。《思想与时代》从1941 年到1945 年出版了63 期，被称为当时中国学术界的权威杂志，著名学者陈康、冯友兰、贺麟、朱光潜、钱穆、张荫麟、张其昀等经常为之撰稿，日后产生了重要国际影响的竺可桢的代表作《二十八宿起源的时代与地点》即首发于《思想与时代》。

1940
第一门园艺产品加工学课程

-

20 世纪40 年代，西迁办学时期，浙江大学园艺系师生深感发展农业的重要。贵州地处中国腹地，地形多变，当地农产品种类丰富，师生们开始研究农产品加工工艺。恰逢熊同和教授从美国回国，针对这一现状，他首次在国内开出园艺加工学课程。此后，他在园艺学的研究领域中做了许多开创性的工作，为园艺学科的发展特别是果蔬贮藏加工学科的建立奠定了基础。

1948
第一部大学师生编写的地方志《遵义新志》

-

浙江大学西迁遵义后，在张其昀教授的主持下，浙大史地系师生用7 年时间对遵义的地质、气候、土壤、人口、聚落、土地利用、产业、交通、民族、史迹等做了详尽的研究，并于1948 年完成了《遵义新志》的编纂。参与此志编写的师生后来几乎都成为相关学科领域的开创者或专家。此志首创了我国最早的土地利用调查和相对系统、完整的地方自然资源的研究；同时，也开创了新的地方志研究方法及编纂的科学规范。《遵义新志》于2012 年再版。

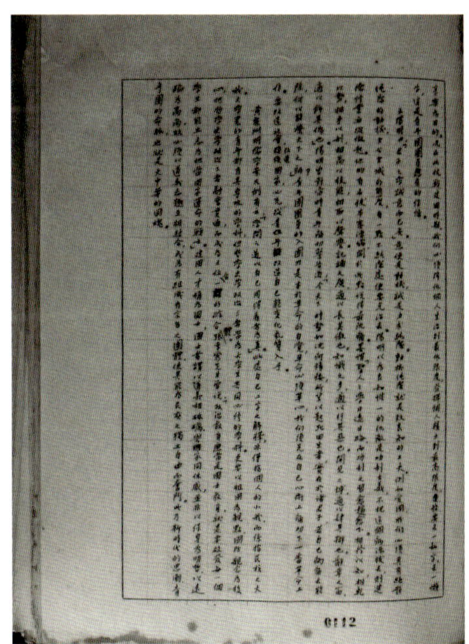

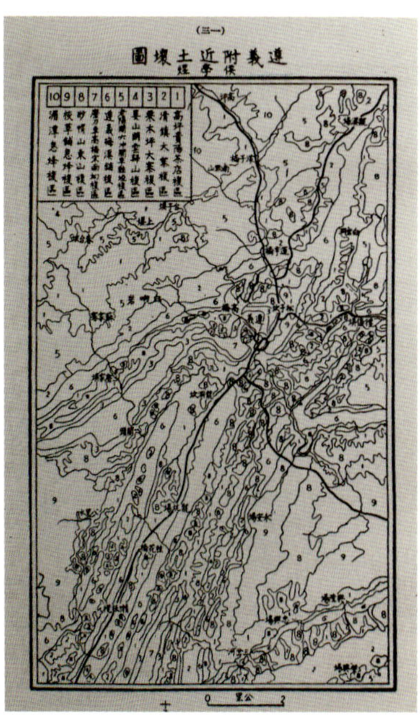

〉浙江大学西迁后，蔡邦华（右）在湄潭文庙大成殿前（1939 年5 月）

1956
第一部中国学者的《昆虫分类学》

-

蔡邦华院士是我国昆虫生态学奠基人，是我国最早从事昆虫分类学研究的学者之一，在等翅目、直翅目、半翅目、鞘翅目、鳞翅目5 个目类群的研究上，作出了突出贡献。蔡邦华院士为我国昆虫分类增添了新属、新亚属、新种团、新种和新亚种，共达150 多个，在分类学研究上，强调要密切结合生产实际，主张各个目科要有各自的典型代表，特别是列出与经济有关的种类或我国特有的种类。他强调要从生态地理、生活习性方面来了解物种的实际意义，进而用近代分子生物学方法来探索物种的界线以及它们之间的系统关系。他汇聚数十年研究积累撰写了我国第一部《昆虫分类学》（上、中、下）专著，分别成书于1956 年、1973 年和1985 年。

1959
第一部中国学者的《传染病学》

-

王季午教授是我国著名的内科学、传染病学专家。抗战胜利后，王季午接受竺可桢校长的邀请，负责筹办浙江大学医学院，并担任首任院长。1952 年起，他担任浙江医学院副院长。1960 年浙江医学院更名为浙江医科大学，1979 年后王季午先后任副校长、校长。20 世纪50 年代，中国高等医学院校都采用外国的传染病学教材。50 年代中期，王季午自编了《传染病学》讲义在浙江医学院试用，教师和学生反映均很好。1959 年，在卫生部统一组织下，由他主编，并联合吴朝仁、钱惪、曹钟梁、戴自英、杨超前等传染病学教授，编写和出版了中国第一部高等医药院校教材《传染病学》，并主持制定了教学大纲。这部教材不仅吸收了当时国内外传染病研究的最新成果，同时还进行了中西医结合的尝试。《传染病学》出版后深受欢迎。1979 年王季午又主编了中国第一部传染病学参考书《传染病学》，为中国高级医药卫生人才进修学习提供了一部高级专著。王季午还主编了《中国医学百科全书·传染病学》分卷、《内科理论与实践·传染病篇》、《鲎试验在医学上的应用》、《实用肝脏病手册》等著作。

〉浙大医学院首任院长王季午教授（左二）、第三任院长郁知非教授（左三）、第四任院长杨松森教授（左一）、痔科元老陆琦教授（右二）、楼福庆教授（右一）

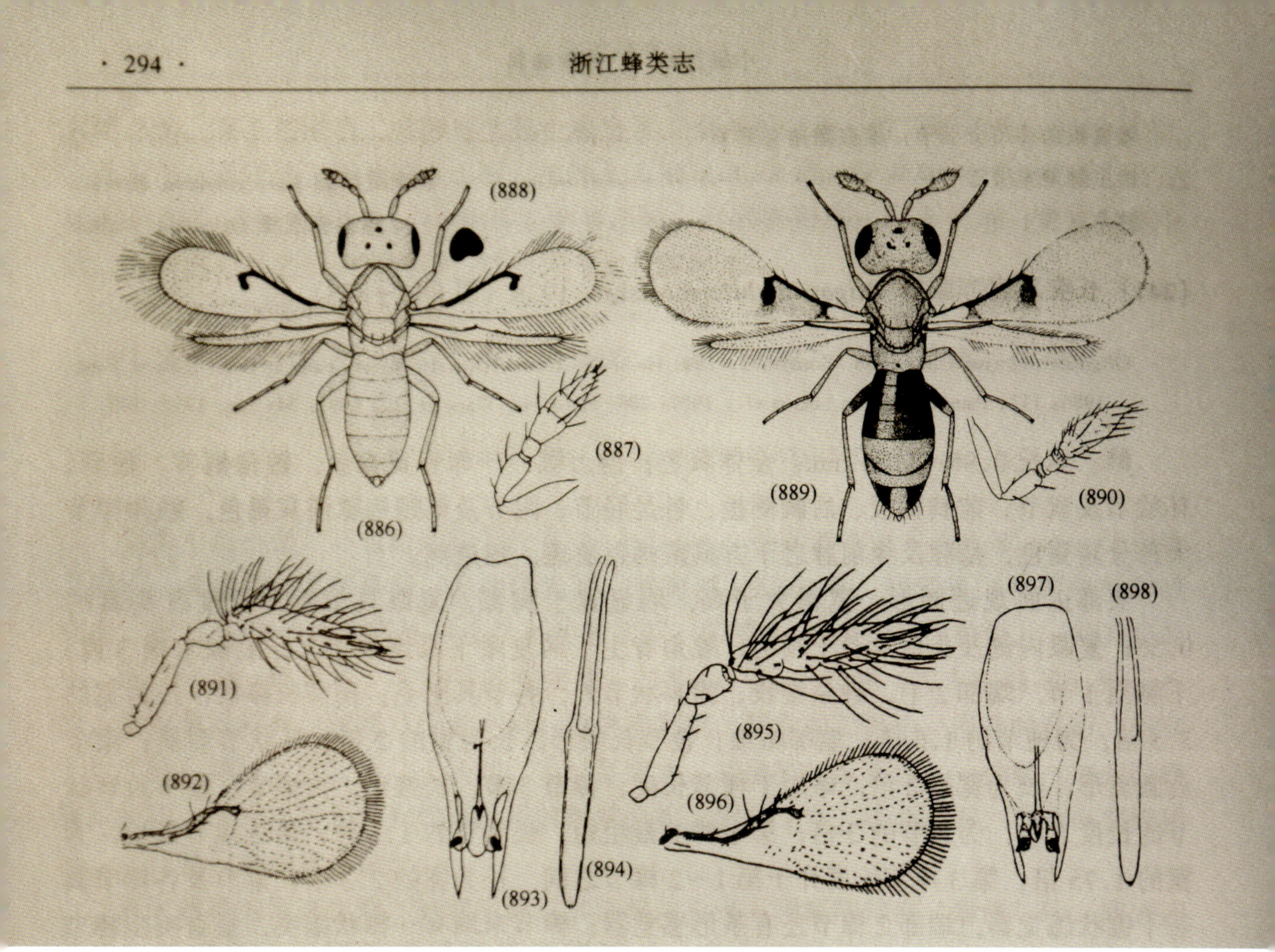

· 294 · 浙江蜂类志

(888) (887) (886) (889) (890)

(891) (892) (893) (894) (895) (896) (897) (898)

1979
第一部《农药安全使用标准》

-

陈子元院士是我国最早把同位素应用于农药残留研究的专家，1960 年，浙江农学院与浙江省农业科学研究所合并成立浙江农业大学（浙江省农业科学院），并设立农业物理系，陈子元任副系主任主持工作。作为涉核的新兴学科，农业物理系设置的放射化学、放射生物学、核物理、放射性测量等课目均以代号出现。作为项目负责人，陈子元组织开展了农药安全使用标准的研究，团队先后完成了“放射性同位素标记农药的合成研究”和“农药残留研究”，成功研发了标记农药的合成方法，对各类常用农药在农作物，如水稻、棉花，以及桑、茶、中药材等上的吸附、残留、转移、消失和分解规律做了系统研究，研究成果获1978 年全国科学大会奖，陈子元作为先进个人在会上受到表彰。

浙江农业大学于20 世纪70 年代作为农林部“全国农药残留和农药安全使用标准重点研究项目”的主持单位，组织全国22 个省、自治区、直辖市43 所高等院校和科研院所的近200 名科技人员联合攻关，历经数年，于1979 年，编制完成了我国第一部《农药安全使用标准》，并在全国试行，1984 年由国家正式颁布，这部农药国标一直沿用至今。

高等学校试用教材

材料力学

上册

浙江大学　南京工学院　西安交通大学
西北工业大学　陕西机械学院　华中工学院　合编
镇江农业机械学院　华东工程学院　上海工业大学

浙江大学　刘鸿文　主编

人民教育出版社

1〉朱祖祥院士诞辰九十周年纪念会
2〉刘鸿文教授

1953
第一套土壤学教材

-

新中国成立后，为填补《土壤学》教材的空白，高教部于1952 年启动教材编写工作。土壤学界一致推荐朱祖祥教授担任主编。他根据我国国情及土壤区域特性，吸取了欧美土壤学精华和苏联土壤学发生学观点及综合肥力概念，建立了一个较完整的中国“土壤学”课程体系，于1953 年完成了第一本普通高校《土壤学》交流试用教材。经试用、修改后，于1956 年由高等教育出版社出版。1963 年教育部再次组织编写教材，并指定朱祖祥教授为《土壤学》教材编写主持人。这一新版教材因“文革”而未正式出版。改革开放后，朱祖祥教授再次被推荐担纲主编，并于1978 年启动、拟定编写大纲，1979 年完稿，经多次审查修改后于1983 年由中国农业出版社出版。该书于1988 年获全国普通高校优秀教材奖。又于2000 年、2010 年以全国普通高校“九五”“十一五”国家重点工程立项教材，分别获得2002 年全国普通高校优秀教材一等奖和2011 年全国农业高等院校优秀教材奖。

1979
第一本获得国家科技进步奖的教材

-

刘鸿文教授主持编写的《材料力学》自1979 年出版以来，深受好评，是高校机械类各专业材料力学课程广泛采用的教材。第二版于1988 年获国家优秀教材奖，并于1990 年在中国台湾的高等教育出版社以繁体字再版，此书还销往东南亚（如新加坡等）。第三版于1997 年获国家科学技术进步二等奖和高等教育国家级教学成果一等奖。刘教授长期从事力学教学工作，在浙江大学先后开设过材料力学、理论力学、弹性力学、塑性力学、结构力学、版壳理论、高等材料力学、张量分析等课程。刘教授在讲课时论理透彻，板书工整，广受学生好评。他多次被学校和全国各地的高校邀请介绍教学经验，有的报告还被人加以整理，印刷传阅。《材料力学》是浙江大学获得国家级教学成果一等奖的第一个成果，同时也是浙江大学以教材获得国家科学技术进步二等奖的第一个成果。

〉20 世纪80 年代，周春晖教授和他的学生

1973
我国第一本《化工自动化》教材

-

1956—1958 年，周春晖、王骥程、李海青等完成“化工生产过程自动化及仪表”专业创建。这是全国最早的“化自”专业。周春晖先生一贯主张教学与科研相结合作为工科教育的重心。他一直坚持深入企业调研，驻扎在生产一线发现问题、解决问题。1972 年前后，他与华东理工大学蒋慰孙一起，率领高校和企业界过程控制的10位开拓者，克服科技资料极其匮乏的困难，调研考察全国有关过程控制的重点工矿企业。历时半年，编写出国内第一本《化工自动化》教材，于1973 年11 月正式出版。1975 年，由周春晖先生任编委会主任，化工部自动控制设计技术中心站、高校、科研设计单位和工厂共同参与的“化工自动化”丛书编写工作启动。这套丛书共26 册，出版历时15 年，内容涵盖经典和现代控制理论、各类调节技术和方法，是自动化领域的皇皇巨制，直接影响并全面推动了我国化工自动化事业的发展。

1978
第一本昆虫天敌专著《天敌昆虫图册》

-

1978 年，浙江农业大学与中国科学院动物研究所合作，研究并出版了《天敌昆虫图册》，对农业生产中生态环境的保护，利用生物防治方法经济有效地解决虫害问题具有重要意义。图册内容包括分隶于膜翅目、鞘翅目、双翅目、半翅目、脉翅目、捻翅目、蜻蜓目的天敌昆虫435 种，共有彩色图50 版计390 幅，插图310 幅；文字叙述包括天敌昆虫的形态分类特征、寄主和分布等，并附分科检索表，书末附有天敌中文名、学名和寄主索引。

祝汝佐（1900—1981）是中国桑树害虫防治研究的奠基人，曾任浙江农学院植物保护系教授、系主任。他的《桑螟守子蜂生活之考查纪要》一文，开创了我国寄生蜂生物学研究的先河。他不仅详细考查了桑蟥卵寄生蜂的种类、分布、生物学特性、寄生率消长情况，还进行了放饲试验。他与中国科学院动物研究所廖定熹等合编的《天敌昆虫图册》是国内第一本天敌昆虫专著。

ZJU·120
求是创新 2017

1979
第一本敦煌学讲义

-

姜亮夫先生是我国敦煌学的开拓者之一。20 世纪30 年代，他到法国留学，获知法国国家图书馆有大批敦煌文献资料，就毅然放弃原来的进修计划，每天去拍摄抄录敦煌卷子，获取了大量珍贵的资料。回国后，整理出版了《瀛涯敦煌韵辑》等著作多种。改革开放后，鉴于当时我国敦煌学研究人员青黄不接的局面，教育部委托已八旬高龄的姜亮夫先生在杭州大学开办敦煌学师资讲习班，为全国重点院校造就了一批专业人才。讲习班结束后，根据讲课录音整理成六章的《敦煌学概论》。这是我国第一本通俗性的敦煌学讲义，后编入北京出版社出版的大家小书系列。

1990
第一本技术创新管理学著作

-

许庆瑞院士是我国技术创新管理理论的重要开拓者和奠基人之一。他在国内率先提出“企业是技术创新主体”的观点，在国际上率先提出了“二次创新—组合创新—全面创新”的理论体系，提出了技术创新的动态和组合模式、以核心能力为基础的创新战略规划方法、企业技术创新系统、技术能力的积累与突进规律等学术观点，建立了具有中国特色的技术创新理论。相关理论得到国际创新专家及企业的验证与应用。

许庆瑞在浙大筹建了国内首个管理工程博士点，1990 年出版我国第一本有关技术创新的著作《技术创新管理》，创建了国内最早的管理工程学术刊物《管理工程学报》，对促进技术创新理论在中国的传播及在国家技术创新工程建设中发挥了重要作用。

1992
第一部复合地基专著《复合地基》

-

龚晓南院士长期从事岩土工程教学、理论研究和工程实践，主要研究方向有地基处理及复合地基、基坑工程、基础工程施工环境效应及对策。他至今已培养硕士89 名，博士82 名。龚晓南院士特别在地基处理及复合地基领域取得了标志性成果，1992 年出版了国内外第一部复合地基专著《复合地基》，首次建立复合地基理论框架，2002 年和2007 年出版《复合地基理论及工程应用》第一、二版，完善了复合地基理论体系。2003 年主编出版《复合地基设计和施工指南》，2012 年主编国家标准《复合地基技术规范》，促进形成复合地基工程应用体系。他取得的一系列创新成果在工程建设中得到广泛应用，创造了巨大的社会和经济效益，为岩土工程学科发展和行业科技进步，为高级工程技术人员培养作出了杰出的贡献。

1〉姜亮夫先生在法国留学期间做的敦煌文献资料拓片
2〉许庆瑞院士和他的学生
3〉龚晓南院士与学生们

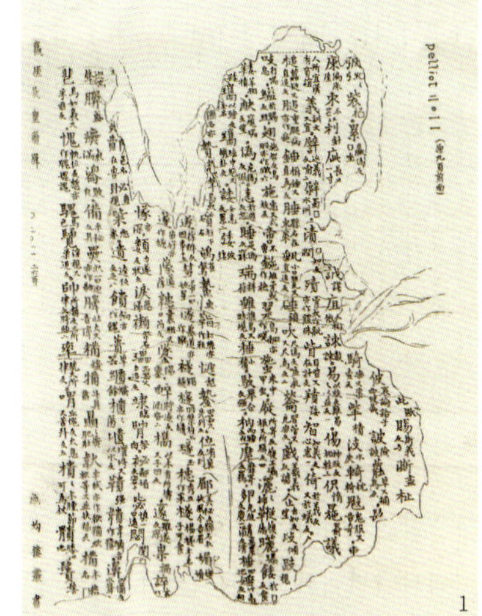

1

2

3

1990
第一套《浙江动物志》

-

中国科学院自1969 年启动我国动物志的编写工作，1984 年在浙江省科委立项，编委会以董聿茂任主编，诸葛阳、黄美华为副主编。《浙江动物志》有吸虫类、软体动物类、蜘蛛类、甲壳类、淡水鱼类、两栖爬行类、鸟类和兽类8 册，共记述了2201 个种和亚种，分隶于74 目395 科，合计460 余万字。全省有15 个单位的44 位动物学家参加了这项工作，历时6 年完成。贝时璋院士的书面评审意见认为：“志书有两个特点，一是8 册中有4 册为无脊椎动物，二是经济动物的资源保护、利用和防治等内容列为附录，这些内容较以前出版的其他省的动物志是独树一帜，前所未有的。”

董聿茂（1897—1990）是中国甲壳动物研究的奠基人之一。西迁办学期间，董聿茂教授任教浙大理学院生物系；1948 年至1951 年5 月，任浙大生物系主任和生物研究所主任；1951 年6 月被浙江省人民政府聘请为浙江省博物馆馆长；此后相继任教浙江师范学院和杭州大学。董聿茂先生也是我国第一本动物学研究刊物——《中国动物学杂志》创办人之一。董聿茂先生对浙江的海洋底栖、浮游动物及重要经济鱼类的食性做了大量调查分析，特别对甲壳动物、苔藓动物做了深入细致的研究，是国内同类研究的先行者。

1999
《新编大学英语》一套教材与一个模式

-

《新编大学英语》系列教材是世纪之交最具影响力的大学英语教材，1999 年4 月面世，有500 多所高校60 多万师生在使用，最多时有600 多所高校采用。该教材先后入选国家“十五”“十一五”“十二五”规划教材，是教育部推荐教材。由应惠兰教授主编，邵永真教授和加拿大专家Sally Boss 审稿，参加编审工作的共有中外专家十余人。浙江大学的大学英语教学团队在新编教材的同时，创建了“以学生为中心”的主题式课堂教学模式，为全国高校广泛采用。

ZJU·120
求是创新 2017

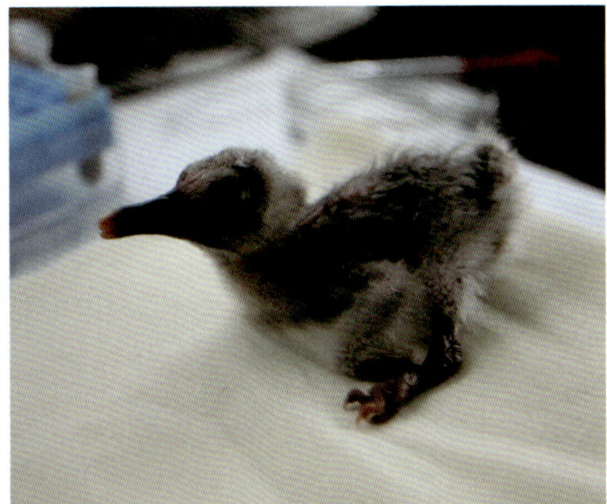

第一只人工繁育的朱鹮

〉浙江曾是朱鹮的栖息地，但由于环境遭到破坏，朱鹮从浙江绝迹。2008 年4 月，浙江大学生命科学学院与德清县合作从陕西引入5 对10 只朱鹮，拉开了浙江朱鹮人工迁地保护暨野生种群重建工程的序幕。2008 年6 月18 日，首只人工繁育的幼鸟在浙江大学破壳。此后朱鹮人工圈养种群不断扩大，至2016 年，成功实现野外放养。

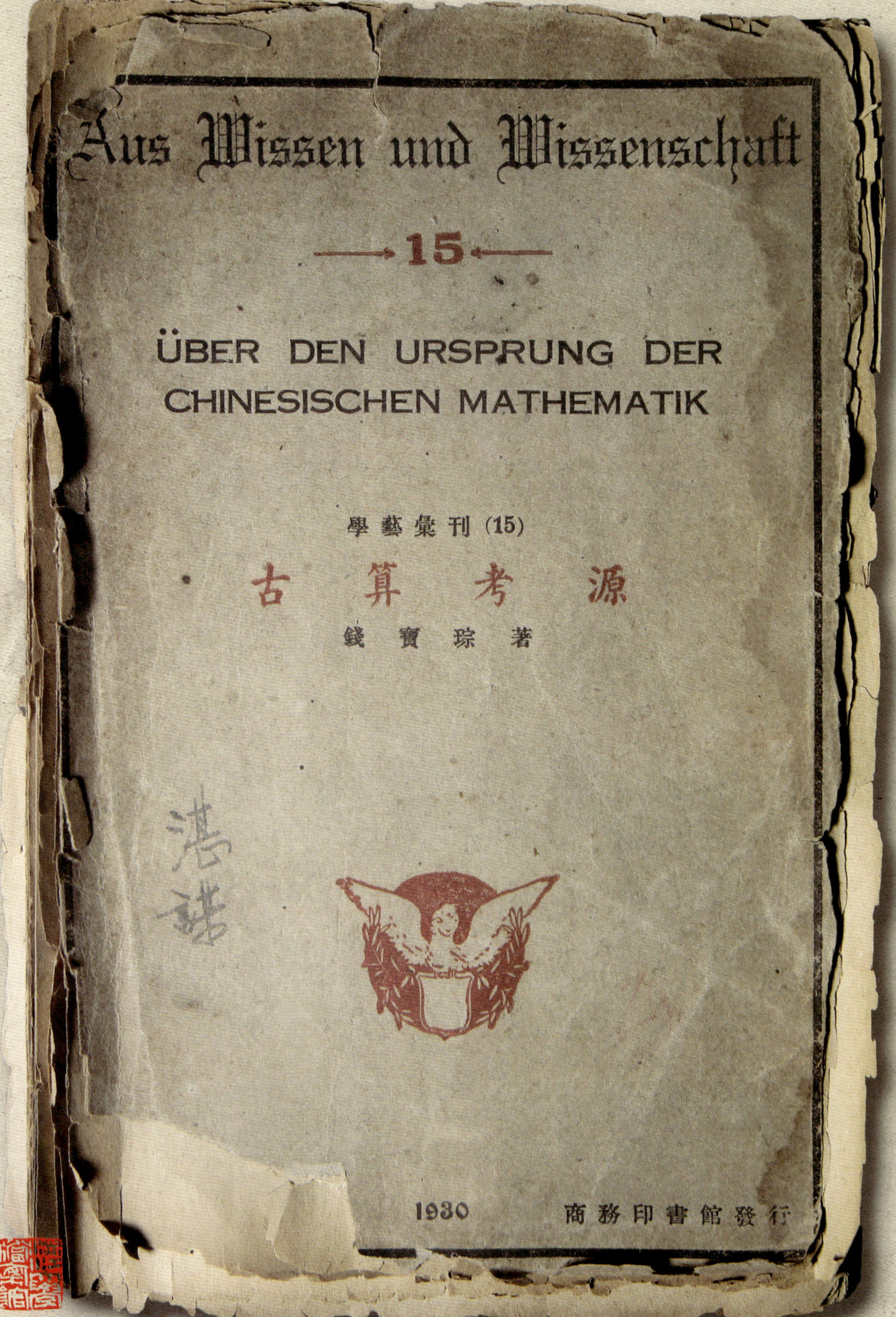

〉钱宝琮教授1930 年前完成的专著《古算考源》是我国第一本中国数学史著作

SPIRITUAL LEGACY

师之传承

大学的学科布局和水平，
不仅是科学发展在办学过程中的体现，
更是大学为国家建设服务的基础。
新学科的创建，体现了有识之士对科学发展脉络的理解，
更表达了大学对国家战略和社会发展的理解，
以及对民生需求的关注。
这样一种“国家兴旺，匹夫有责”的信念，
依托于对科学的表达，通过课堂，
一代一代地传承下来。

New Fields for Cultivating Talents

育人新域

〉李寿恒、王国松等教师与金工1954级学生毕业合照

1927
最早的园艺系

-

浙江大学农学院园艺系是我国高等院校中最早建立的园艺系之一。在吴耕民教授的倡导和组织下，园艺系开辟了大面积果园，作为实习、良种引选和推广基地。抗日战争时期，园艺系在战时条件下依然成立了研究所并招收研究生，恢复了农业推广部。吴耕民的《果树栽培学》讲义，虽只是蜡纸刻写油印、石印，但仍是国内同行之急需。吴耕民还主持了石印《浙大园艺》五卷出版。

经过近90 年的发展，浙江大学目前拥有国内唯一的“园艺学”一级学科国家重点学科。在设施园艺作物生长发育与调控、果实品质形成与调控、采后生物学与贮藏物流等方面形成了特色和优势，研究内容覆盖园艺产业产前、产中和产后全产业链，产生了良好的社会效果。

1927
第一个化学工程系

-

1927 年4 月初，李寿恒教授任教浙江省公立工业专门学校，成立了我国第一个化工系。在他的建议下，将应化科改建为化学工程科，教导学生学习化工生产的共性规律，以使学生能从事化工生产设计和开发研究。1928 年学校培养出我国第一批化工学科毕业生。李寿恒撰写了《化工教育标准与本系课程》，结合中国国情提出了高标准、高起点、严要求的人才培养教育构想。至1938 年，经过10 年的艰苦创业，浙江大学化工系建立起教学、科研、生产实践融为一体的教育体系。西迁办学期间，历尽艰难险阻到达遵义后，1940 年上半年，李寿恒在遵义洗马滩建立了化工实验室，开始了研究生培养。1941 年8 月浙江大学成立工科研究所（化学工程学部）。

化学工程与技术学科是我国第一批具有硕士、博士学位授予权的化工学科和第一批国家重点学科。历经90 年的建设与发展，先后创建了国内首批化学工程、化工自动化、化工机械、化学反应工程、聚合反应工程、高分子材料、环境化工、低温工程等学科或学科方向。目前，化学工程与技术学科在化工过程工程、化学产品工程、生态化工、生物化工和制药工程等前沿领域具有独特的地位。

ZJU·120
求是创新 2017

怎样种"浙大長"萝卜

浙江省科学技术普及协会编

科学普及出版社

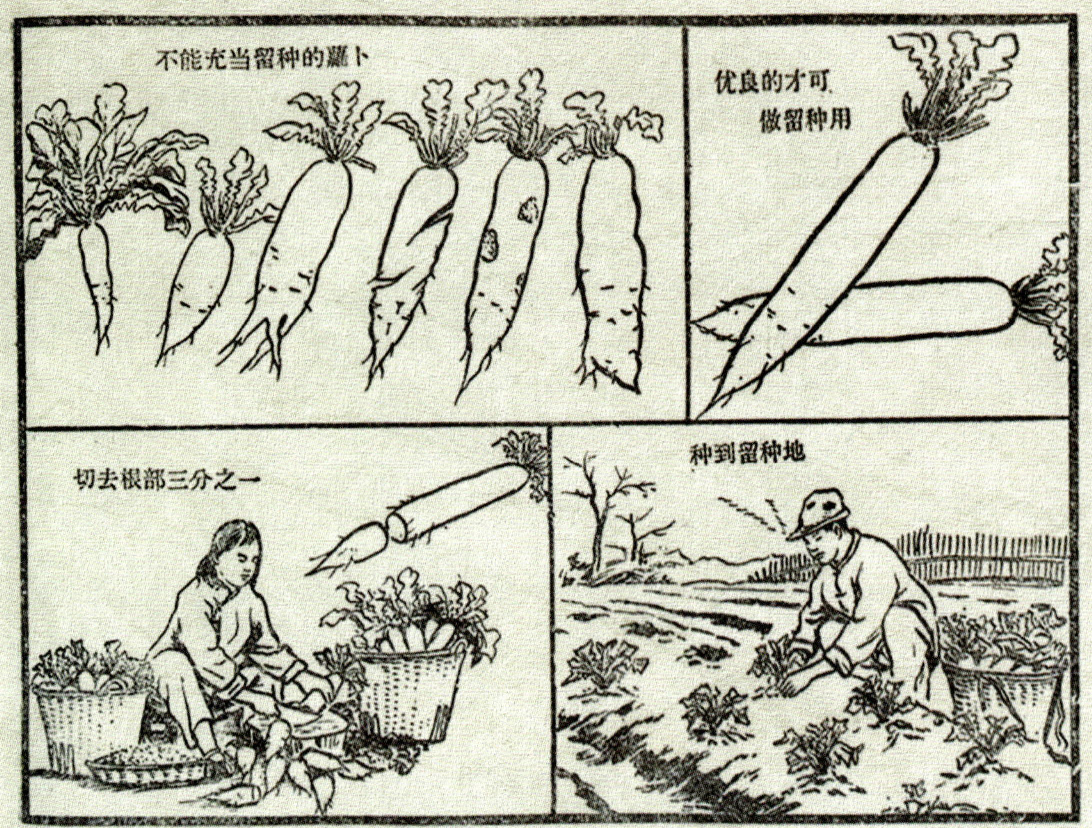

〉“浙大长”萝卜，是吴耕民于1949年从杭州市郊区古荡农家选取的萝卜，经系统选育，成为大而长的丰产品种，从1954年起已推广到全国及邻国

〉贝时璋院士1930 年—1950 年在浙大生物系任教

1929
第一个生物系

-

浙江大学生物系创立于1929 年9 月。1930 年6 月，当时刚留德归来的贝时璋担任首任系主任；1934 年后留美回国的蔡堡和谈家桢曾先后继任系主任；西迁办学期间，留日植物生理专家罗宗洛、留英植物学家张肇骞等先后来生物系任教。1942 年，浙江大学理科研究所生物学部成立，贝时璋任主任，开始招收研究生。到中华人民共和国成立，浙江大学生物系的科学研究主要集中在以下三个方面：由贝时璋主持的在细胞水平上开展动物的发育与再生研究；由罗宗洛主持的微量元素和生长激素对作物早期发育和生长的促进作用研究；由谈家桢主持的瓢虫色斑和果蝇遗传的研究。无论是创建时期或是1952 年后调整发展时期，生物系为国家培养了一大批杰出的优秀专业人才，并成为相关学科发展的重要的人才基础。

國立浙江大學史地學系民三六級謝師會留影紀念 民國三十六年六月十一日

〉浙大史地系师生合影

1936
第一个史地系

-

史地合系，是浙江大学的创举。浙江大学史地系创办于1936年，史地研究所创办于1939年。正值西迁至广西宜山，浙大师生虽颠沛流离仍治学不辍。史地系自1936年创设至1949年，前后共十三年。在张其昀先生的主持下，浙大史地系发展成为拥有两系、一所、一室的较为完备的系科。独树一帜的“史地合一”融贯史地之学的治学思想，通过教学和研究，使专才教育与通才教育相结合和统一。1947年，由史地教育研究室出版的史地系师生所出论著有13部。至1948年，毕业于史地研究所的研究生共27人，日后成为中国科学院院士的有五位，分别是施雅风、陈述彭、叶笃正、谢义炳、毛汉礼，还有中国工程院院士陈吉余。他们为中国的地质研究事业作出了杰出贡献。

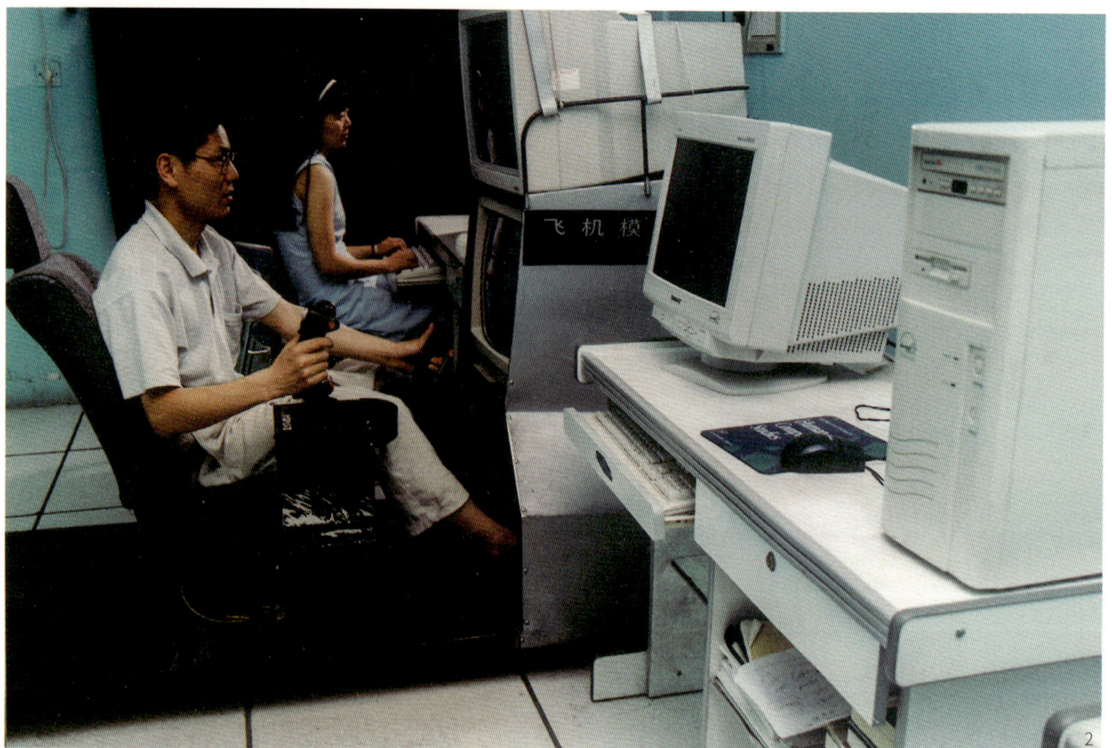

1〉光仪系学生做测角仪的实验

2〉20 世纪90 年代，工业心理学实验室

1952
第一个光学仪器专业

-

1952 年，教育部根据中国科学院和光学专家王大珩院士的倡议，在浙江大学设置了国内第一个光学仪器专业，并于1960 年成立了光学仪器工程学系；1965 年经国家科委批准在浙江大学光仪系建立了光学仪器中间试验基地。数十年间，浙江大学光学工程国家一级重点学科始终继承和保持学科多项“第一”的优势，并将学科研究方向拓展到光电信息领域，发展成为国内外知名的光学工程学科国家级科学研究和人才培养的重要基地，在高精度光纤传感、精密光学成像与检测、微纳光子学、超分辨光学显微成像和生物光子学等方面取得国际先进的研究成果，形成了从基础研究到工程研究、高新技术产业化研究与开发的完整学科体系。

1958
第一个化学生产的操纵及检验仪器专业

-

1956 年，浙江大学按教育部要求开始筹建“化学生产的操纵及检验仪器”专业，简称“化仪”。该专业是我国在化工自动化领域设立的第一个专业。筹建小组由王仁东、王骥程、李海青、林新民和王静熙等组成。

1958 年，从美国归来的周春晖先生应邀加盟筹建组并完成了专业的创建工作，专业名称确定为“化工生产过程自动化及仪表”，简称“化自”。教研组成员有周春晖、王骥程、李海青、林新民、顾钟文、赵宝珍、沈平、陈鸿琛、林克贞等。化自专业从创建之初就强调理论与应用相结合，并与当时国际上的Chemical Process Control 学科基本接轨。1961 年，化自专业首届本科生63 人毕业。

60 年来，化自专业已发展成为在我国自动化领域名列前茅的控制学科。

1961
第一届工业心理学硕士研究生

-

陈立教授是我国最早从事工业心理研究的学者之一。1961 年，陈立在杭州大学教育系招收我国第一届工业心理学硕士研究生。改革开放后，经济建设百废待兴，企业管理需要新的理论指导，人力资源开发需要先进的体系，工业心理学迎来了快速发展。1980 年，杭州大学受原第一工业机械部委托，建立心理学系，创办工业心理学专业；1987 年培养了我国第一位工业心理学专业博士。通过几代人的努力，心理与行为科学系的应用心理学（原工业心理学）专业已建设成为国家重点学科，建立了我国唯一的，也是心理学界最早的国家专业实验室——国家工业心理学专业实验室。在智能人机交互与虚拟现实、航空工程心理、人体参数测试与建模、界面设计与评价、脑功能与认知、群体决策与行为观察、网络化人力资源实验室、认知发展等研究方向形成了基础与应用同时具备的研究特色。

〉1957 年，青年时代的陈立教授与曾任国际心理学联合会主席的德国洪堡大学心理系系主任Klix 交谈

1972
第一个电力电子技术专业

-

浙江大学电力电子技术学科（专业）创建于1972年，是我国最早建立的电力电子技术学科，由1920年设立的电机工程科和1953年设置的电机系电器制造专业发展而来。

电力电子技术是从传统的以电磁理论为基础的电工学科发展成以电磁和电子为基础的新一代技术。面对当时电力电子方向人才的巨大缺口，汪槱生先生遂在浙江大学领导建立了该学科，致力于电力电子技术专业人才的培养。

汪槱生先生多年来带领学科培养了我国电力电子技术学科第一位博士学位获得者、第一位国家杰出青年科学基金获得者和优秀青年科学基金获得者等大批国内外优秀人才。学科建有国内唯一的国家电力电子技术专业实验室和国内高校唯一的国家电力电子应用技术工程研究中心等。

1977
第一个生物医学工程专业

-

1977年，大学恢复招收培养四年制本科生。在时任党委书记刘丹的支持下，吕维雪教授创建了生物医学工程专业，也是我国第一个将医学、生物学和工程学交叉整合的专业，旨在综合运用各种工程技术和理论来研究、解决生物学与医学中的问题。部分教师从原动态测试仪表专业抽调，并从校外引进了一部分教师。吕维雪在教学计划的制订，教材的编写、引进和实验室建设方面做了大量的工作，从无到有地建立起了该学科完整的教学体系。期间专业名称曾为“生物医学工程与仪器”，1995年确定为“生物医学工程”。

20世纪90年代，吕维雪及其博士生所开发的LFX虚拟心脏模型是国际上第一个在微型机上实现的心脏模型，对虚拟心脏模型的推广应用具有重要的意义。目前，浙江大学生物医学工程是一级学科国家重点学科，已成为我国重要的生物医学工程领域高层次和创新型人才培养基地。

1978
第一个环境保护系

-

自20 世纪70 年代开始，浙江农业大学土化系、植保系和农学系生物物理组的部分教师相继开展了环境保护方面的研究，取得了系列成果，为专业的筹办打下基础。1978 年，由朱祖祥任组长的农业环境保护专业筹建组成立，同年下半年开始招收农业环境保护四年制本科生。成为全国高等农业院校中第一个创办的环境类本科专业，也是全国高等院校中最早创办的环境类本科专业之一。1982 年农业环境保护专业更名为环境保护专业，1983 年经浙江省政府批准建立浙江农业大学环境保护系。同年获农业环境保护学科硕士学位授予权，1990 年获博士学位授予权，成为全国高等院校唯一的农业环境保护学科博士点。1983 年本科农业环境保护专业更名为环境保护专业，后变更为环境工程专业。1997 年，农业环境保护学科硕士和博士点变更为环境工程专业硕士和博士点。

1978
第一个材料科学与工程学系

-

浙江大学材料科学与工程学院是我国最早从事材料科学与工程研究和人才培养的单位之一，源于机械系1952 年开始招生的金相、铸造专业，化工系1958 年开始招生的硅酸盐等专业。1978 年，在王启东、阙端麟、丁子上、毛志远等老前辈的积极倡导下，浙江大学建立了我国高校中第一个材料科学与工程学系。1985 年建立了浙江大学首个国家重点实验室——高纯硅及硅烷国家重点实验室。2007 年材料科学与工程被批准为国家一级重点学科。2014 年7 月，材料科学与工程学系更名为材料科学与工程学院。

经过近40 年的发展，人才培养模式从开始的分专业培养到形成一级学科培养模式；研究重点从偏重工艺工程，到逐渐形成以信息材料、能源材料、生物材料及先进结构材料等为特色的新材料研究，尤其是在新材料的微纳结构和原位表征等前沿领域形成了鲜明特色。

材料微结构摄影大赛

〉微结构摄影大赛是浙大材料科学与工程学院创立的一项文化品牌活动，面向全省大学生，一年举办一次，图为大赛2016 年的得奖作品。

〉**图书馆馆藏**

张绍忠是我国最早从事高压物理研究的物理学家之一，也是浙江大学物理系创办人。1947 年病逝于遵义。他的家属遵其遗嘱，将他的全部藏书捐赠给学校。浙江大学图书馆保存了跟随学校西迁办学的“旧书”，现存放于“国立浙江大学”厅。

2006
第一个中外高水平出版基金：施普林格集团浙江大学出版基金

施普林格出版集团是改革开放以后最早进入中国的大型出版机构之一。在过去的十多年，双方密切合作，双方共同设立的“浙江大学—施普林格科技出版基金”是国内首个与海外出版社合作设立的出版基金，宗旨是支持、推动优秀的科技专著的出版——帮助杰出的科学家以学术论著的形式出版他们优秀的学术和研究成果，并将其推向国际市场。2016 年年底，双方合作出版了100 余部学术专著和5 种学术期刊，其中35 种入选“中国图书对外推广计划”。“中国科技进展”和“中国能源和资源的清洁转化与高效利用丛书”两个系列丛书入选“中国文化著作翻译出版工程”，在海内外取得了较好的经济效益和社会效益。2016 年，施普林格·自然与浙江大学出版社就“中国智能城市建设与推进战略研究丛书”签署了合作出版意向书。该丛书是中国工程院重大咨询研究项目“中国智能城市建设与推进战略研究”的研究成果，也是中国中长期发展战略研究的项目之一，将系统全面地分析面向2030 年中国在智能城市方面的战略规划研究。这也是我国第一套真正全面、系统地以“智能城市”为主题深入研究的丛书，共有47 位相关领域的院士和180 多位专家直接参与研究。

Milestones at the International Arena
国际标点

2009
承担国家任务：新加坡科技设计大学合作

-

2009 年11 月12 日，中新两国政府签署谅解备忘录。根据备忘录，浙江大学和美国麻省理工学院一起与新加坡结为伙伴，建立新加坡第四所公立大学——新加坡科技设计大学。在中新两国政府支持下，浙大与新科大于2010 年8 月正式签署第一阶段合作协议，根据协议，双方开展师生交流、课程开发、教师培训、联合科研等合作。为推动两校第二阶段为期七年的合作，2015 年12 月，浙江大学与新加坡科技设计大学就成立“创新、设计与创业联盟（IDEA）”签署谅解备忘录，联盟得到了黄廷方基金人民币5000 万元的资助。两校第二阶段合作于2017 年起执行，开展教师授课、师生交流、学生直攻博项目、联合科研等；双方一致同意将合作项目向联合授予学位的课程建设方向发展。

2013
联合国教科文组织设在中国的第一个创业教育教席

-

早在1946 年，浙江大学校长竺可桢与教育学系王承绪教授作为中国代表团成员参加联合国教科文组织在巴黎的成立大会。2010 年，联合国教科文组织在浙江大学设立创业教育教席。浙江大学依托综合性大学优势，系统构建多学科融合的创业人才培养体系和创业教育多元复合平台。在创业教育研究、教学、课程开发、创业实践、国际合作等方面形成了完整的创业教育体系。2013 年，联合国教科文组织中国创业教育联盟成立，浙江大学为主席单位；联合国教科文组织“亚太地区教育创新为发展服务计划”（APEID）设立浙江大学联系中心，为该组织在中国较早设立的联系机构。

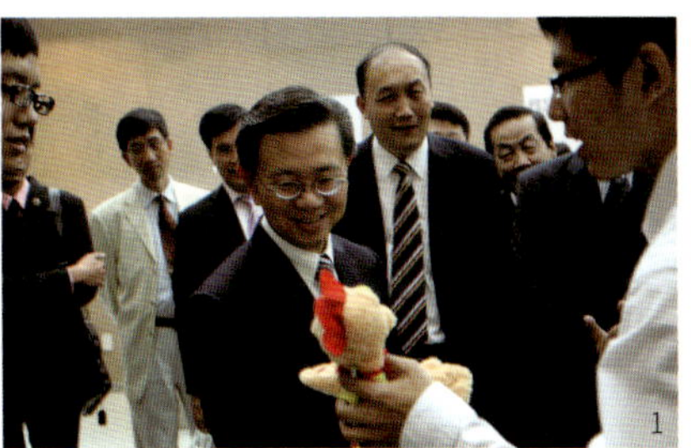

1〉新加坡副总理与浙大工业设计专业学生交流
2〉浙大出版社与施普林格·自然签订丛书合作意向书

SOCIAL RESPONSIBILITY

大国“公”匠

“为天地立心，为生民立命，为往圣继绝学，为万世开太平”，
是中国先贤们为大学教育垂示的理想宏愿。
大学，汇聚了一代又一代学人，怀抱民族振兴的理想，
传播与创造知识，服务与奉献社会，
为国家富强和民族振兴而奋斗。

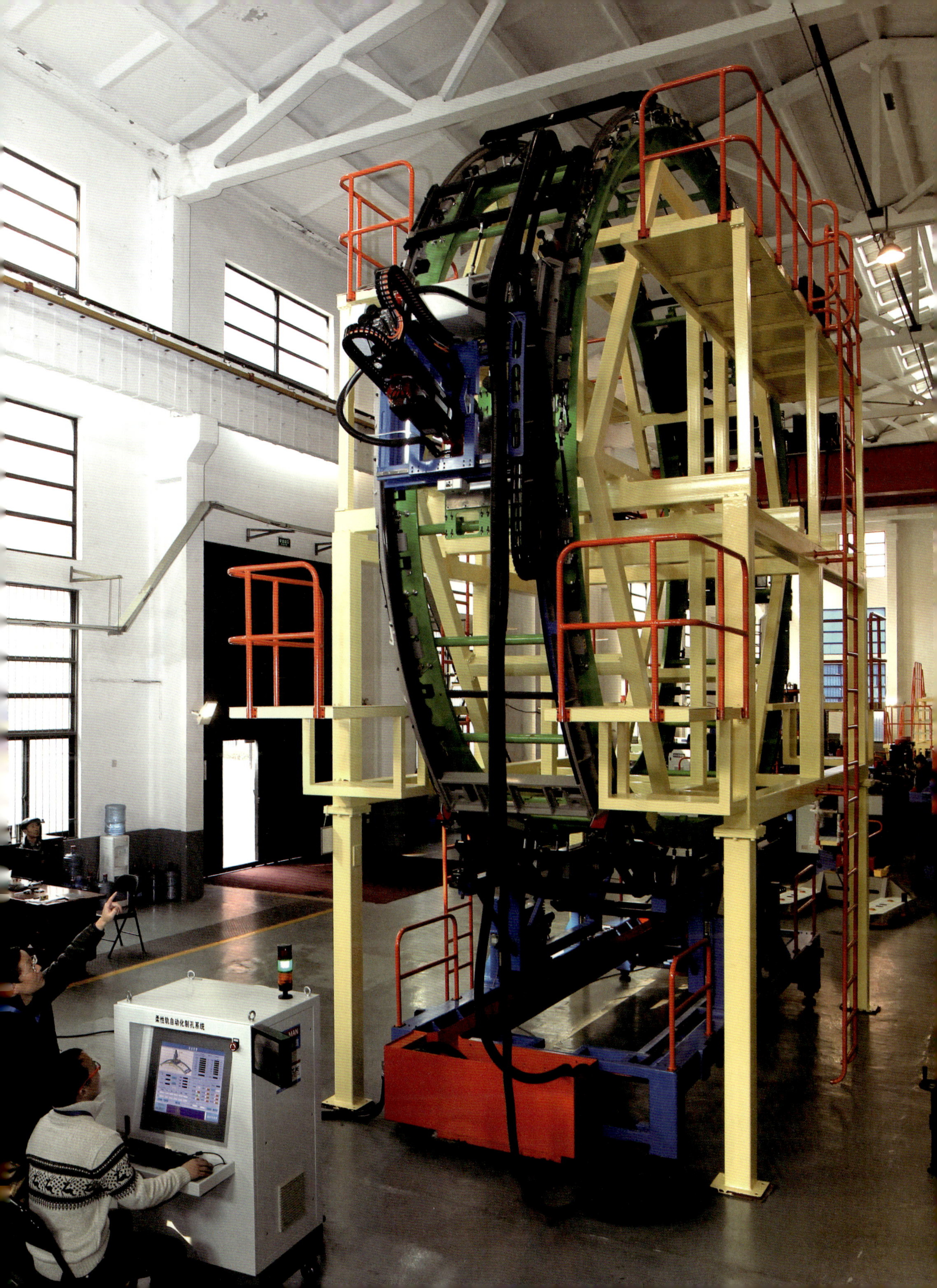
柔性轨自动化制孔系统
MAN

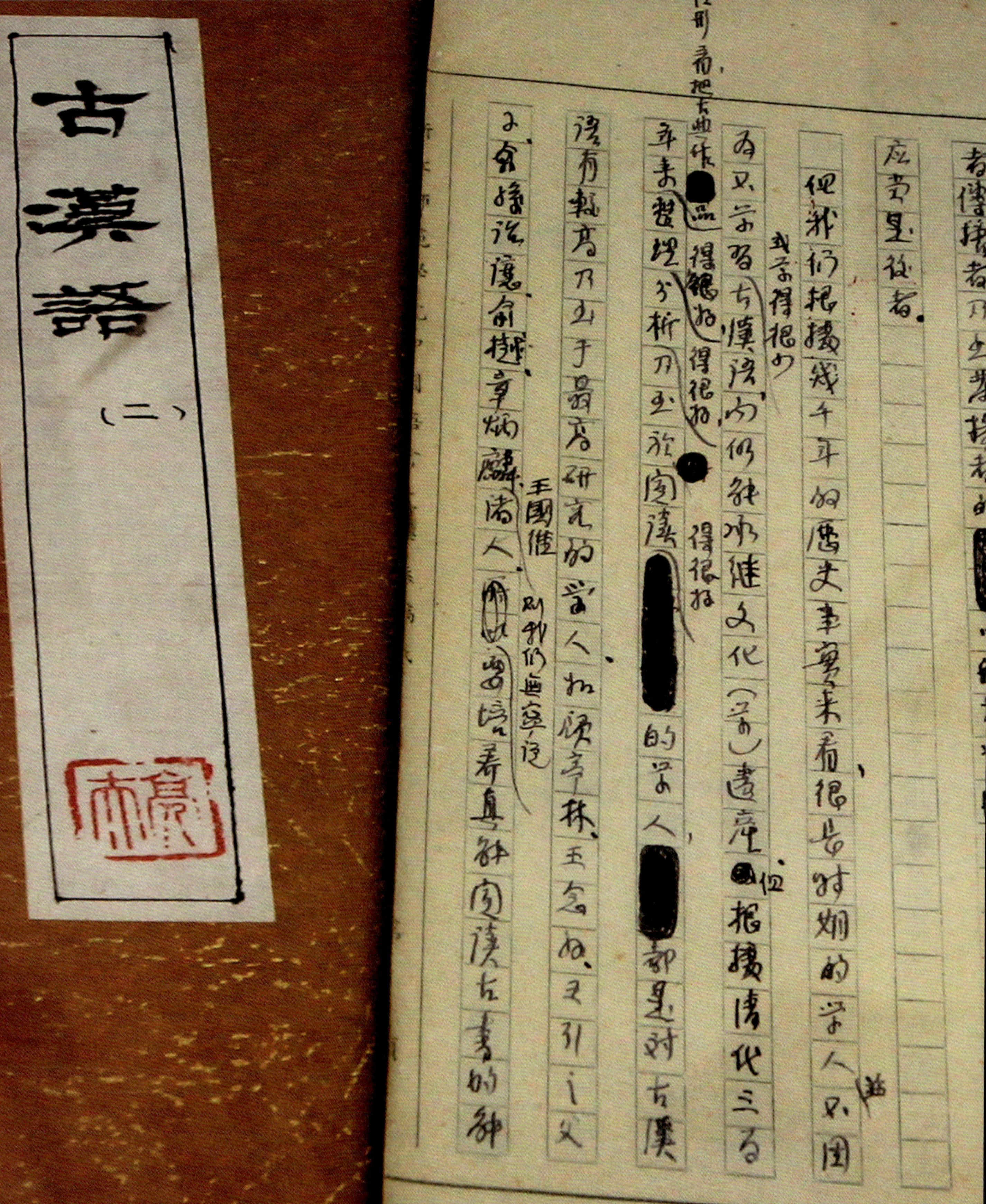

〉姜亮夫先生的古汉语讲义手稿

Masters in Humanities
人文大家

在浙江大学任教的知名人文学者，为社会、为学校留下了丰富宝贵的知识财富，他们的学识和学说，对浙江大学乃至相关人文社会学科的发展，都产生了深刻的影响。

马一浮
1883—1967

当代国学大师

-

马一浮先生是新儒家早期代表人物之一。他的学术思想主要汇集在《泰和宜山会语合刻》《复性书院讲录》和《尔雅台答问》等。而前两本主要就是在浙江大学讲学的集成。

马一浮曾留学美国、日本，对西方科技文化的形成与发展有较深了解。1905年至1938年的33年间，他一心读书治学，隐居佛寺不出，逐渐形成“以佛证儒，融佛入儒”的学术特点。

竺可桢任浙江大学校长后，曾多次邀请马一浮出山授课，均未果。抗日战争爆发后，马一浮终于在1938年赴西迁中的浙大讲学。在泰和，马一浮做了11次讲演，讲稿辑为《泰和会语》。同年下半年，浙江大学迁至广西宜山，马一浮又做了9次讲演，讲稿辑为《宜山会语》。1939年二书合刻为《泰和宜山会语合刻》。李絜非教授在1938年撰写的《浙大西迁纪实》中说：“马先生讲学时，本校师生亦莅听甚众，多执弟子礼。对质朴中正著闻，际兹颠沛动荡之中，得当代大师之启导，益有无形的升华。”这也是马一浮一生中唯一的执教经历。

1938年11月，竺可桢提议并决议“求是”为浙大校训，请马一浮撰写校歌歌词。歌词取材《易经》《书经》及《礼记》诸书，“为先哲嘉言，有至理存乎其间”，传唱至今。

梅光迪
1890—1945

文学家

-

梅光迪先生1936年任浙江大学文理学院副院长兼外国文学系主任。1939年任文学院院长。1945年因病不治在贵阳去世。梅光迪素奉“述而不作”之风，因而留存著述甚少。散见于各报章杂志。其后人整理出版的《梅光迪文存》，是收录梅光迪著述最全的一本文集。

梅光迪是中国首位留美文学博士，《学衡》杂志的创办人之一。1922年1月，《学衡》在南京创刊。这是一本以研究学术，整理国故为宗旨的刊物，梅光迪、吴宓、胡先骕等学贯中西的新派文人担任主编。《学衡》论究学术，阐求真理，昌明国粹，融化新知，以中正之眼光，行批评之职事。无偏无党，不激不随。《学衡》为月刊，至1926年底停刊，出刊60期；1928年复刊，改为双月刊，1930年停办一年又零星出刊，至1933年7月停刊，又出19期，共79期。在各种西方文化风靡一时的时期，《学衡》杂志树立了一面捍卫中华传统文化的旗帜。

孟宪承
1894—1967

教育学家

-

孟宪承先生曾三度任教浙江大学：1929—1933，1938—1941，1946—1951，讲授教育哲学、教育社会学、教育史、比较教育学，前后共12年余。在宜山办学时期，任教育系系主任，在龙泉分校时，任教务主任和英文教授。

1949年杭州解放，孟宪承接受军管会委派为浙江大学校务委员会常务委员，参与主持浙江大学校务。1951年孟宪承调任上海，出任华东军政委员会教育部部长、华东行政委员会教育局局长。后出任华东师范大学第一任校长。

孟宪承是最早为师生讲授马列基本原理的党外学者。他一生著作颇丰，著有《教育概论》《教育通论》《教育史》《西洋古代教育》《大学教育》《民众教育》《中国古代教育史资料》《中国古代教育文选》等多种。1933年，孟宪承在杭州亲手创建了一所民众教育实验学校，并在此期间对民众教育理论进行了深入研究，著有《民众教育》《民众需要的是什么教育》等论著，是我国民众教育的先驱之一。

吴定良
1894—1969

人类学家

-

吴定良先生是“国际统计学社”和“国际人类学社”的第一位中国社员，并于1934年代表中国首次参加在伦敦召开的国际人类学会议。吴定良于20世纪30年代开始的体质人类专项研究，将通过人体测量法取得的数据进行生物统计学分析，以此获得体质人类学依据，探索民族的起源、民族群体间的相互关系、解释文化与体质的关系。吴定良的研究对人类头骨的形态学特点、人种学特征、测量方法等做了详尽的阐述，特别是在面骨扁平度的测量方法上新的创造，被各国人类学家所采用，一直沿用至今。

吴定良1945年受聘浙江大学担任史地系教授至1952年。开设普通人类学和统计学相关课程。在他的努力下，1947年9月浙江大学成立了人类学系与人类学研究所，吴定良任系主任兼所长。1946年至1948年，吴定良为我国培养了第一批体质人类学研究人员和师资。1950年5月，吴定良与卢于道、欧阳翥、刘咸等在杭州发起组织成立中国人类学学会，吴定良当选为理事。

钱穆
1895—1990

国学大家

-

钱穆先生毕生著述多达80 种以上，对后世产生了巨大的影响，代表作有《先秦诸子系年》《中国近三百年学术史》《国史大纲》等。

西迁办学时期，浙江大学虽处僻远之地，但学校十分重视教学科研的发展，不仅延聘名师担任教职，还时常邀请学界名家来校讲学或担任客座教师，钱穆就是其中之一。钱穆与时任国立浙江大学文学院院长兼史地系主任张其昀交谊深厚。1943 年2 月，张其昀邀请钱穆赴遵义讲学，钱穆欣然前往，“其时晓峰为浙大遍觅国内名学者，如缪彦威、郭斌和、谢幼伟等诸人，皆在浙大文学院任教，与余皆一见如故，相聚畅谈，诚为当时避难后方难得一快事”（钱穆《纪念张晓峰吾友》）。钱穆为浙江大学学生主讲中国学术思想史，听者甚众，甚至外系学生超过了史地系学生。1943 年3 月8 日，在学校庆华园举行的“总理纪念周”上，钱穆为浙大师生做了《五十年来中国之时代病》的演讲，全文刊于《思想与时代》月刊第21 期。

钱穆也是《思想与时代》杂志社基本社员和核心撰稿人之一，先后撰稿达四十余篇。他自认“余一人生平学问思想，先后转捩一大要点所在，不得谓与晓峰之创办此一杂志无关联”（钱穆《纪念张晓峰吾友》）。为《思想与时代》撰稿，可以看作是钱穆学术方向由历史研究转向文化问题的标志。

夏承焘
1900—1986

词学大家

-

夏承焘先生20 世纪30 年代后曾在之江大学、浙江大学、浙江师范学院和杭州大学任教多年。

夏承焘毕生致力于词学研究和教学，被认为是现代词学的杰出代表和奠基人之一，在词人年谱、词论、词史、词乐、词律、词韵、词籍笺校等方面的系列经典著作在词学史研究中具有标志性意义。夏承焘被称为“一代词宗”，概括了他在词体创作上所取得的崇高成就和在词学研究方面的卓越建树。夏承焘词学研究的最大成就在于开创词人谱牒之学，被誉为是系统开创词人谱牒之学、奠定现代词学科学基石的奠基人。经夏承焘精心考辨，积年累月而成的《唐宋词人年谱》十种十二家，使得唐宋词人生平事迹变得清晰可辨，信实可靠。著作一经问世便引起极大关注。同时，他将词学考订成果与作品研究结合，独具建树。

姜亮夫
1902—1995

楚辞大家

-

姜亮夫先生自1953 年起任教浙江师范学院和杭州大学。

姜亮夫青年时代师从王国维、梁启超、陈寅恪，后又拜师章太炎，曾游学巴黎、伦敦、罗马、柏林。一生留下二十多部专著，约1250 万字，在楚辞学、敦煌学、语言学、历史学、文献学方面都有为学人所必读的重要著作。后人曾以“宽无涯矣”评价其学术视野的宏远广阔。

姜亮夫的前半生在动荡与苦难中治学。留学期间他以超人的精力、毅力和信念，抄录、拍照、描摹了大量流失在西方的中国文物，并在回国后颠沛流离的生活中撰写《瀛涯敦煌韵辑》《敦煌——伟大的文化宝藏》《莫高窟年表》等著作，成为我国敦煌学研究的基础。20 世纪80 年代，姜亮夫以知天命之年接受教育部的委托开办了“敦煌学培训班”，为后辈学人开启了敦煌学研究之门。

姜亮夫在其82 岁高龄时组建杭州大学古籍研究所，并担任所长和中国古典文献学专业博士生导师。十年中，他每天写作二三次，每次300 至500 字，几无一日中断，又得百万字专著。其《古文字学》《楚辞通故》等十余种专著先后出版或修订新版。90 岁时他提笔写下“立德、复性、致知”之词，将“立德”放在育人的首位。

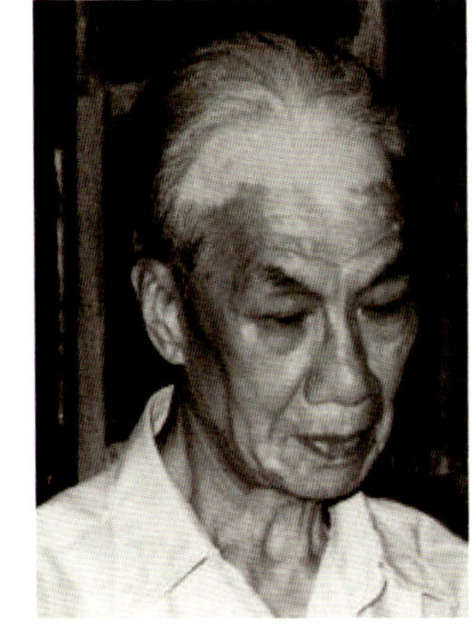

陈乐素
1902—1990

历史学家

-

陈乐素先生是我国宋史研究开拓者之一。

陈乐素数度任教浙江大学，为浙江大学宋史研究奠定了厚实的基础。1942 年应聘任浙江大学历史系教授期间，先后开设了隋唐史、宋史、中国目录学史等9 门课程，并担任史地研究所的导师，在宋史研究方向指导了6 名研究生。中华人民共和国成立后，陈乐素奉军事管制委员会之命，参与接管浙江大学，1952 年任浙江师范学院历史系教授兼图书馆馆长，参与郭沫若主编的《中国史稿》中的宋史部分的编写，改革开放后辗转回到杭州大学任教，专心治史，继续编著《宋史艺文志考证》，并在中国社会科学院和杭州大学两处招收宋史研究生。1982 年，在陈乐素等诸位老先生的申请下，国家设立了“高校古籍整理经费”，先后在全国高校建立了18 个古籍研究所和4 个古典文献专业，古籍整理研究工作从此展开了新局面。

黄翼
1903—1944

心理学家

-

黄翼先生1930 年回国任浙江大学心理学教授，讲授儿童、教育、实验和变态心理学等课程达十五年，诲人不倦，直至病逝。

在儿童心理学、实验心理学等方面，黄翼曾进行长期的实验研究。他在浙江大学时曾筹建心理实验室，并首创培育院，以配合有关儿童心理学课程解决观察、实习、研究的需要，同时，也起到辅导家庭教育的作用。培育院创立于1935 年秋，1937 年抗日战争爆发后停办，共存在了两年的时间。培育院强调儿童的全面发展，不仅注意智力，更注意身体健康和良好习惯的培养。培育院依照心理卫生的原则，对学前期儿童实施科学教育，以促进儿童心理的健康发展。他的理论和实践倡导教育必须适合儿童遗传的可能和限制，提倡帮助儿童选择职业，必须注意他们的特殊才能和缺陷。

黄翼发表的重要心理学专著和论文包括《儿童对奇异现象的解释》（1930）、《儿童语言之功用》（1936）、《神仙故事与儿童心理》（1936）、《儿童绘画之心理》（1938）、《儿童心理学》（1942）、《儿童的物理因果概念》（1943）、《儿童泛生论的实验分析》（1945）等，对我国儿童心理学的发展有重要影响。

张荫麟
1905—1942

史学家

-

张荫麟先生1937 年和1940 年两度任教浙江大学，主讲历史。1942 年因病卒于遵义，终年37 岁。1940 年至1942 年期间，他的治史重心为宋史，“搜宋人文集笔记殆遍，论宋事诸篇精审越古作者”。在浙大，他参与创办《思想与时代》杂志，试图“在建国时期从事思想上的建设，同时想以学社为中心，负荷国史编纂之业，刊行《国史长编丛书》”。他本人这一时期的文稿亦主要发表于此。在他病逝后，众多大家为之哀叹。他的好友吴晗数次为他撰写长文，哀悼追忆、介绍他的史学成就。

他身前完成的唯一专著《中国史纲》受到众多史学大家追崇，后人编辑的《张荫麟文集》于1993 年由教育科学出版社出版。

李浩培
1906—1997

国际法学家

-

李浩培先生是联合国南斯拉夫问题特设国际刑事法庭法官。他的主要研究领域是国际私法，代表著作有《国际私法总论》《国籍问题的比较研究》等。

1946 年，李浩培应竺可桢校长邀请，担任浙江大学法学院院长，其间为学生教授罗马法、国际私法、刑法课程，并发表了一批国际私法论著，筹备了联合国同志会杭州分会。该会于1948 年10 月17 日召开了成立大会，在会上李浩培被公推为会长。

李浩培主张法学院必须为国家培养法学人才，以达到依法治国，维持社会秩序，富强国家的目的。1949 年杭州解放前夕，震动全国的浙大于子三事件中，他作为竺可桢校长的法律顾问，为取得可靠资料，亲往浙江省高等法院查阅卷宗、与杭州特设刑庭交涉，保释出已被特设刑庭判刑的五名浙大进步学生。

李浩培先生对浙江大学法学院怀有深厚感情，曾亲撰《浙大法学院简史》刊于《浙大校友》上。1989 年浙江大学成立法学会，他欣然受聘担任名誉会长。

严群
1907—1985

哲学家

-

严群先生1939 年留美回国后，曾在燕京大学、中国大学、浙江大学任教。1952 年后，严群先生历任浙江师范学院教授，杭州大学教授，并担任古希腊哲学研究室主任，浙江省哲学会副会长。他译有柏拉图《泰阿泰德 智术之师》《浙叙弗伦》《苏格拉底的申辩》《克力同》，著有《亚里士多德之伦理思想》《分析的批评的希腊哲学史》等。

20 世纪初，一批留学欧美的学者奠定了中国古希腊哲学翻译介绍和教学研究的基础。其中，严群与陈康、冯友兰、贺麟同为第一代代表学人。严群的学生王晓朝在严群传授古希腊语的基础上，赴英国继续努力深造，掌握古希腊文，并翻译出版了《柏拉图全集》中译本4 卷（人民出版社2002 年—2003 年出版），这是中国学者研究翻译古希腊学术著作的又一重大成就，也是学界佳话。1982 年后出版的《古希腊哲学史》有浙江大学多位学者参加撰写。

1950
-
1978

Contributions in Science and Technology
匠心独具

国家经济建设起步初期，基础薄弱，百废待兴。浙江大学师生在极其困难的条件下，以“国家责任”为己任，攻坚克难，创造出了一项又一项社会和经济发展急需的成果，为国家强盛和人民生活水平的提高作出了杰出贡献。

ZJU·120
求是创新 2017

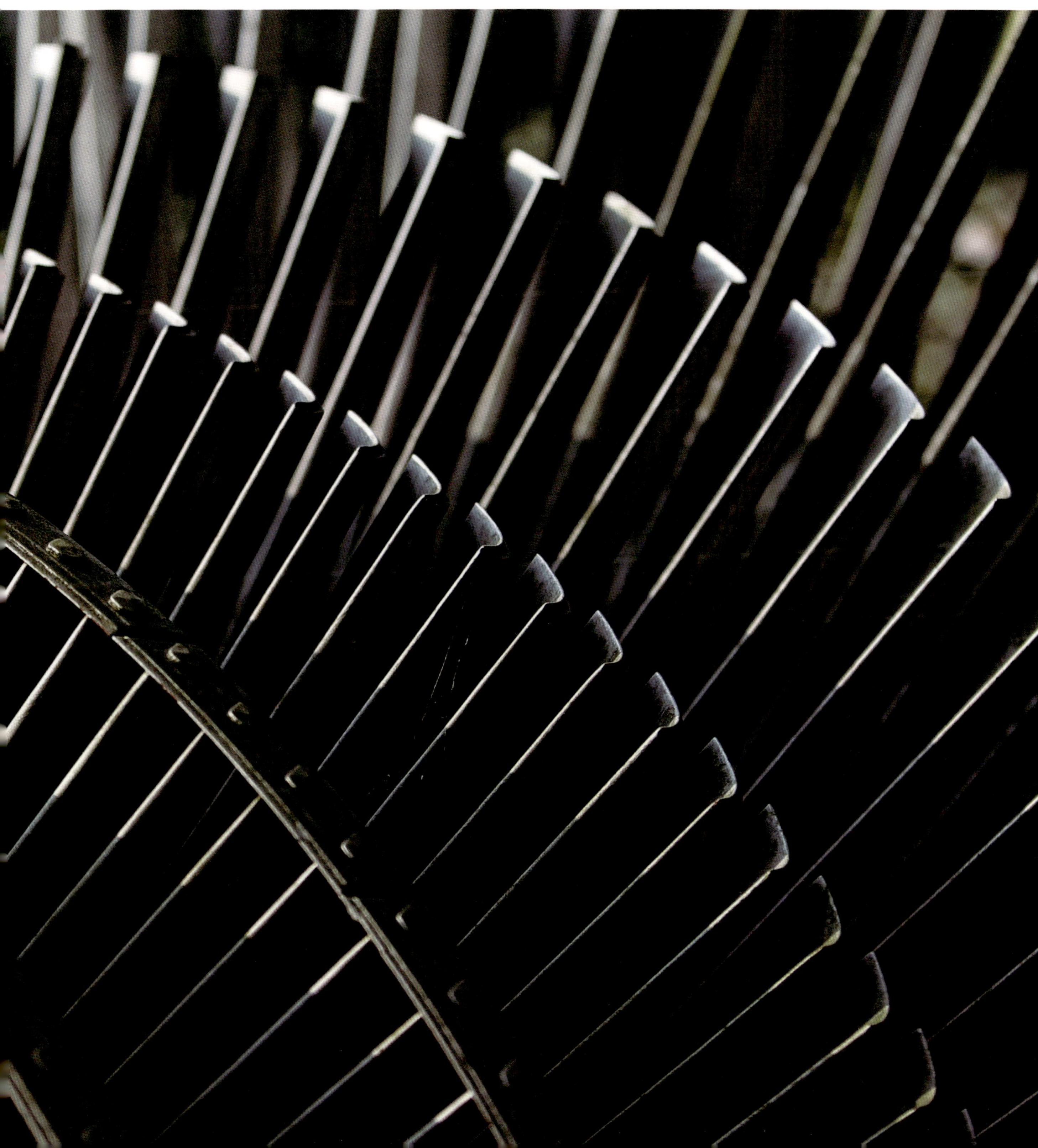

〉双水内冷汽轮发电机主要研制者郑光华教授（右）正与同事一起进行研究

第一台双水内冷汽轮发电机

-

1978 年全国科学大会奖

1985 年国家科学技术奖一等奖（合作）

双水内冷汽轮发电机是巨型汽轮发电机的一种，因定子绕组和转子绕组都用空心铜线并通以水冷却而得名。1958 年，在国民经济快速发展但电力供应严重不足的情况下，原浙江大学电机教研室教授郑光华首先提出并领导负责研制汽轮发电机双水内冷技术。郑光华、汪槱生、陈永校、林章伟等教师和学生进行了模型试验，并在萧山电机厂试制成功3000 千瓦双水内冷同步发电机，在闸口电厂并网运行。这是世界上第一台大中型凸极式转子双水内冷汽轮发电机。此项成果1964 年获国家发明证书（0024 号）。双水内冷汽轮发电机的成功研制在国际上首创了大型发电机转子水内冷技术，建立了中国独有、世界领先的大容量汽轮发电机双水内冷的方法和体系，实现了我国大容量发电机制造水平的飞跃，有力带动了当时电力工业和国民经济发展。

第一台高速摄影机

-

1978 年全国科学大会奖

核武器爆炸是在微秒内实现的，它最直观的观测手段——摄影机也必须是微秒级的超高速摄影机。1966 年3 月初，在正式接到国防科委下达的研制任务后，原浙江大学光仪系师生在短短9 个月时间内研制成功了第一台转镜式等待型分幅全自动超高速摄影机，拍摄频率为250 万幅/ 秒，最大工作时间为1/5000 秒，成功记录下了我国第一次氢弹爆炸的瞬间。这是我国核试验爆炸第一次用最高拍摄频率的超高速摄影机，第一次拍摄到氢弹起爆的连续照片，图像清晰。此后，光仪系又先后研制了条带式高速摄影机，Ⅰ型和Ⅱ型狭缝式高速摄影机，成功记录了飞行体的重要数据，包括飞行轨迹和飞行姿态等。

ZJU·120
求是创新 2017

23-52795
高速摄影机
型号 DGS-1 编号 6602
浙江大学
1966年11月

李约瑟的记录

1944 年李约瑟在遵义湄潭考察期间拍摄的浙大师生科研场景。原图现存剑桥大学李约瑟研究所。

1〉罗登义在实验室

2〉谈家桢在实验室

1

2

1〉阙端麟院士（左）在实验室
2〉20 世纪80 年代，汪槱生研制的中频电源在产业中得到广泛运用

第一台高纯硅烷及多晶硅生产装置

-

1978 年全国科学大会奖

阙端麟院士自1959 年开始硅材料的研究，1964 年在国内率先采用硅烷法制成纯硅，随后组织研究队伍扩大研究。1970 年，他完成了高纯硅烷及多晶硅生产的成套技术研究。1987 年获批建成高纯硅及硅烷国家重点实验室。作为浙江大学半导体材料学科的奠基人，阙端麟带领团队以精益求精的科学态度，不断探索和提升硅单晶的制造方法工艺。这一完整的成套技术由于工艺简单，流程短，易于保证高纯度，而成为中国生产高纯硅烷的主要方法。

第一台中频感应加热电源

-

1978 年全国科学大会奖

20 世纪60 年代末，原浙江大学电气、电子、控制、机械等多个专业的老师专门成立了课题组，在汪槱生院士带领下，在国内率先研制电力电子感应加热电源，满足特种钢材制造工艺的要求，1970 年研制成功我国第一台晶闸管中频感应加热电源（100kW/1kHz），在此基础上创立和发展了浙江大学电力电子技术学科。这一研究奠定了我国感应加热技术国际先进水平的基础，使浙江大学成为该领域国内主要成果发源地。

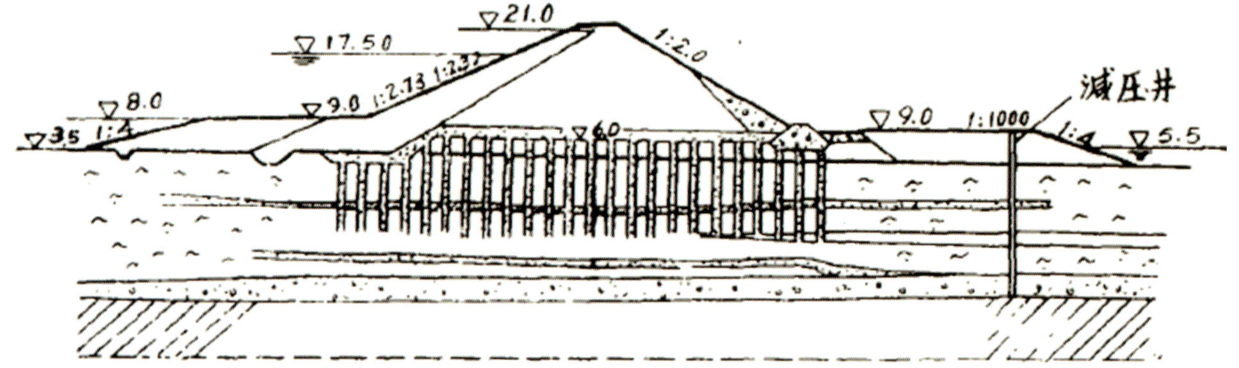

创立软土地基设计计算理论

-

1978 年全国科学大会奖

原浙江大学土木系教授曾国熙长期从事软黏土力学及地基处理的研究工作，他提出了砂井地基排水固结理论，并在国内首次应用于浙江省慈溪杜湖水库土坝软基处理中，顺利完成了杜湖水库18米高拦水大坝的修筑。以砂井排水为主要手段的排水固结法，需要先计算软土地基可承受的荷载及沉降量，开始施工后，根据工程进度观测孔隙水压力、沉降和位移。再通过实测孔隙水压力结合沉降数据，计算出软土固结程度，获得地基承载力，保证"坝体地基稳定性"。这一方法创造性地解决了软土地基上大型工程中的地基稳定性问题。

在后续的数十年中，浙江大学建筑工程学院的学者在"软土地基上大型机场跑道工程建造技术""地基中瑞利波传播特性研究及工程应用"和"拱坝优化方法、程序与应用""结构性软弱土地基灾变控制关键技术与工程应用"等研究中取得了突出的成果，获得多项国家科技奖。

〉杜湖水库大坝

1〉中频振动台试制加工现场

2〉1985 年，童忠钫教授与王雄棠高工在调试低频振动台

第一台中频标定用振动台

-

1978 年全国科学大会奖

针对我国在航空航天领域亟须解决的测振传感器精密计量难题，浙江大学机械系教授童忠钫领导的标准振动台科研团队于1975 年研制成功了我国第一台中频标准振动台，在我国首次实现了对测振传感器的精密计量，技术指标达到国际先进水平，填补了我国振动计量领域的一项空白。该中频标准振动台分别应用于我国的航空航天、国防、机械制造、土木工程、地质勘探等领域，为其中广泛采用的测振传感器提供精密计量保障，为相关领域的技术进步和发展作出了重要的贡献。这一成果也为浙江大学在后续标准振动计量领域的研究成果及学术地位奠定了发展基础。

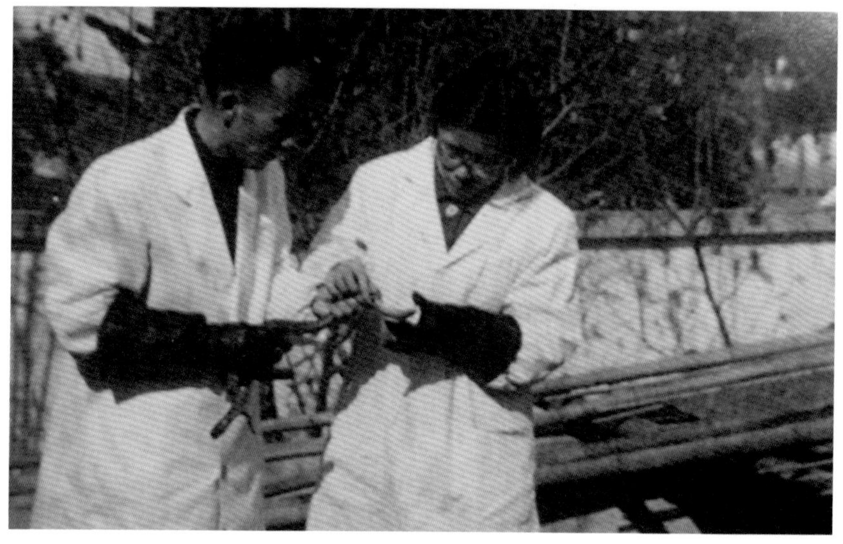

〉黄美华教授与助手在提取蛇毒

开启国产蛇毒血清研究

-

1978 年全国科学大会奖

二十世纪五六十年代，国内还没有治疗毒蛇咬伤的有效药物，只能靠传统中药，但效果并不理想。浙江医科大学黄美华等教师获知国外研制成功了抗蛇毒血清，有很好的治疗效果。但是不同的蛇毒需要采用不同的抗蛇毒血清，无法通用。黄美华与同事们开启了中国国内最早的抗蛇毒血清研究。他们联系了上海生物制品研究所，一起研制国产抗蛇毒血清。研究之初，研究团队选择了大型动物马作为产生抗体的模型动物，为马匹注射不致害剂量的蛇毒，等待免疫力产生后再抽血提取抗蛇毒血清。研究持续了近10 年，在1971 年左右，抗蛇毒血清得以大批量进入临床。这一研究填补了我国国内治疗毒蛇咬伤药物的空白。

船体数学放样

-

1978 年全国科学大会奖

从1970 年开始，原浙江大学数学系教授董光昌为实现我国造船工业自动化，用十年时间全身心投入了船体数学放样的研究。他和同事从到船厂实习开始学习手工放样，到抽理出需要解决的科学问题，发明了为工人们所喜闻乐见的船体数学放样回弹法。并于1978 年，在苏步青教授的推荐下到科学出版社出版了学术专著《船体数学放样——回弹法》。1978 年，他主持的“船体数学放样”和“数控绘图”两个研究项目都获得了全国科学大会奖。这一方法一直以来为我国造船厂所采用。时隔20 年后，董光昌进一步提升并形成了对“光顺”含义刻画更为精确的理论体系，被国际同行视为“数学与计算应用于实际问题的一个典范”。

董光昌作为先进个人在全国科学大会上受到表彰。

〉《浙江日报》1978 年11 月13 日第3 版文章《没有终点的曲线》插图，作者：董达荣

旋流板塔

〉旋流板塔是一种喷射型塔板洗涤器，这项由浙大化工系谭天恩教授发明的技术属首创，于1974年首次用于碳铵干燥尾气回收，除了用于中小氮肥厂的半水煤气脱硫（H_2S）塔，饱和热水塔，除尘、冷却、冷凝塔等，也用于环保行业脱除烟气和废气中的飞灰、NO_x、SO_2、H_2S 及铅汞蒸汽等。自20 世纪80 年代后期开始，旋流板塔开始用于烟气的脱硫除尘研究。旋流板塔脱硫技术现广泛用于火电，热电，冶金等行业的烟气脱硫除尘和其他工业废气治理。

取代辉光数码放电管的荧光数码管

-

1978 年全国科学大会奖

20 世纪60 年代，晶体管和集成电路的电子计算机替代了手摇计算机，当时作为电子计算机的显示器主要是层叠式，不能显示0—9 之外的其它字母和符号，而且不清晰且工作电压较高，难于和晶体管集成电路匹配。杭州大学物理系葛世潮教授团队研制出了新型荧光数码管，体积小，以玻璃为基板，可制作多位数字和符号、字母，寿命长、功耗低、蓝白色光亮度高、显示清晰，工作电压低，可与晶体管集成电路匹配。项目在企业批量化生产，自1978 年到2005 年近30 年间，广泛应用于仪器仪表、办公设备、录像机、家用电器、军工装备、计算机等信息显示设备，直到LED 显示器件兴起。

葛世潮作为先进个人在全国科学大会上受到表彰。

〉沈天耀教授在实验室（摄于20 世纪80 年代）

1979-1997 Well Grounded 厚积薄发

改革开放，为国家的发展和科学的进步，带来了阳光明媚的“春天”。科技工作者在科学的春天里茁壮成长。“春天”的旋律，使得大学的科学园地变得格外葱郁。1979 年至1997 年近二十年间，原浙江大学、杭州大学、浙江农业大学、浙江医科大学共有125 个项目获得国家科技奖。其中包括韩世钧教授作为主要参与者的一个特等奖项目、郑光华教授和沈天耀教授分别牵头完成的两个一等奖项目以及近20 个二等奖项目，在为国家经济社会发展服务的同时，诞生了一批优秀科学家。

低热微膨胀水泥

-

1979 年国家技术发明奖二等奖（合作）

低热微膨胀水泥是由长江水利水电科学研究院、浙江大学和建材研究院等单位共同研究发明。低热微膨胀水泥是实现混凝土坝快速施工的一种较为理想的新型建筑材料，它介于矿渣硅酸盐大坝水泥和矿渣硫酸盐水泥的物料组成之间的空白区，具有低热、早强、微膨胀等特性。低热微膨胀水泥的应用，改变了原有筑坝过程中为防止发生裂缝而采取分段分块的手段，采取冰水拌搅、沙石预冷、预埋钢管水冷等复杂工序，缩短工期，降低投资。原浙江大学材料科学与工程学系硅酸教研组，成立了低热微膨胀水泥研究小组，为这一水泥研制解决了关键技术问题，奠定了主要的理论基础，并参加和指导了这一水泥全部工业性试生产活动，参加了大坝施工的部分实践。

顺丁橡胶工业生产新技术

-

1985 年国家科技进步奖特等奖（主要参与者）

韩世钧教授从事溶液热力学和流体相平衡研究40 多年。20 世纪50 年代，他采用加权残差法原理所建立的一种新的多元系汽液平衡数据的热力学一致性逐点检验法，为拟静态法推广应用至多元系奠定了基础，大大改变了多元系汽液平衡数据的实验研究工作，并成功地建立了一整套不需要采样分析测定汽液平衡数据的方法。韩世钧完成的“碳4 烃在含水乙腈中的汽液平衡”研究，包括二元、三元、四元体系的汽液平衡基础数据，填补了国内外文献中的空白，并用含水乙腈为溶剂萃取精馏分离碳4，制得高纯度的丁二烯单体。国内重大的化工和炼油等行业装置中都运用了这一系列研究成果所提供的重要基础数据，在万吨级大厂的设计中发挥了很大的作用，获得系列重大奖励。韩世钧作为主要参与者参与的“顺丁橡胶工业生产新技术”获得了国家科技进步奖特等奖。

直观式大屏幕显示

-

1986 年国家科技进步奖二等奖

1985 年，杭州大学陈哲艮教授在多年从事光电子技术研究的基础上，研制成功直观式大屏幕AC 等离子体显示系统。大屏幕字符图像显示系统广泛应用于厂矿企业、交通等场合的大型显示设备，除要求显示清晰外，还特别要求视野宽、功率小。陈哲艮教授团队研制成功的直观式大屏幕AC 等离子体显示系统，由20x20 平方厘米的单片AC 等离子体显示板装拼而成。其显示面积可向二维任意扩展，显示分辨率达256 线/ 米，显示屏功耗小于50 瓦/ 平方米，配以适当的控制与驱动电路，可显示各种文字、符号、表格和图形等信息。项目获1985 年国家科技进步奖二等奖。1987 年，陈哲艮获全国五一劳动奖章和全国优秀科技工作者称号。

中国主要地方猪种质特性的研究

-

1987 年国家科技进步奖二等奖

种猪和商品猪的遗传改良对养猪业起着举足轻重的作用。20 世纪80 年代初期，在我国猪育种科学较落后的情况下，浙江农业大学徐继初教授参与了由农业部委托开展的中国地方猪种种质特性研究。经五年160 余次试验，取得了大量科学数据，基本明确了民猪等10 个地方猪品种（类群）的种质特性，并对我国地方猪的优势，包括繁殖、生长发育、生理生化、抗逆性、行为特性、肉质特性分别进行了总结。该项目部分研究结果直接用于生产，如用生长发育规律指导种猪饲养管理，用肉质测定结果，选择瘦肉率高的杂交组合，用某些生理生化指标诊断疾患，等等。

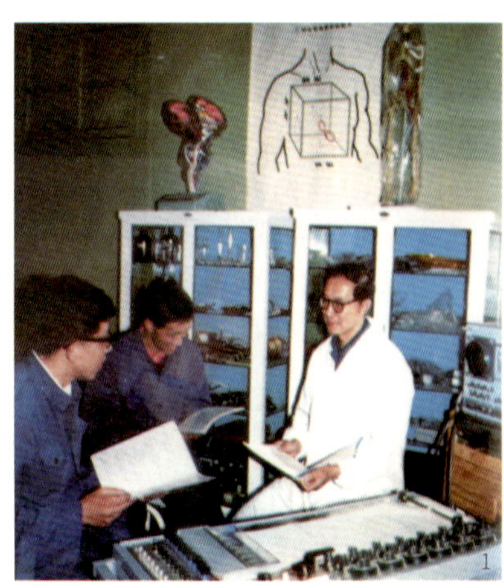

1〉吕维雪（右一）在指导学生做实验
2〉王季午教授

〉杨树锋院士团队在野外考察

提出“成对花岗岩带”概念

-

1987 年国家自然科学奖三等奖

杨树锋院士在板块构造架下的花岗岩成因理论、板内岩浆作用和冲断带变形理论等领域取得了系统性的研究成果。他通过对中国东南部花岗岩类及形成的板块构造背景的深入研究，提出了“成对花岗岩带”的概念，丰富了花岗岩成因理论。“成对花岗岩带”已经成为当今厘定古板块边界的一个重要标志；他的研究解释了不同成因类型花岗岩在高温高压下物理性质的变化规律，开拓了从岩石物理性质探讨花岗岩成因的方向。他和研究团队对塔里木二叠纪岩浆作用开展了24 年系统研究，发现和确认了有别于峨眉山的我国第二个大火成岩省，以及塔里木大火成岩省的岩浆演化序列，建立了塔里木大火成岩省演化模式，丰富了大火成岩省的成因理论。他和研究团队提出了板块碰撞远距离效应控制下的中国西部盆山接合部冲断带构造变形特征与控油气作用规律，包括中国西部盆山接合部新生代冲断带的三种结构类型、中国西部主要冲断带构造变形的分段性特征以及新生代构造变形对盆山接合部冲断带油气分布的控制作用，丰富了大陆内部构造变形理论，为我国在新生代冲断带深层寻找油气资源提供了理论支持，并为勘察所证实。

压力和流量的控制的动态反馈理论

-

1988 年国家技术发明奖二等奖
1989 年国家自然科学奖三等奖

20 世纪80 年代，浙江大学教师路甬祥留德期间，创造性地对流体传动与控制领域的两个最基本参数——压力和流量的控制，提出了变革流量检测力反馈和系统压力直接检测加级间动态反馈理论，根本改变了已沿用100 多年的弗来明－琴肯流量控制方式以及半个世纪以来传统的维克斯先导型压力控制方式，有力地推动了液压工业的进步，被业界认为是1980 年代以来最具创造性的成果。路甬祥的许多科研成果被日本与西欧的大学及工程界收入了技术手册与研究教材。此后10 年间，他所带领的团队在液压传动与控制领域做出了开拓性的努力，研发出多种先进技术产品替代了进口，促使我国国产机械电液控制技术上了一个新台阶。“电液比例二通型流量控制阀”和“新原理电液比例压力控制阀”分别获得1988 年国家科学技术发明奖二等奖和1989 年国家自然科学奖三等奖。

〉路甬祥院士在实验室（摄于20 世纪80 年代）

食品级聚氯乙烯（PVC）树脂生产及加工应用技术

-

1988 年国家科技进步奖二等奖（合作）

食品级聚氯乙烯（PVC）树脂一般是指由氯乙烯单体均聚而成的无定形聚合物。因其稳定性和可塑性，广泛用于包装和餐饮用具。浙江大学与企业长期的合作，有效提升了PVC 专用树脂产品的性能，带动了PVC 行业的技术革新与技术改造，增强了PVC 行业的核心竞争力，为国内外市场提供了高性能的PVC 专用树脂材料。

加热炉的数学模型和计算机优化控制

-

1988 年国家科技进步奖二等奖

浙江大学吕勇哉教授团队对钢坯不稳定导热的两维偏微分方程和相应的边界条件进行了系统研究，提出了加热炉计算机控制和优化操作的离散状态空间模型，应用钢坯不稳定导热的两维偏微分方程及其边界条件，经过系统分解和离散化，建立描述钢坯在加热炉内温度动态变化的大规模离散状态方程预测模型，基于该模型，设计钢坯加热炉全自动优化控制系统，并于1986 年5 月在重庆钢铁公司第五钢铁厂的推钢式连续板坯加热炉（1 号炉）上得到成功应用，降低能耗9%，钢坯的氧化烧损率由原来的0.7% 降低到0.52%，当年实现直接经济效益百万元以上，项目成果在天津轧钢五厂三段式步进加热炉等国内装置上成功推广应用，开创了国内工业过程计算机控制的先河。

第一个高性能离心风机设计计算系统

-

1991 年国家科技进步奖一等奖

20 世纪70 年代，浙江大学力学系沈天耀教授团队开始了对离心风机叶轮的内流理论的系统研究，提出离心风机的气动设计计算新方法，将“射流尾流模型”和“反正反”计算过程结合起来，形成新的设计体系，克服了原设计离心风机效率低的缺点。在创立了“高性能离心风机设计计算系统”的基础上，团队先后开发出十几个系列的节能风机和森林风力灭火机，分别达到国际先进水平和国内先进水平，12 个系列为国家颁布的推广节能产品，占国家推广的离心风机的60% 以上。

马丁–侯状态方程的发展和应用

-

1991 国家自然科学奖四等奖

侯虞钧院士是我国化工热力学的奠基人之一。从事化学工程的科研与教学50 多年，在状态方程、相平衡、溶液热力学等研究领域卓有成就，为世界化学工程的发展作出了重要贡献。1953 年在美国化学工程师学会旧金山年会上，他与马丁（J. J. Martin）共同提出的气体状态方程式，被称为“马丁–侯状态方程”，并继续研究使之能同时适用于液相及固相，成为一个统一的状态方程式，受到国内外学术界的重视。从化工到制冷工程、物理及军工产品，这一方程已有效地用于实际生产的设计和研究中。马丁–侯状态方程通用性强、准确度高，是迄今国内外公认的精确的状态方程之一。这一成果的发展和应用研究在化工热力学领域发挥了重要的作用，在我国民用工业和国防工业等领域产生了巨大的经济及社会效益。

装潢图案创作智能CAD 系统的研究

-

1992 年国家科技进步奖二等奖

潘云鹤院士团队研发的“智能模拟彩色图案创作系统”，是我国首项智能CAD 系统。创造性地解决了图案构图、色彩和描绘等知识表达。通过综合和类比生成设计智能CAD 技术，在花型CAD/CAM 方面作出了重要贡献，成果用于大批企业。

浙江大学是国内第一批在教学和科研中使用UNIX 平台和C 语言的教学和研究机构。1979 年，何志均教授用节省的出国考察津贴带回了一台CROMEMCO 八位微型计算机，此后计算机系又于1981 年购买了4 台同型微机，在此后的计算机研究发展中发挥了极大的作用，完成了众多研究项目。其中“美术图案智能创作系统”项目1983 年被载入《中国百科年鉴》，1985 年代表中国计算机应用成果参加了日本筑波世界科技博览会。

1〉侯虞钧院士（摄于20 世纪90 年代）
2〉潘云鹤院士（左三）与学生（摄于20 世纪90 年代）

〉沈之荃院士在实验室（20 世纪80 年代）

稀土催化剂在高分子合成中的应用研究

-

1993 年国家自然科学奖三等奖

沈之荃院士早期的研究工作为人工合成橡胶作出了突出的贡献。20 世纪60 年代，中国刚刚起步人工橡胶的研制，催化剂是人工合成橡胶的关键。沈之荃和欧阳均院士等提出了用镍作催化剂的全新思路。她首先提出和研究了“三元镍系催化体系对丁二烯的定向聚合和镍顺丁橡胶的结构性能”，并为此付出了巨大又艰辛的劳动。经过三年的努力，用镍作催化剂的顺丁橡胶终于研制成功，极大地推进了人工合成橡胶国产化。此后，为了研制生产出性能更为优良的合成橡胶，沈之荃参加并组织领导了“稀土络合催化双烯烃定向聚合及其橡胶研制”的科研工作，在世界上首先成功地研制出数种具有结构和性能特点的橡胶新品种——稀土顺丁橡胶和稀土异戊橡胶等，被公认为是当今性能最好的人工橡胶品种。系列工作得到了多项国家科学技术奖。20 世纪80—90 年代，沈之荃又将稀土络合催化聚合研究推进发展到炔烃、环氧烷烃、环硫烷烃、交脂内脂和极性单体等聚合以及固定二氧化碳制备聚碳酸酯等新领域，取得了新的创新成果。

钢锭轧前处理过程计算机控制

-

1993 年国家科技进步奖二等奖

吕勇哉教授团队针对钢锭轧前处理过程时变、分布参数、非线性的大惯性、大滞后控制对象的特性，率先建立了均热炉的离散状态控制模型，并以均热炉的离散状态控制模型和最优控制理论为基础，对高维、非线性、时变系统下的最优控制进行系统研究，提出了一种处理带约束条件的最优控制问题的创新算法，系统在鞍山钢铁厂均热炉系成功应用，显著降低均热过程能耗10% 以上，使得鞍钢均热炉自动控制达到国际先进水平。

王浆、蜂蜜双高产“浙农大1 号”意蜂品种的培育

-

1995 年国家技术发明奖二等奖

王浆、蜂蜜双高产“浙农大1 号”意蜂品种由浙江农业大学陈盛禄教授团队培育，是运用蜜蜂“集团闭锁繁育育种”的理论，连续多代选择，经过十年的潜心研究、培育出来的世界上第一个王浆、蜂蜜双高产的意大利蜜蜂新品种，也是我国第一个通过专家鉴定的蜜蜂新品种。“浙农大1 号”意蜂具有繁殖速度快、采集能力强、性情温驯、抗病力强等优异品性，而且其王浆、蜂蜜、花粉产量高。王浆产量比世界知名的美国意大利蜂提高31.9%；蜂蜜产量比美国意大利蜂提高43.5%。这一研究不但改变了我国良种蜂长期以来一直依赖进口的现状，还填补了我国以蜂王为龙头的养蜂技术出口的空白。

〉陈盛禄教授（右）在观察“浙农大1 号”意蜂的生长情况（摄于20 世纪90 年代）

〉韩祯祥院士（左一）与课题组部分教师讨论（摄于20 世纪90 年代）

《钢结构设计规范》国家标准（GBJ17-88）

-

1995 年国家科技进步奖三等奖（合作）

在1974 年前，我国工程界和高校的教学工作中都一直使用国外的设计规范。夏志斌教授1970 年承担了国家标准《钢结构设计规范》有关专题的研究工作，参与制订了我国首部正式颁布施行的《钢结构设计规范》（TJ17-74），至1974 年正式出版。1985 年和1997 年，国家对钢结构设计规范进行了两次修订，并分别颁布了GBJ17-88 版和G850017-2003 版规范，夏志斌教授均担任修订组副组长的职务。GBJ17-88 版采用了概率理论为基础的极限状态设计法，调整、充实和修改了许多章节，增添了塑性设计、钢管结构和组合结构等三章新内容，扩大了应用范围。这本规范编制所取得的大量丰硕成果，提高了我国钢结构的设计水平，推进了我国建筑钢结构的进步与发展。

交、直流电力系统建模、分析和控制的理论及方法的研究

-

1997 年国家自然科学奖三等奖

韩祯祥院士是中国研究电力系统理论、方法和新技术的主要开拓者之一。他在国内率先开展计算机在电力系统中应用的研究，率先开发出整套电力系统工程应用软件，实现电子计算机在电力系统中的应用。他还主持研究了电力系统潮流、稳定和故障分析的计算方法，开发了电力系统计算分析应用软件，对提高电力系统的经济安全运行起到重要作用。韩祯祥的多项研究成果获得国家和省部级奖励。

Innovation Pulse
创新脉动

1998
-
2016

近20年来，浙江大学多学科交融的研究导向，多元开放的学术平台和“大团队、大项目、大成果”的顶层设计，为浙江大学师生创新创造营造了优质的学术生态。活跃于学科前沿、国家需求与学校优势的交织地带，学校正逐渐步入“科研规模稳定扩展、特色优势逐渐显现、国际影响日益提升”的发展新阶段，在承担国家重大科研任务、探索世界科学前沿难题、推动与改善人民生活水平等方面持续努力，体现了大国“公”匠的责任与担当，所取得的杰出研究成果为世界与公众所瞩目。

首次提出随机激励的耗散的哈密顿系统理论

-

2003 年国家自然科学奖二等奖

朱位秋院士通过一系列研究，首次提出并发展了随机激励的耗散的哈密顿系统理论，得到了四类能量非等分精确平稳解，打破了60 年来只有能量等分精确平稳解的局面。

自20 世纪80 年代开始，朱位秋提出与发展了高斯白噪声激励下耗散哈密顿系统等效非线性系统法、拟哈密顿系统随机平均法，研究拟哈密顿系统随机稳定性、随机分岔及首次穿越的理论方法，以及分别以响应最小、稳定性或可靠性最大为目标的非线性随机最优控制理论方法。上述创新研究成果构成了一个非线性随机动力学与控制的哈密顿理论体系框架，为解决工程中一系列极其困难的非线性随机动力学与控制关键问题提供了一整套全新而有效的理论方法。90 年代以来，将非线性随机动力学的研究从Lagrange 体系转到Hamilton 体系，将非线性随机动力学系统表示成随机激励的耗散的Hamilton 系统，并按相应Hamilton 系统的可积性与共振性，将系统分成不可积、可积非共振、可积共振、部分可积非共振、部分可积共振五类。

图案织物混色精准喷印系统

-

2007 年国家科技进步奖二等奖

传统纺织产业的改造和升级，依赖于信息化技术和工业化技术的深度融合。计算机工程技术学院陈纯院士团队长期致力于大型智能轻纺装备的原始创新。在“计算机丝绸印染花样设计分色处理及制版自动化系统”“纺织品数码喷印系统”“地毯混色数码喷印系统”和“图像自适应数码精准印花系统”四个工程系统，开创了计算机分色描稿及制版自动化的时代，在印染业得到广泛应用。“图像自适应数码精准印花系统”实现了织造面料实时高分辨扫描和图像分割、花型自动识别与实时变形校正、印花图案自适应配准喷印等功能，建立了国际上第一套图案织物混色精准喷印系统，开创了全新的纺织品类，产业应用前景广阔。

“纺织品数码喷印系统及其应用”等项目获1996 年国家科技进步奖三等奖、2007 年国家科技进步奖二等奖，“跨行业的嵌入式系统软件平台SMART 及其应用”获2011 年国家科技进步奖二等奖。

标准模型与弱电实验分析

-

粒子物理学近25 年来的重要进展

物理系罗民兴院士在标准模型与弱电实验分析方面的研究成果是粒子物理学近25 年来的重要进展之一。通过分析标准模型与相关实验结果，他与合作者确定了物理学基本常数弱电混合角和基本粒子顶夸克的质量上限，奠定了精确检验标准模型与探索新物理的基础，并为费米实验室发现顶夸克提供了理论准备。他们发现强弱电三种耦合常数在超对称框架下的统一，这被认为是支持超对称统一场论的重要证据之一。

罗民兴还理清了标准模型不同重整化方案的等同性，为检验量子规范场论提供了自洽的基础。在此基础上，他与合作者建立了一个系统分析高精度实验的理论分析框架，为理论指导实验和实验验证理论提供了重要依据。他系统研究了一般非阿贝尔规范场准确到二阶的重整化群方程，并将之应用于标准模型。这些结果已成为标准模型精确计算的重要检验基准。

大批量定制的技术体系

-

2011 年国家科技进步奖二等奖

机械工程学院谭建荣院士团队长期关注机械设计与数字化制造，相关成果在一批包括装备行业大型骨干企业在内的多家有影响的制造企业得到成功应用，有效地支撑和支持了国产重要装备的设计与创新。其中，“大批量定制的技术体系及其在国产重要装备设计中的应用研究”面向国产重要装备设计，解决了当前国产重要装备设计与生产中普遍存在用户需求个性化与产品设计周期长、生产效率低的问题，解决了传统的产品配置设计难以实现产品创新等一系列问题，并在汽轮机、电梯与自动扶梯、制氧空分设备、数控机床、机车车辆等国产重要装备设计中得到应用。“复杂装备与工艺工装集成数字化设计关键技术及系列产品开发”项目针对复杂装备与工艺工装设计中非标结构设计周期长、设计更改关联多、不同工况性能难以预测、整体质量难以保证等问题，提出并实现了复杂装备与工艺工装集成数字化设计关键技术，开发了复杂装备系列产品，成果对推动企业实现复杂装备自主设计开发、改变经济增长方式、推进机械工程学科和行业技术进步等起到了重要作用。

〉谭建荣院士（右一）与学生们

国家科技进步奖一等奖

-

2012

盾构装备自主设计制造关键技术及产业化

2013

高端控制装备及系统的设计开发平台研究与应用

2013

重症肝病诊治的理论创新与技术突破

1〉孙优贤院士团队多年瞄准高端控制装备及系统的研发成果，在生产中得到广泛应用，为大型企业的现代化生产提供了信息化支撑

2〉杨华勇院士团队与大型企业紧密合作，从国家战略、人才培养、理论研究、生产合作等层面全链式介入，生产出了具有自主知识产权的盾构，不仅满足了我国交通建设中对盾构的需求，更使得中国成为盾构的生产出口国

3〉李兰娟院士率领的团队在重症肝病的诊治领域取得的成果为无数患者带来了重生的希望

INTERNATIONAL AND NATIONAL STANDARDS

国际与国家标准

〉董石麟院士（右一）与研究生

2006
工业自动化领域国际标准

-

现场总线技术是工业自动化领域的核心技术，让工业生产中的各种设备和仪表实现远程自动化控制和管理。浙江大学与浙大中控联合23家国内高等学校、科研院所、高新技术企业共同起草制定的我国第一个拥有自主知识产权的现场总线技术国际标准——EPA实时以太网，2006年6月正式通过国际电工委员会的审查，成为我国工业自动化领域确定的第一个国际标准，并全面进入现场总线国际标准化体系。带动了一大批仪器仪表企业的技术进步。

2012
网架结构拟夹层板法的计算理论和方法

-

网架结构采用空间桁架位移法精确求解，由于庞大的未知数，通常都得依赖于大、中型电子计算机才能进行计算。浙江大学建筑工程学院董石麟院士创立的网架结构的拟夹层板分析法，在国内外首次建立了组合网架结构的工程应用研究理论和计算方法，适用于多种网架结构，概念清晰，实用简便，计算结果不仅具有工程精度的要求，特别在初步设计和多方案比较中，计算图表可快捷地得到网架内力和挠度的计算值及其分布规律。经过长期实践验证，相关研究成果被我国《网架结构设计与施工规程》（JGJ7-91）采用。

在水立方工程建造技术中，董石麟作为主要参与者获得2012年国家科技进步奖一等奖。

2015
中国超高压容器典型材料疲劳设计曲线标准

-

内部压力在1000 个大气压以上的容器，被称为超高压容器，在化工、冶金、新能源、核电、炼油等领域有广泛的应用。浙江大学化工机械研究所郑津洋教授团队在多年积累的基础上，通过一系列自主设计实验，获得了超高压容器典型材料疲劳设计曲线，建立了超高压容器寿命预测方法，提高了超高压容器的本质安全性。中国继美国、日本以后，成为世界上第三个拥有自主超高压容器寿命预测方法的国家，使我国率先迈入了基于全寿命周期风险控制的压力容器设计制造与维护的发展阶段。郑津洋作为主要参与者的项目获得2015 年国家科技进步奖一等奖。

2015
混凝土断裂“双K”理论

-

混凝土结构是基础设施建设中最常用的结构形式。如何科学地描述混凝土裂缝的扩展过程？怎样对裂缝进行安全评价？如何有效控制裂缝的扩展？浙江大学建筑工程学院徐世烺教授团队持续30 多年的研究，在国际上创造性地建立了以“双K 断裂理论”为核心的断裂力学理论，形成了从基本准则、理论框架到国际标准以及方法学的系统工具和方法，并为制备高韧性水泥基复合材料奠定了理论基础。2015 年，“双K”在国际上第一次被称为混凝土断裂力学研究领域的“方法学”。相关研究成果获得2015 年国家自然科学奖二等奖。

TOP JOURNALS
TOP 期刊

烟粉虱入侵机制研究

-

2007 年*Science*

B 型烟粉虱被称为“超级害虫”，是一种全球性农业害虫。10 年前入侵我国后在南方多种作物上暴发成灾，并导致烟草、番茄、南瓜和番木瓜等作物上双生病毒病流行，严重危害种植业的持续发展和食品安全。从2002 年开始，浙江大学农业与生物工程学院刘树生教授团队通过实验室饲养观察和分子检测，研究发现一种入侵者与其所传播的病毒之间存在互惠共生关系，而土著烟粉虱却不能从传播病毒中获利。这种关系既有利于B 型烟粉虱的繁殖入侵，又加速了病毒病的流行。相关论文发表在2007 年12 月14 日出版的《科学》杂志。

发现铁基超导体的“各向同性”

-

2009 年*Nature*

2009 年1 月29 日，英国《自然》杂志发表浙江大学物理系袁辉球教授及其合作者的最新研究成果：在具有二维层状晶体结构的铁基超导体中发现超导态的“各向同性”，这是首次在二维层状的超导材料中报道类似的三维超导特性。《自然》杂志评审专家一致认为，这是超导研究领域一项非常独特而重要的发现，将对研究铁基高温超导形成机理具有重要意义。此外，《自然》杂志还在该期的“新闻与观察”栏目中对该研究成果进行了重点介绍。

〉刘树生教授（右一）与学生

揭秘修复交联损伤DNA的“蛋白质剪刀”

-

2010年Science

DNA是承载人类遗传信息的密码，当这些密码发生错误而又得不到正确修复时，会导致很多人类遗传疾病的发生。例如当DNA双链发生交联损伤而得不到正确的修复，则会导致范可尼贫血症的发生。浙江大学生命科学研究院黄俊课题组，第一次找到可以剪切交联损伤的DNA并使之能够被修复成为正确DNA的“蛋白质剪刀”FAN1。2010年，美国《科学》杂志刊登了题为*FAN1 acts with FANCI-FANCD2 to promote DNA interstrand cross-links repair*的研究论文。《科学·新闻》中评论说这一发现具有重大的科学意义与价值，为相关疾病的诊断和治疗提供了新的理论基础和靶标。

解释金属玻璃的原子结构

-

2011年Science

金属玻璃——由金属元素构成，但内部的原子又像玻璃一样无序排列。浙江大学材料科学与工程学系新结构材料国际研究中心蒋建中教授团队的研究发现颇有一番哲学意味：有序中包含无序，无序中包含有序。研究发现，在高压状态下，看似无序的金属玻璃呈现出有序结构。相关论文*Long-range topological order in metallic glass*发表在2011年6月17日美国《科学》杂志，第一作者是浙江大学材料系新结构材料国际研究中心博士后曾桥石。杂志审稿人评论这项成果是一项非常重要的发现，将在科学界产生广泛的影响。

发现天然免疫调控新机制

-

2013 年Cell

在机体的免疫系统中，免疫细胞与病毒每天都在上演“警察抓罪犯”的斗争。浙江大学医学院免疫学研究所所长、第二军医大学免疫学研究所所长、中国医学科学院院长曹雪涛院士研究发现：在免疫细胞的细胞膜上，凝集素Siglec-G 充当了“叛徒”——它帮助RNA 病毒降解细胞内的“警察”，从而使病毒逃过免疫细胞的监控，长驱直入。研究发现了机体天然免疫调控的新机制，这为人们了解抗病毒固有免疫反应，寻求治疗病毒感染性疾病的新途径，以及研制抗病毒药物的新靶点都具有非常重要的意义。相关论文发表在2013 年1 月31 日出版的《细胞》杂志上。

解析细胞分裂的“生命机器”

-

2013 年Science

细胞分裂，看似简单却是奥妙无穷的生命过程。在开始分裂的那一刹那，是什么力量让细胞产生“凹陷”，进而一分为二？浙江大学生命科学研究院叶升课题组，第一次解析了细胞分裂蛋白FtsZ 所形成的原丝纤维的三维结构，找到了其中的答案，这一研究将为广谱抗生素的研发提供依据。2013 年7 月26 日，美国《科学》杂志刊登了题为*FtsZ protofilaments use a hinge-opening mechanism for constrictive force generation* 研究论文。第一作者为生命科学研究院的博士研究生李颖。该研究从结构生物学角度，更精确地理解了细胞分裂机制，为研究新的广谱抗菌药物提供了直接的结构信息。

揭示维持女性生育能力新机制

-

2013 年Science

健康的卵子是维持女性生育能力的必要条件。浙江大学生命科学研究院范衡宇课题组的研究发现：一个叫CRL4 的蛋白质复合体对维持卵子的活性至关重要，从分子机制上揭示了维持雌性生育能力、延缓女性更年期的新机制，为了解卵巢早衰、妊娠失败等女性不孕不育疾病的病因提供了全新的认识。相关成果发表在2013 年12 月20 日出版的美国《科学》杂志上。文章第一作者为生命科学研究院博士研究生余超。

1〉彭笑刚与金一政在实验室
2〉范衡宇与学生在实验室

揭示肠道菌群与肝硬化的秘密

-

2014 年Nature

浙江大学医学院附属第一医院传染病诊治国家重点实验室、感染性疾病诊治协同创新中心李兰娟2014 年7 月24 日在《自然》杂志发表论文，揭示肠道菌群与肝硬化的秘密。该项研究成果收集了 181 个来自于中国人肠道菌群的样本，开展了肝硬化肠道菌群的深度测序及关联分析研究，从中获得 269 万个非冗余的人体肠道微生物菌群的基因集，建立了世界上首个肝病肠道菌群基因集。该研究同时阐明了粪便微生物群落及功能成分特征，从肠道菌群发生紊乱的角度揭示肝硬化发生发展的机制。

第一次实现量子点材料电致发光

-

2014 年Nature

量子点是一种纳米尺寸的半导体晶体，具有晶体和溶液的双重性质，不同的尺寸可以发出不同颜色的光。通过调整量子点的尺寸，就能得到所需颜色的光。一系列的实验结果验证了量子点发光二极管的实用性。这进而预示量子点发光二极管有望在照明与显示两个产业中扮演更重要的角色。浙江大学化学系彭笑刚教授团队与材料系金一政教授团队的合作，设计出一种新型高性能量子点发光二极管（QLED），并将使用亮度条件下的寿命推进到10 万小时的实用水平，这意味着这种新型器件有望成为下一代显示和照明技术的有力竞争者。课题组2014 年11 月7 日的在《自然》杂志发表论文报道了在量子点发光二极管领域取得的重要研究进展。

ZJU·120
求是创新 2017

发现控制昆虫长短翅型分化“分子开关”

-

2015 年Nature

可塑性发育是生物为了适应环境而形成的一种极其重要的生存策略，短翅型褐飞虱繁殖速度快，会对水稻种植产生毁灭性的影响，而长翅型则能在气候不适时迁飞到合适的生活环境。控制这种翅型分化的“分子开关”，第一次被浙江大学农学院张传溪、徐海君课题组清晰地揭示出来。课题组在研究中发现了两个同源性很高的胰岛素受体（受体1 和受体2），当受体2 的含量低时，胰岛素信号转导通路就会开启，褐飞虱就能生成长翅型，而当受体2 的含量高时，转导信号就会关闭，褐飞虱就能生成短翅型。相关论文2015 年3 月18 日发表在《自然》杂志。

〉邢华斌科研团队

乙烯乙炔分离技术重大进展

-

2016年Science

随着天然气、页岩气和乙烯等气体成为越来越重要的能源和化工原料，研发高效节能的气体分离技术日益迫切。浙江大学化学工程与生物工程学院邢华斌教授团队与国际合作者采用杂化多孔材料分离乙炔和乙烯，可兼具高分离选择性与高吸附容量。这一研究被认为是气体吸附分离技术领域的一大突破，为相关气体分离技术的发展提供了新的思路。2016年5月19日出版的《科学》杂志刊发了这一论文。论文的三位审稿专家对这篇文章均给予很高评价，认为文章报道的吸附分离性能非常令人惊讶，在乙炔分离领域设立了新的标杆。

HOT ISSUES
社会热点

2004
马里诺—瓦发猜想的证明

-

由浙江大学光彪讲座教授刘克峰、清华大学周坚教授、美国哈佛大学刘秋菊博士组成的研究团队成功证明了超弦理论中的世界著名难题马里诺—瓦发猜想，受到国际学术界高度关注和广泛赞誉。2003 年年底，三位数学家合作完成的论文“关于霍奇积分的马里诺—瓦发猜想的证明”在国际顶尖数学刊物《微分几何杂志》发表。

从爱因斯坦开始，物理学家几十年孜孜追求的梦想是大统一理论。超弦理论是目前最有可能完成这一梦想的理论。马里诺—瓦发猜想的提出是基于超弦理论中的卡拉比—丘成桐和陈省身—西蒙斯理论的对偶，其结论是两个理论中的无穷生成函数完全一样。国际著名数学家、哈佛大学教授马里诺和瓦发于2001 年提出了这一猜想。刘克峰、周坚、刘秋菊解决的马里诺—瓦发猜想比俄国数学家康切维奇的菲尔兹奖获奖工作“威腾猜想证明”更为复杂，结论更具体。

2006
L- 酒石酸连续化生产工艺

-

酒石酸是重要的手性药物中间体和食品添加剂，浙江大学药学院李永泉教授、张建国副教授团队发明的有机酸生物合成与分离耦合技术，构建了有机酸合成酶的高效可溶表达技术，实现了L- 酒石酸连续化生产，原料成本降低38.8%，减排32.2%，基本消除了高氯废水的污染问题。颠覆了欧洲人从葡萄酒酿造过程产生的酒石提取L- 酒石酸的传统工艺。产学研合作10 年，生产企业产品年销售额逾4 亿，成为国际最大的酒石酸生产商，全球市场占有率为30% 以上。依托创新技术，企业在2006 年、2012 年、2015 年三次赢得欧盟对华酒石酸的反倾销诉讼，成为获得“零税率”待遇的国内唯一企业。

〉高压储氢罐研制团队

2008
世界最大固定式高压储氢罐

-

氢能被公认为新世纪重要的二次能源，氢燃料电池和电动汽车正在全世界试验并逐步走向产业化。浙江大学化工机械研究所郑津洋教授带领课题组最近研制出了5 立方米固定式高压（42MPa）储氢罐，相当于美国储氢罐的12 倍还要多，成为当时世界上个头最大的储氢罐。该储氢罐为一辆大巴车充气只要15 分钟。研发团队的这一成果不仅为奥运燃料电池汽车试验运行提供了有力的技术支撑，还使我国不能制造工作压力大于30MPa 轻质高压容器成为历史。

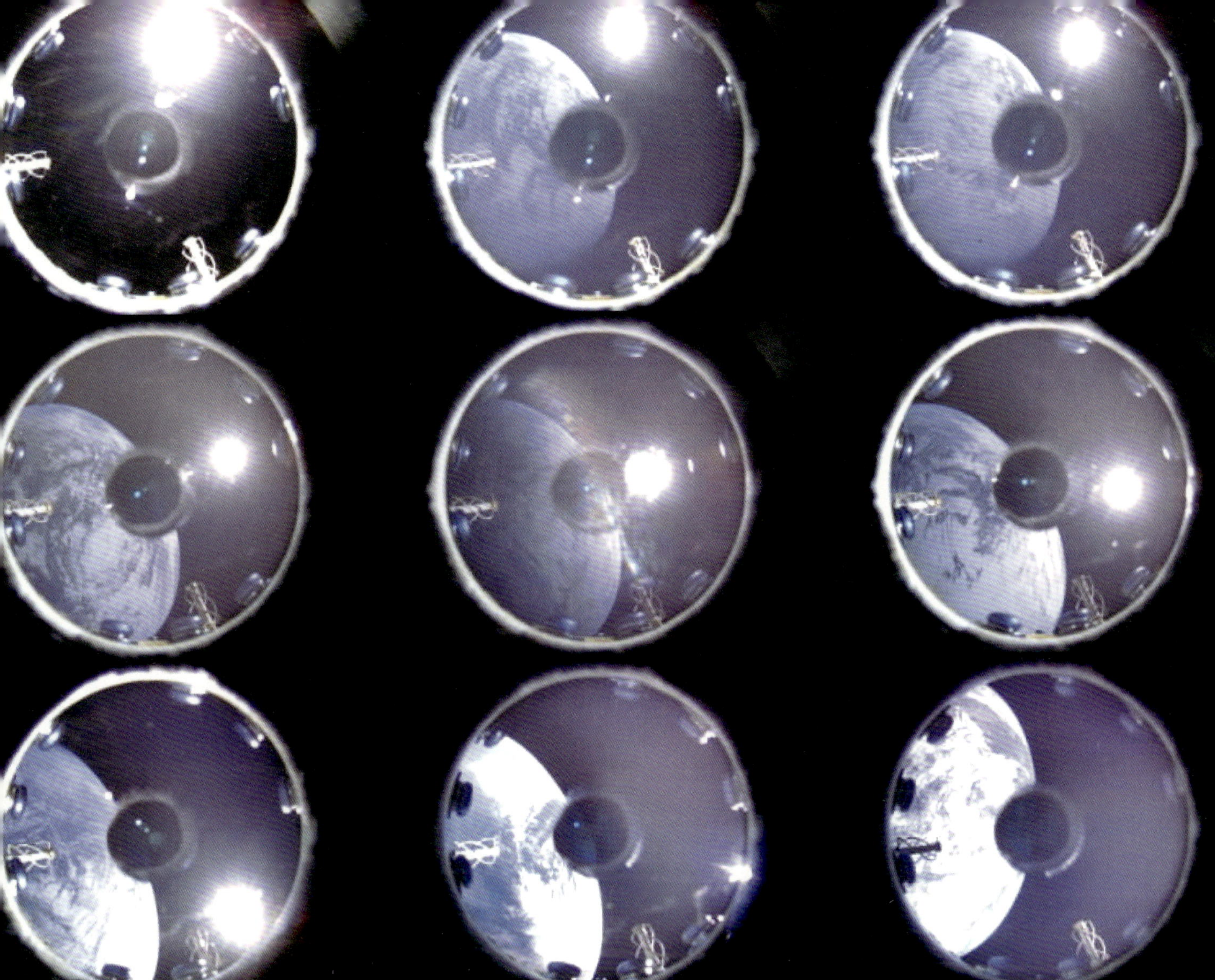

〉皮卫星发回的地球远摄照片

2010
第一颗公斤级人造卫星

-

皮卫星是指重量为公斤级的微小卫星。相比大卫星，成本低廉、制造和发射周期短、应急反应快是皮卫星的最大优势。自斯坦福大学2000 年发射世界上第一颗正常工作的皮卫星以来，皮卫星已日益成为航天领域研究的热点之一。2010 年9 月，浙江大学微小卫星研究中心研制的两颗“皮星一号A”即由“长征二号丁”运载火箭成功搭载发射，是国内首次发射成功的自主研发的公斤级卫星。2015 年9 月20 日，我国新型运载火箭长征六号首次一箭多星发射，成功将20 颗微小卫星送入太空，浙江大学自主研制的两颗皮卫星“皮星二号”也在其中。这是浙江大学微小卫星研究中心研制的第二代微小卫星，带有9.6 公斤的搭载物，在轨验证微机电系统（MEMS）、微型轻质展开机构、皮纳卫星组网等技术，探索发展我国未来皮纳卫星的在轨应用技术。

〉高分子系高超教授团队研制的最轻质材料气凝胶

2010
写入教科书的姚氏角膜移植术

-

角膜移植至今已有100 多年的历史，但移植带来的排斥反应，曾始终困扰整个医学界。浙江大学附属邵逸夫医院眼科姚玉峰教授从根本上探求排斥反应产生的原因，确定角膜最里层的内皮细胞是排斥对象，也是导致移植失败最主要的原因。1995 年，姚玉峰依据这一理念设计了无排斥对象的角膜移植术。2008 年，国际眼科界将这一移植技术正式命名为“姚氏法角膜移植”。2010 年在日本召开的国际角膜病学会年会将“姚氏法角膜移植”列入技术进步的一个重要环节，评价其“是一项推动角膜移植发展，让角膜移植更加完美的技术”。“姚氏法角膜移植”被编入了美国角膜病专科医师的教科书。

2011
第一对会打乒乓球的机器人

-

在科技部863 重点课题“仿人机器人感知控制高性能单元和系统”项目支持下，浙江大学智能系统与控制研究所熊蓉教授团队历时4 年，于2011 年10 月研发成功具有精准控制能力和快速连续反应能力的仿人机器人“悟”和“空”，这是一对会打乒乓球的机器人，“悟”“空”身高1.6 米，体重55 千克，全身拥有30 个可自由活动的关节，手臂能做7 个自由度的运动。机器人通过头部安装的摄像头捕捉乒乓球在空中的运动轨迹，预测球的落点，然后做出相应的反应动作，可以实现机机对打和人机对打。

2011
Nature 年度最佳图片

-

浙江大学高分子系高超教授课题组用纳米级的氧化石墨烯片纺制成长达数米的宏观石墨烯纤维。石墨烯具有广阔的应用前景，但缺少组装方法。高超课题组使用的湿法纺丝工业方法，过程方便快捷、绿色环保。纺出的纤维强度高，韧性好，可打成结或编织成导电的垫子。相关研究成果发表在*Nature Communications* 上，其中，“石墨烯纤维打结图”与“美国宇宙飞船退休之旅”等11 幅图入选*Nature* 2011 年度最佳图片。*Nature News* 以*Graphene Spun into metre-long fibres* 为题对这一研究成果作了专门报道。

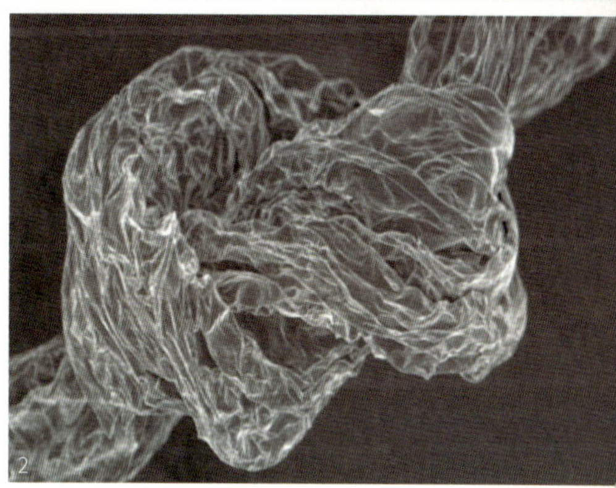

1〉会打乒乓球的机器人
2〉石墨烯纤维打结图

2012
第一套悬浮三维成像系统

-

浙江大学光电学院刘旭教授团队研究了基于时序扫描的空间可探入悬浮式三维光场显示方法，并研制了实验样机。系统采用了彩色三片式高速投影机以及同步旋转的偏折型定向散射屏在屏幕上方的空气中重建出空间三维场景，系统可供周围360°不同视角的观察者同时观看并可探入手势交互。该技术构造出了如我们所见的现实事物一样的三维显示系统，所构成的三维显示技术，在商业展示、游戏娱乐、空中交通指挥、医学图像、辅助设计和电子沙盘等领域，具有广阔的应用前景。

2013
第一次实现可见光波段的生物隐形

-

“隐身衣”一直是科幻作品中的热词。浙江大学国际电磁科学院陈红胜教授团队通过改变材料对电磁波的折射率，研制出能够在可见光波段将生物隐形的装置。团队与新加坡南洋理工大学等国际团队合作，使用玻璃制造出了能够在水中隐形的六边形柱状隐身器件和能够在空气中隐形的多边形隐身器件，并用两种隐身器件使金鱼和猫成功隐形。这是科学界自2006 年提出了利用坐标变换的方法设计隐身衣的理论之后首次在可见光波段实现物体隐形。研究成果发表于2013 年10 月24 日的《自然通讯》杂志。

2015
为艾滋病疫苗穿上“防弹衣”

-

通过生物矿化技术，科学家们研发了一种能逃避体内预存抗体的增强型疫苗，为包括HIV 疫苗在内的疫苗优化与改造提供了一种全新思路。基于该项技术的研发的HIV疫苗目前已通过动物实验，相关论文发表于材料科学国际权威期刊*Advanced Materials*（《先进材料》）上。浙江大学求是高等研究院教授唐睿康研究团队、中科院广州生物医药与健康研究院呼吸疾病国家重点实验室研究员陈凌团队，及军事医学科学院微生物流行病研究所研究员秦成峰团队，联手完成了这项研究。

2015
世界第一台环型轨道制孔装置

-

大飞机生产过程中机身对接区域有数千甚至上万个连接孔需要现场加工，制孔过程如果方向、深度不一，会影响飞机机身强度和安全系数。浙江大学先进技术研究院柯映林教授团队研发的轨道制孔系统解决了这一难题。这是世界上首台环型轨道制孔装置，实现了结构轻量化设计、精准定位、精准对接。系统由12 段圆形刚性轨道拼装而成，在轨道与机身之间通过特别设计的支撑脚结构实现外形补偿和多点接触定位，能够适应机身的曲面造型，一次安装即可完成全部对接区域的制孔任务。这一自动制孔系统具有轨道快捷拼装、执行器自动转站、孔位自动修正、法向自动找正等先进功能，制孔效率达到6 孔/ 分钟。

2015
首创高精度计算机水转印装置

-

浙江大学CAD/CG国家重点实验室周昆教授团队研发的一种新型印刷术——点对点“瞄准”三维物体精确上色引发了“全球围观”。视频被放到YouTube视频网站后点击量一路飙升至100多万，被《连线》杂志、《每日科学》等媒体称赞为是一项“疯狂的”“不可思议的”发明。研究团队利用计算机将三维设计稿“降维”成一个二维的“展开图”，在国际上第一次对水转印过程中水转印薄膜的形变进行了物理建模，得到了三维设计图与膜上的每一个点的映射关系。在这一理论基础上，研究团队开发出世界上第一套用于实际着色的自动原理样机。

2015
永磁体的退磁控制

-

永磁牵引电机具有功率密度大、动力转化效率高、过载维护能力强等长处，而永磁体失磁则是困惑其推广应用的国际性难题。浙江大学高速铁路研究中心联合中国南车株洲电机有限公司研发成功国内首台具有完全自主知识产权的“TQ-600 型”永磁同步牵引电机。研发团队在国家“863”方案高速铁路重大关键技术及配备研发重点项目支持下，实现了实验温度到达180 摄氏度时，永磁体不可逆丢失低于5%，即便在各种运转极限条件下，其永磁体也不会发生退磁表象，保证了电机功能的可靠性。

2015
首次实现燃煤超低排放

-

燃煤的烟气处理一直是浙江大学热能研究所的攻关方向。王智化教授团队在国际上首次提出“活性分子多种污染物一体化脱除”的新思路，采用活性分子将烟气中的NO、HgO 氧化为可溶的NO_2、Hg^{2+}，结合碱液喷淋等形式实现SO_2、NO_x 和Hg 的协同吸收；同时利用活性分子将苯、甲苯、二噁英等有机物大分子氧化降解，从而保证多种污染物一体化协同高效脱除。该技术可实现一塔多脱，克服了传统方案中单一功能的污染物处理设施叠加的缺点。2015 年4 月，这一技术通过168 小时运行考核，首次实现了我国工业锅炉烟气低于天然气机组限值的“超低排放”。

2016
构建海底观测网的关键技术

-

机械工程学院杨灿军教授团队在深海机电装备研发上突破了包括基于光电复合缆的接驳盒高电压（10kV）远距离电能传输与控制管理、接驳盒深远海多节点实时监测和信息传输、接驳盒海底信息融合与处理等一系列关键技术。研究开发的试验系统在海上进行了连续无故障试验运行，并成功实现了与美国MARS 海底观测网的对接，成功连续无故障运行半年，2016 年研究团队研发的接驳盒在我国第一个深远海（距离150 千米，水深1700 多米）海底观测试验网上得到成功应用，为我国构建大架构和远距离的海底观测网系统提供了关键技术支撑。

OPENING AND SHARING

开放共享

“树我邦国，天下来同”，浙江大学校歌已经传唱了近80 年。
大学使命和民族责任，是浙大人“家国情怀”的起点和行为准则。
在党中央的领导下，在深化改革的新时期，
在加快建设有中国特色社会主义大学的目标下，
浙江大学确定了建设世界一流大学“创新、协同、人本、开放”的发展理念，
“将开放作为共赢发展的必由之路”，
为实现中华民族伟大复兴中国梦，贡献浙大人的智慧和力量。

大学文化与学术国际交流合作网
全球同庆

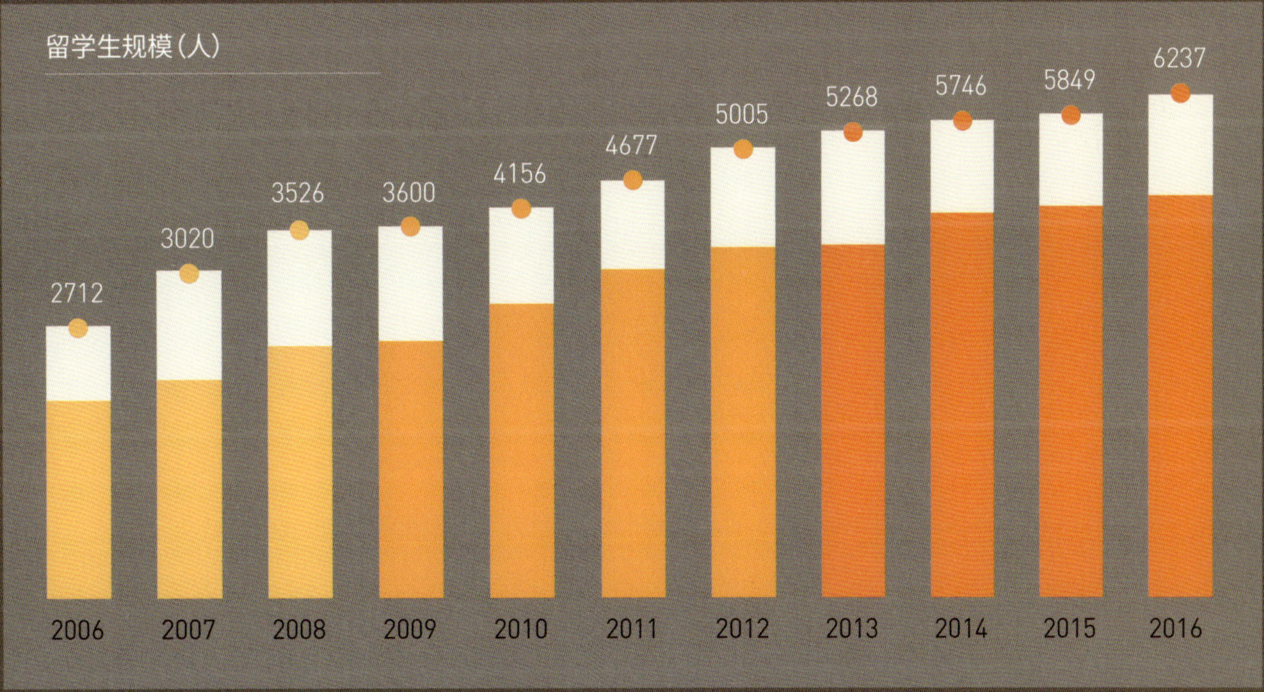

〉国际教育快速发展：2016 年浙江大学留学生总规模达到6237 人，学生来自141 个国家。其中学历生超过3000 人，占比超过50%。博士生472 人，增加36%，硕士生627 人，增加19%，本科生2106 人，增加6.2%。非学历生包括长期语言生、短期生、普通进修生和高级进修生。

International Cooperation

大学文化与学术国际交流合作网

瑞典德隆大学能源利用激光诊断中心

欧洲 35 个

三菱电机功率器件联合实验室

结构材料国际研究中心

法国液化空气集团富氧燃烧联合实验室

亚洲 39 个

利兹大学可持续能源国际研究中心

富士电机合作中心

香港理工大学国际设计中心

非洲 40 个

新加坡国立大学传感器增强社会媒体研究中心

悉尼科技大学机器人联合研究中心

大洋洲 2 个

西澳大学植物功能基因及营养组学联合实验室

西澳大学水环境综合管理和保护联合研究中心

浙江大学校友会全球分布

亚洲114 个（含港澳台地区）

中国、日本、越南、韩国、新加坡、马来西亚

大洋洲2 个

澳大利亚、新西兰

欧洲12 个

瑞典、英国、德国、法国、罗马尼亚、荷兰
西班牙、比利时、俄罗斯、意大利、瑞士

非洲1 个

南非

阿尔伯塔大学食品与人类健康联合研究中心
伊利诺伊大学生物质能利用中心
浙江大学量子物质国际合作中心
山特电力电子联合实验室
浙江大学中美作物分子育种联合实验室
英特尔技术中心
美国模拟器件公司集成电路研究联合实验室
美洲25个
浙江大学海外一流学科伙伴提升计划合作机构项目27项
浙江大学境外联合研发机构18个
浙江大学中国优秀传统文化国际交流与合作协议国际机构117个
CADAL大学数字图书馆国际协作高校30余所
浙江大学大学生国际交流项目分布于22国
浙江大学留学生来源国141个

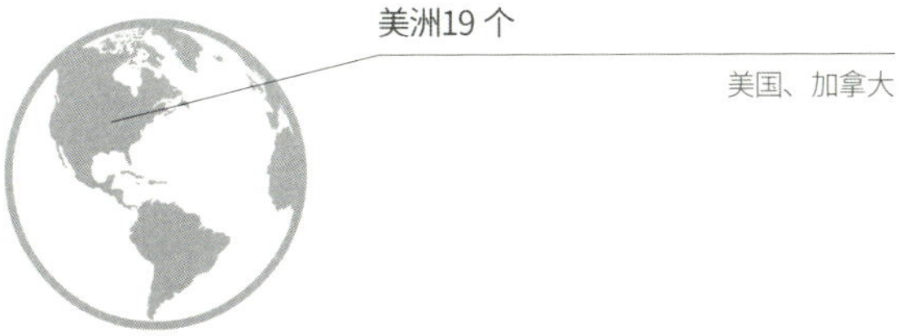

美洲19个

美国、加拿大

ZJU·120
求是创新 2017

2001
大学数字图书馆

大学数字图书馆CADAL 项目作为教育部“211”重点工程，由浙江大学联合国内外的高等院校、科研机构共同承担。一期建设由浙江大学和中国科学院研究生院牵头，“十五”期间完成。CADAL 国内70 多家高校和美国斯坦福大学、哈佛大学、哥伦比亚大学、康奈尔大学、耶鲁大学等30 多所国外高校合作参与建设，成为国际上规模最大的公益性数字图书馆之一。

浙江大学计算机工程与技术学院作为CADAL 的技术支撑，形成成熟支持TB 量级数字对象制作、管理与服务的技术平台，创新性地解决了数字图书馆中海量数字内容的管理服务、分析检索、内容创新设计和个性化推荐等关键技术问题，构建了体系完整、特色鲜明的数字内容技术支撑平台，并以此为基础申请成立了“数字图书馆教育部工程研究中心”。目前在全国建设了8 个数据中心、33 个服务中心，全天候服务于各高校和研究机构；门户网站的日访问量已达40 万人次，受益者遍布70 余个国家和地区。

联合国教科文组织于2013 年11 月批准在北京设立了联合国教科文组织二类中心“国际工程科技知识中心”（IKCEST），这是联合国教科文组织在全球范围内唯一的专门从事工程科技知识技术研发、应用与服务的二级中心。

2012 年5 月，浙大计算机技术团队在数字图书馆及知识中心建设方面所展现出来的能力和水平令我印象深刻，其工作也与我们应对知识社会所带来的挑战的努力密切相关。

——联合国教科文组织（UNESCO）总干事伊琳娜• 博科娃女士

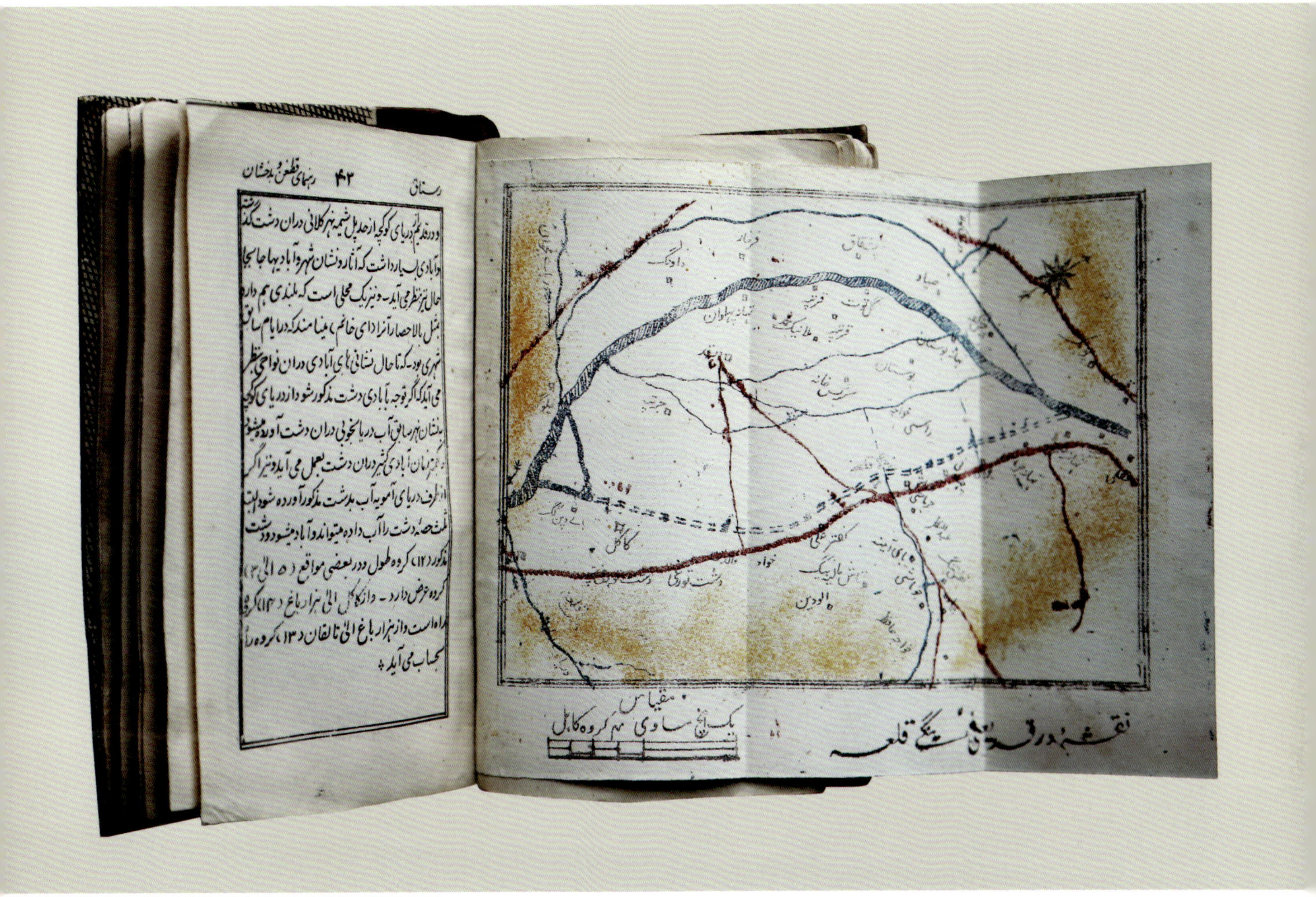

卡塔干省与巴达克山省的调查报告

〉1922 年，阿富汗国王命四位大臣对卡塔干省与巴达克山省的地理与古迹做全面调查。《卡塔干省与巴达克山省的调查报告》（波斯文原版）为当时唯一出版的考察报告，全球仅存三部，其中两部缺最后四页。浙大所藏此册为唯一完整的一部。

2013
国际科研合作平台

-

在建设世界一流大学的进程中，浙江大学携手一流学科伙伴，建立了包括“中国——葡萄牙先进材料联合创新中心”“浙江大学—阿尔伯塔大学食品与人类健康联合研究中心”等在内的40 余个国际研发机构，有7 个基地入选“高等学校学科创新引智计划”，“浙江加州纳米技术研究院”为科技部、国家外事专家局33 个国际合作重点机构之一。据中信所公布的统计数据，浙江大学2014 年国际合作论文数是2010 年的2.03 倍，从666 篇增加到1357 篇，国际合作论文数持续位列全国高校前列。

2013
全国首个中国学硕士点

-

中国学是浙江大学的硕士学位国际化教育项目之一，2008 年在全国首设，2010 年启动全英文授课。浙大中国学是以“当代中国为对象，传统文化为基础，国际比较为框架”的跨学科、跨文化的留学硕士生教育平台，构建了“转型与发展、社会与生活、历史与文明”等专业课程模块，形成了理论与实践相结合、学习与体验相结合的第二课堂。多年来，通过“中国元素，国际表达”的培养模式，达成“掌握中国知识、了解中国社会、理解中国问题”的留学生培养目标。至2016 年底，已招生310 名，授予硕士学位188 人。2013 年，浙大中国学成为教育部首批来华留学高端硕士学位奖学金项目。

丝路专题外文图书典藏馆

-

浙江大学图书馆丝路专题的外文经典图书收藏已经达到5000 余种，是目前大陆高校最成体系的丝路研究外文书籍特藏，语种包括英、法、德、俄、意、波（兰）、瑞（典），以及少数中亚语种，是19 世纪以来中国、中亚五国、阿富汗、印巴、伊朗、叙利亚与地中海沿岸重要考古地点发掘报告和研究的呈现。其中大部分书籍的装帧和印刷工艺，代表了当时的最高水准。最重要的四套分别由四位国际重要的学者建立——哈佛大学中亚考古学家兰博·卡尔劳夫斯基教授、波伦那—拉文纳大学（意大利）中亚西亚考古学家窦西教授、宾夕法尼亚大学伊朗考古学家戴森教授，德国考古院古典地中海考古学家格林教授。这些藏书，也是他们所在领域近百年来重要的研究成果。

国际大学联盟

-

近20 年间，随着办学实力的提升，浙江大学与国内高水平研究型大学共同着力于推进中国大学与国际高水平大学的合作伙伴关系。目前，浙江大学加入了世界大学联盟、环太平洋大学联盟、中欧工程教育联盟、国际大学协会等国际大学联盟组织，同时，与美国大学校长联盟和澳洲八校联盟等建立了密切的交流与合作关系。

浙江大学是世界大学联盟（WUN）发起单位之一，联盟2000 年成立于英国伦敦，致力于以成员学校间跨学科科研合作的方式整合大学资源，用于合作进行全球性关心的问题及研究项目。联盟目前有21 所成员单位，分属美洲、欧洲、大洋洲和亚洲，包括麻省大学—艾默斯特校区、罗彻斯特大学、宾西法尼亚州立大学、阿尔伯特大学、约克大学、布利斯托大学、利兹大学、谢菲尔德大学、南普顿大学、马斯特里赫特大学、巴塞尔大学、卑尔根大学、悉尼大学、西澳大学、奥克兰大学、加纳大学、开普顿大学、台湾成功大学、香港中文大学、中国人民大学和浙江大学。

中国人脑库

〉在段树民院士的倡议和指导下，浙江大学医学院整合神经科学、人体解剖学、病理学和其他相关学科的力量，建设中国人脑库。脑库的建设目标是集收集、诊断、储存和利用为一体，为神经科学研究提供支撑，可以有效地帮助研究者在细胞、分子、基因等水平对人脑组织进行系统研究。
图为400 倍镜下阿尔茨海默症患者脑部的银染示老年斑。

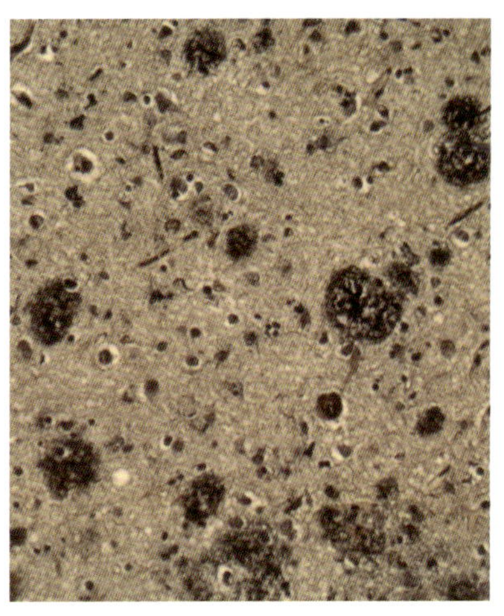

绍兴浙大校友会庆祝母校建校
120周年暨理事会三届四次会
爱我浙大·环球同行
未来友好：樱花林会/日本浙江大
浙江大學
"爱你，浙大！"
北美波士頓浙江大學校友會
庆祝浙江大学建校120周年华诞
浙江大学
意大利浙大校友会迎120周年校庆滑雪暨迎新活动
浙江大學
浙江大學
浙里的法兰西
Zjuer en France
中国高校（广州）校友足球联赛
2016-17赛季 超级组 甲级组 足球联赛
热烈庆贺浙江大学成立120周年
庆祝浙江大学建校120周年全球同庆暨

Worldwide Alumni Celebration

全球同庆

大学，是国家的创新源，是人才泵，是思想库。“为往圣继绝学，为万世开太平”，是一代又一代中国知识分子的报国理想。浙江大学创建一百二十年来，始终致力于传播与创造知识，保护与传承文化，服务与引领社会，推动国家繁荣、社会进步和人类发展。如今，站在传承百廿求是创新学脉、开创未来世界一流进程的历史新起点，浙江大学正瞄准建成世界一流的综合型、研究型、创新型大学的目标，努力为科技强国建设和中华民族伟大复兴作出更大的贡献。

树我邦国，天下来同。今天的浙大人用实际行动诠释的，是振兴中华的中国梦。

百廿求是

求是 创新

浙江大学建校一百二十周年

The 120th Anniversary of Zhejiang University

名誉主编 金德水 吴朝晖

主编 任少波 郑强 胡旭阳

编委 （按姓氏笔画排序）

王勤 叶桂方 田稷 吕淼华 朱佐想 朱晓芸 邬小撑

刘继荣 李凤旺 李敏 吴晨 何莲珍 应飚 沈黎勇

张美凤 陆国栋 陈昆松 陈国忠 胡炜 夏标泉

副主编 单泠 马景娣

编辑组

艾静 周炜 沈梁燕 朱原之 柯溢能 夏平 江宁宁

陈浩 徐莹 张淑锵 张燕 徐丽萍 任立娣 徐晓忠 方志伟

李杭春 孙健 赵彬 党颖 余敏杰 庞晓涛 任桑桑 方富民

摄影

卢绍庆 周立超 汪晓勇 马绍利 张鸯 叶治国 廖宇晗

姚翔宇 石佳朦 王磊等

特邀摄影 沈斌 陈峰清 洪保平等

书法 池长庆

篆刻 沈浩

资料提供 浙江大学档案馆 浙江大学图书馆

鸣谢 各部门、各学院为编辑工作提供大量原始资料和图片，特此致谢

ISBN 978-7-308-16918-9

定价：198.00元